TINA TURNER UND KURT LODER

ICH, TINA
Mein Leben

GOLDMANN VERLAG

Aus dem Amerikanischen von Michael Kubiak
Die amerikanische Ausgabe erschien
unter dem Titel »I, Tina. My Life Story«
William Morrow & Co., Inc., New York

Der Goldmann Verlag ist ein Unternehmen der
Verlagsgruppe Bertelsmann

Made in Germany · 5/88 · 2. Auflage
© 1986 by Tina Turner
© der deutschsprachigen Ausgabe 1986
by Wilhelm Goldmann Verlag, München
Umschlaggestaltung: Design Team München/Cheryl Asherman
Umschlagfoto: © 1985 by Herb Ritts/Visages
Druck: Elsnerdruck, Berlin
Verlagsnummer: 21030
Lektorat: Christoph Göhler
Herstellung: Heidrun Nawrot/Voi
ISBN 3-442-21030-5

1

NUT BUSH

Es ist ein sonnengesprenkelter Spätsommermorgen in Nut Bush, Tennessee, irgendwann Anfang der vierziger Jahre. Ein verspielter Windhauch kämmt die Pappeln und Pecanobäume entlang des State Highway 19, und die Luft ist schwer vom Duft der Geißblattblüten. Felder von brauner Mohrenhirse, Sojabohnen, Mais und blühendem Baumwollvlies bedecken die hügelige Landschaft. Erdbeeren im Überfluß und unter der Last ihrer Früchte sich duckende Pfirsichbäume. Über der Szenerie liegt tiefe ländliche Ruhe und Gelassenheit: das gelegentliche Brummen einer Hummel, das träge Gackern eines einzelnen Huhns, das zwischen den Blütenstauden der Juckbohnen herumscharrt, vielleicht auch noch das sanfte Plätschern vom Flossenschlag eines Flußbarsches in einem grasüberwucherten Teich oder eines Welses, der sich in einem der Bäche gerade seine Abendmahlzeit sucht. Und dann, aus dem Wald, der gemächliche Hufschlag eines Ackerpferdes, das auf seinem Rücken fünf kleine braunhäutige Kinder die Forked Deer Road hinunterträgt, zu ihrer spitzwinkligen Einmündung in den zweispurigen Highway Nummer 19.

Während ihr Pferd sich der Hauptstraße nähert, können die Kids das ständige Brummen und Rattern von Autos und Lieferwagen hören, die auf der Nummer 19 unterwegs sind. Entweder in die etwas bedeutender wirkende Stadt Ripley, etwa sechs Meilen nach Nordwesten – entlang der Grenze von Arkansas, die hier vom Mississippi gebildet wird, der sich von St. Louis nach Süden hinunter durch das Delta nach New Orleans windet –, oder nach Brownsville, fünfzehn Meilen nach Südosten; oder, weitere rund fünfundvierzig Meilen nach Südwesten, nach Memphis. Nur wenige Fremde nennen Nut Bush selbst als mögliches Reiseziel. Es ist ein spärlich besiedelter, eine Meile langer Rülpser der Straße, seine Bevölkerung – vielleicht fünfzig Familien – versteckt sich wie die Getreidekäfer in den rundum liegenden Weiden, Wäldchen und Tälern. Lediglich eine von vielen unauffälligen Siedlungen, die verstreut am Highway 19 liegen.

Bei der Durchfahrt – sagen wir mal unterwegs nach Ripley – sieht ein Autofahrer vielleicht die Entkörnungsmaschine von Nut Bush, wo die jährliche Baumwollernte gereinigt und für die Verpackung zu Ballen präpariert wird. Oder, auf der anderen Seite des Highways, Gauses großen Kramladen mit einer Zapfsäule vor der Tür und einem umfangreichen Warenangebot vom Holznagel bis zum Backpulver im Innern. Ein Stück weiter: Edders Grove Elementary School, ein aus Holz erbautes Schulgebäude mit zwei Klassenräumen, das von den Kindern der farbigen Farmhelfer der ganzen Gegend besucht wird. Rechts daneben dann ein Kneipenkiosk, betrieben von Miss Alglee Flowler, wo tagsüber die Kids Cracker und Limonade und Wurstbrote kaufen und sich nachts ihre Eltern in dem winzigen Hinterzimmer drängen, um ihr Bier zu trinken oder zu den Klängen von Mr. Bootsy Whitelaw, einem fahrenden Posaunisten, der die ländliche Musiktradition vertritt, ein Tänzchen zu wagen.

Schließlich, ein gutes Stück von der Nummer 19 entfernt, die Woodlawn Baptist Church, ein ordentlicher roter Ziegelbau, versehen mit strahlendweißen Holzsäulen, wo sich die Älteren am Sonntag geistige Kraft für eine weitere Woche Mühsal holen.

Und das ist schon alles, was den Namen Nut Bush trägt. Hier noch ein Außenabort, dort ein Hundezwinger. Nicht gerade viel.

Für die fünf Kids auf dem Pferderücken ist es jedoch eine grenzenlos weite und heimelige Welt. Es sind Joe Melvin Currie und seine ältere Schwester Margaret; ihre beiden Cousinen, Alline Bullock, die wie Margaret etwa sieben ist, und Allines etwa drei Jahre jüngere und im Vergleich geradezu winzige Schwester Anna Mae; und die ältere Halbschwester der Bullock-Girls, Evelyn. Kurz vor dem Highway, gleich hinter der Entkernungsscheune, halten sie das Pferd an der verschlafenen Kreuzung der Forked Deer Road und der Tibbs Road an und rutschen vor Elvis Stillmans Gemischtwarenbude von ihrem schnaubenden Pferd, wo eine eisgekühlte Flasche Cola einen Nickel kostet und man, wenn man noch ein paar Pennies drauflegt, sogar ein Eis bekommt. Sie plappern unbekümmert durcheinander, wie kleine Kinder es gewöhnlich tun, doch sie grüßen höflich alle Erwachsenen, vor allem die Weißen. Die Beziehungen zwischen den Weißen und Schwarzen und den verstreut lebenden Indianern sind in dieser Gegend im Grunde sehr herzlich; aber in Tennessee, wie im ganzen restlichen Süden, gelten offiziell die Rassentrennungsgesetze. Einige Organisationen von Farbigen, wie zum Beispiel der erst vor kurzem gegründete Congress of Racial Equality (Kongreß für Rassengleichheit) – CORE – oben im Norden in Chicago, haben angefangen, die überkommenen sozialen Verhältnisse heftig in Frage zu stellen (und zwar mit einer neuen politischen Taktik: dem »sit-in«). Unter den Farbigen auf dem Lande ist jedoch die Bereitschaft zu eher unterwürfigem Verhalten immer noch ausgeprägt.

Jedenfalls halten die Kids sich in Stillmans Laden nicht lange auf. Doch als sie wieder auf das Pferd klettern und unter fröhlichem Gelächter die knappe Meile zu ihrem Zuhause zurückreiten, tragen sie in ihren Herzen das Gefühl, etwas erlebt zu haben, und den Stolz, ihre Freiheit ausgekostet und etwas gewagt zu haben.

Zwei der Bullock-Mädchen tragen ihre Haare zu kleinen kurzen Zöpfchen geflochten, wie es für die Töchter von Farbigen angemessen erscheint; kleine zusammengedrehte Korkenzieherlocken, die wie Stacheln von ihren lebhaft nickenden Köpfen abstehen. Doch die dritte im Bunde, Anna Mae, der elterlichen Aufsicht glücklich entronnen, hat die von ihrer Mutter geduldig geflochtenen Zöpfchen gelöst und ihr volles rötliches Haar im Nacken zu einem buschigen Pferdeschwanz zusammengerafft. So gibt sie den Blick frei auf ein schon jetzt exotisch anmutendes Gesicht – mit seinen elegant geschwungenen Jochbögen, den vollen, fein modellierten Lippen, der honigfarbenen Haut, so glatt wie das Meer bei Windstille, und den Augen, die wie kleine braune Leuchtfeuer strahlen.

Die Frau, die später als Tina Turner berühmt werden sollte, wurde als Anna Mae Bullock am Ende einer Epoche geboren, die später wie ein fernes Zeitalter erscheinen sollte. Im Jahr 1939 entluden sich die Spannungen in der Welt, die sich schon seit langem angestaut hatten, in einem wilden Tumult. Im September, als die Nazis, mit stillschweigender Duldung durch die Sowjets, Polen überfielen, erklärten England und Frankreich den unruhestiftenden Hunnen endlich den Krieg. In Paris demonstrierte ein Physiker namens Frédéric Joliot-Curie zum erstenmal die Durchführbarkeit der nuklearen Kettenreaktion. In den Vereinigten Staaten dachte Albert Einstein über die Möglichkeit einer Atombombe nach.

Solche Vorgänge lagen für die meisten Amerikaner in weiter Ferne, und die USA blieben trotz der schlimmen Nachrichten aus Übersee politisch weiterhin neutral. Schließlich gab es entschieden wichtigere Dinge, mit denen man sich auseinandersetzen mußte. Dies war das Jahr, in dem die Garbo in *Ninotschka* zum erstenmal ihr Lächeln zeigte, es war das Jahr von *Vom Winde verweht* und *Gunga Din*, von Buck Rogers, vom *Zauberer von Oz* und vom *Glöckner von Notre-Dame*. Pan American Airways führten regelmäßige Flüge nach London mit ihren Dixie-Clippern ein. In New York entdeckte Edwin Armstrong, ein Professor an der Columbia University, die Frequenzmodulation – ein wunderbares Mittel für störungsfreien Rundfunkempfang – und baute die erste primitive UKW-Sendestation. Auf der Mittelwelle vergnügten die Amerikaner sich mit Kate Smiths »God Bless America« und summten mindestens ebenso fröhlich »Over the Rainbow« oder »In the Mood« (es war gleichzeitig Glenn Millers erfolgreichstes Jahr) oder vielleicht auch »South of the Border«, den jüngsten Hit von Gene Autry, dem »Jodelnden Cowboy« der Kinoleinwand, mit.

1939 war aber auch das Jahr von Cab Calloways »Jumpin' Jive«, Coleman Hawkins' brillantem »Body and Soul« und Charles Barnets »Cherokee«. Miles Dewey Davis Jr., Sohn eines Zahnarztes in East St. Louis, wurde im Mai dreizehn Jahre alt und bekam von seinem Vater eine Trompete geschenkt, seine erste. Charlie Parker, Saxophonvirtuose aus

Kansas City, zog 1939 nach Manhattan (er versuchte sein Glück ebenso wie drei Jahre vorher Count Basie und hatte Lester Young im Schlepptau). Schon bald war er ein Teil einer bis dahin noch im Entstehen begriffenen musikalischen Richtung, die von Musikern wie Dizzy Gillespie, Thelonius Monk und dem sehr jungen Bud Powell vorangetrieben wurde. Und im Sommer tauchte ein junger Farbiger aus Oklahoma namens Charlie Christian in New York im Benny Goodman Sextett auf und brachte ein beunruhigendes Instrument zu Gehör – eine elektisch verstärkte Gitarre.

Ethel Waters, der Star von Duke Ellingtons heißen Cotton Club Revuen, trat in einem Konzert anläßlich der Weltausstellung in New York auf und sollte als erste Farbige in einer Broadway-Produktion eine Hauptrolle spielen (der Titel der Show lautete *Mamba's Daughters*). Es war das Jahr, in dem Jane Bolin zur ersten farbigen Richterin Amerikas ernannt wurde; in dem mehr als tausend schwarze Wähler sich den brennenden Kreuzen des Ku-Klux-Klans entgegenstellten, um in Miami zur Wahl zu gehen; das Jahr, in dem Billie Holiday, die vom Untergang gezeichnete Jazzsängerin, das Stück »Strange Fruit« aufnahm, die aufrüttelnde Schilderung eines Lynchmordes an einem Farbigen im Süden der Vereinigten Staaten. Und es war das Jahr, in dem am Ostersonntag die berühmte farbige Altistin Marian Anderson, nachdem ihr der Auftritt in der Constitution Hall in New York von deren weißen Besitzern, den sogenannten »Töchtern der Amerikanischen Revolution«, verboten worden war, statt dessen unter der Schirmherrschaft der Regierung Roosevelt auf den Stufen des Lincoln Memorial vor einem Publikum von fünfundsiebzigtausend begeisterten Menschen sang.

Anna Mae Bullock wurde am Morgen des 26. November 1939 im Haywood Memorial Hospital in Brownsville geboren, einem zweistöckigen städtischen Gebäude, in dem die farbigen Patienten zur Behandlung in den Keller abgeschoben wurden. Man brachte sie schnell auf dem Highway 19 hinauf nach Nut Bush, nach Hause also: und das war ein Häuschen mit vier Zimmern, das auf dem weitläufigen und fruchtbaren Grund des Poindexter-Anwesens stand. Ihr Vater, Floyd Richard Bullock, war einer der Aufseher auf der Poindexter-Farm und überwachte die Ernte und die Farmhelfer für die weißen Eigentümer des Anwesens. Seines Zeichens Diakon der Woodlawn Baptist Church, war Richard (wie er von allen genannt wurde) auch (wie alle wußten) ein Mann, der mit seiner Frau ständig Streit hatte. Zelma Bullock, Anna Maes Mutter, war eine stolze farbige Indianerin. Alles andere als ein ruhiges Hausmütterchen, hatte sie seit dem zehnten Jahr Zigaretten geraucht und mit einem 45er Colt Schießübungen absolviert und war – wie Richard im Laufe der Zeit unter Schmerzen hatte lernen müssen – keine Frau, die sich alles gefallen ließ. Richards und Zelmas Auseinandersetzungen, richtige Zimmerschlachten, waren so etwas wie eine Attraktion der ländlichen Umgebung. In dem Haus lebte schon ein anderes Kind – die kleine Alline, knapp drei Jahre alt –, und sie begrüßte ihre neue Schwester dankbar als Verbündete.

Am Fuß des Berges und auf der anderen Seite der Forked Deer Road lebte der indianische Zweig des Clans: Zelmas Eltern Josephus und Georgianna Currie. Papa Joe, kleinwüchsig und dunkelhäutig, ein langjähriger Farmpächter bei den Poindexters, war ein warmherziger, kinderliebender, regelmäßig zur Kirche gehender Baptist (allerdings in keiner Weise militant religiös) und zu drei Vierteln Navajo – in Tennessee, dem Land der Cherokee, etwas Besonderes. Mama Georgie, eine verwitterte Squaw, hatte in ihren Adern Cherokeeblut und war, ebenso wie ihr Mann, zu einem Viertel schwarz. Die Curries waren glückliche Menschen und sahen voller Optimismus in die Zukunft. Vor allem Mama Georgie, die stets in ihren viel zu großen Schuhen und farbenfrohen Farmkleidern zu sehen und die zutiefst von dem Streben nach der Toleranz und Achtung für andere Menschen beseelt war, schien von einem mystischen Wissen um irgendeine höhere natürliche Ordnung erfüllt zu sein. Es hieß, daß sie von ihrem Stamm verstoßen worden war, weil sie unter ihrem sozialen Stand geheiratet hatte, aber sie liebte Josephus und hatte mit ihrer Vergangenheit abgeschlossen. Ihre Familie, die Flaggs, waren rein äußerlich deutlich als Indianer zu erkennen – die Frauen fielen allein schon durch ihre hohen Wangenknochen, die schrägstehenden Augen und das volle, glatte, lange Haar auf.

Sie verehrten noch die Geister der Natur, richteten sich nach dem Wechsel der Jahreszeiten und dem Sternenhimmel, obgleich all dies sich bei Zelma bereits erheblich abgeschwächt hatte; doch für die jungen Bullock-Girls sollte Mama Georgie, von rauher Herzlichkeit und liebenswert und erdverwurzelt, die lebendige Erinnerung an das andere Blut werden, das auch noch in ihren Adern floß.

Nachdem sie selbst sieben eigene Kinder großgezogen hatte, sorgte Mama Georgie nun für drei Halbwaisen in ihrer Familie. Evelyn Currie, 1935 geboren, war einer niemals legalisierten Jugendliebe zwischen Zelma und einem gewissen Jerome Beard entsprungen; so war sie Anna Maes und Allines Halbschwester. Das älteste der Kinder, machte Evelyn immer einen kühlen, emotional abweisenden Eindruck. Doch Mama Georgies andere Schützlinge, Margaret und Joe Melvin Currie – die Kinder von Zelmas Bruder Joe Sam und seiner erst kürzlich verstorbenen Frau Odessa – sollten die besten Kameraden ihrer Cousinen, der Bullock-Girls, werden.

Weiter den Highway 19 hinauf – dicht bei der Kirche und spirituell um Welten entfernt – lebte der bibelschwingende Zweig der Familie: Richards Eltern, Alex und Roxanna Bullock. Mama Roxanna war eine hochgewachsene, feine Frau von solider Lebensart und strengen, steifen Tugenden, deren Leben von der Kirche wesentlich mitbestimmt wurde. Alex, ein unverfrorener Trunkenbold, war das Kreuz, das sie durchs Leben tragen mußte. Bei ihnen lebte Onkel Gill, der einzige von Richards zahlreichen Brüdern, der zu Hause geblieben war. Besuche in dieser Residenz der alten Bullocks, einer Bastion der strengen Baptistenmoral, wurden von den beiden Enkelinnen nicht gerade mit ausgesprochener Begeisterung absolviert.

Das war also die unmittelbare Familie, fest verwurzelt in den Bergen von Tennessee, wo sie das Land bewirtschaftete und das Leben genoß, soweit ihr das gestattet wurde.

Zelma erinnerte sich, daß eine ihrer Tanten – Essy Flagg, klein, schlank, mit deutlichen indianischen Zügen – eine mitreißende Sängerin mit einer großartigen, raumfüllenden Stimme gewesen war, sicherlich gut genug, um... nun, wer wußte schon, was sie alles hätte erreichen können? Sie hatte es jedoch niemals versucht. Zelma glaubte, Spuren von Essys rauchigem Timbre in den Stimmen ihrer beiden Töchter wahrnehmen zu können, speziell in Anna Maes Stimme. Doch abgesehen von Essy war in keinem Zweig der Familie eine ausgeprägte Musikalität festzustellen, wenngleich alle an den wöchentlichen Gesangsgottesdiensten in der Kirche teilnahmen.

Unweit des Holzhauses der Bullocks, jenseits einer kleinen Weide und mit der Front zur Straße, stand der größere Ziegelbau der Poindexters. Dort wohnten Miss Ruby und ihr jüngerer zweiter Ehemann Vollye. Sie galten allgemein als

»gute Weiße« und behandelten Anna Mae und Alline fast wie Familienmitglieder. Sie machten sie zum Beispiel mit der Lebensart und Mode der Weißen vertraut, luden sie gelegentlich zum Essen ein und gestatteten ihnen viel später, als das Fernsehen seinen Einzug hielt, ins Haus zu kommen und sich vor die Röhre zu setzen. Trotz der Zwänge der Rassentrennung herrschte zwischen den beiden Familien eine echte und aufrichtige Freundschaft. Richard Bullock war ein wertvoller Angestellter, und die Poindexters entlohnten ihn nach der herrschenden Norm reichlich. Mr. Vollye war ein hungriger Verehrer von Zelmas Eierplätzchen und wurde stets großzügig damit versorgt. Und Miss Ruby, die eine eigene Tochter hatte, war nichtsdestoweniger in besonderer Zuneigung der kleinen Alline zugetan, deren erster Name, Rubbie, wenngleich auch nie benutzt, ihr zu Ehren der weißen Frau gegeben worden war.

Bei den Poindexters fand Anna Mae etwas, das in ihrem eigenen Zuhause zu fehlen schien – Zuneigung und ein von Liebe bestimmtes Zusammengehörigkeitsgefühl. Sie fand dies außerdem bei den Curries. In ihrem eigenen Heim jedoch hatte sie das Gefühl, durch die dort herrschende Kälte vertrieben zu werden. Es war mehr als nur eine dunkle Wolke, die Richards und Zelmas Ehe überschattete. Es schien, daß sie es zwischen all ihren Streitigkeiten schafften, für Alline Zeit zu finden. Doch für Anna Mae gab es niemals die heimelige Innigkeit eines liebevollen Familienlebens, sondern allenfalls widerwillige Duldung.

Denn sie hatte das Unglück, das letzte – ungewollte – Kind einer sich auflösenden Verbindung zu sein. Als Richard und Zelma sich voneinander abwandten, begann auch ihre verwirrte Tochter, die hilflos zwischen ihnen stand, sich zurückzuziehen. In den Stunden, die sie nicht in der Schule oder im

Kreise ihrer Familie bei der Arbeit in den Baumwoll- und Erdbeerfeldern verbrachte, streifte sie durch die Wiesen und Wälder und suchte Kraft in der Einsamkeit. Sie kam zu der Überzeugung, daß dies ganz einfach der Lauf der Welt war und sie keinen Grund hatte, sich zu beklagen.

Verzweiflung lag auch gar nicht in ihrer Natur. Jeder Schmerz würde irgendwann vergehen. Stets zog ein neuer Tag herauf und brachte mit sich die Sonne, die einen wärmte. Ihr Leben begann gerade, und als die vierziger Jahre angebrochen waren, gelang es ihr, der unkomplizierten Hinterwäldlerwelt die Freuden abzuringen, die einem kleinen Mädchen wichtig sind. Trotz ihrer emotionalen Verlassenheit hatte das Leben in der Rückschau seine schönen Momente.

Tina: Ich wurde mit Schweinefleisch gefüttert, und man kann mir ruhig glauben, daß ich gesund war. Das ist es, woran ich mich aus dieser Zeit am deutlichsten erinnere, an das Essen. Sirup und Zwieback und Pökelfleisch zum Frühstück, im Winter dann Bohnen, Reis und Maisbrot. Und das schmeckte so gut. Daddys Garten war sicher einen Hektar groß. Weißkohl, Zwiebeln, Tomaten und Weiße Rüben, Süßkartoffeln, Wassermelonen – das alles pflanzten wir an, und der Garten versorgte uns den ganzen Sommer hindurch. Wir hatten frische Eier von unseren Hühnern und frische Milch von unseren Kühen. Im Laden von Nut Bush kauften wir nichts anderes als Mehl und Zucker, und im Winter kamen noch Bohnen hinzu. Viel Fleisch gab es nicht – im Winter gab es so gut wie überhaut kein Frischfleisch. Es gab Hühner, und im Sommer Barsche aus den Teichen. Und wenn Daddy auf die Jagd ging – manchmal begleitete ich ihn, denn in mir steckte schon immer ein Junge –, dann waren da noch die Vögel und Kaninchen, die er nach Hause brachte. Aber hauptsächlich gab es

Schweinefleisch. Mindestens drei Schweine schlachteten wir für den Winter und hängten die Würste und Schinken in unsere Räucherkammer. Der Geschmack war unbeschreiblich. Bis auf den heutigen Tag kann ich beschreiben, wie die Dinge schmecken müssen, denn damals schmeckten sie wirklich noch nach etwas.

Ob wir arm waren? Ich kann mich nicht erinnern, arm gewesen zu sein. Mein Vater war immer der erste Mann auf der Farm; alle Pächter hielten sich an ihn, und er wiederum war alleine den Eigentümern verantwortlich. Daddy hatte praktisch die Leitung. In unserem Haus standen hübsche Möbel, und Alline und ich hatten stets unser eigenes Zimmer. Und dann hatten wir Tiere – die Kühe und Schweine und Hühner und Pferde –, und ich kannte Leute, die nichts von alledem besaßen. Leute mit dem Haus voller Kinder und vielleicht sogar noch deren Kindern, mit durchgelegenen Matratzen und schmuddeligem Bettzeug, starrendem Schmutz und dem Geruch von Armut. Ich kannte damals schon den Unterschied zwischen alldem und dem, was wir besaßen, und ich wußte, daß wir nicht arm waren.

Natürlich gab es da auch noch die Rassentrennung. Ich weiß nicht, wie andere es empfunden haben, aber was mich angeht, so erinnere ich mich, daß die Weißen immer freundlich waren. Nun ja, sicherlich lag es auch daran, daß die Farbigen wußten, »wo sie hingehörten«, nicht wahr? Als Kind wuchs man auf und bekam sehr früh beigebracht, daß man den weißen Leuten mit Respekt begegnen mußte. Es hieß immer »Yes, Ma'am« und »No, Ma'am« und »Yes, Sir« und »No, Sir«. Und man ging immer nach hinten. So war es nun mal. Ja, und immer diese geheime Angst. Der Instinkt sagte einem schnell, wer die netten Weißen und wer die bösen waren und wann man ihnen aus dem Weg gehen mußte. Doch da wir alle stets dort blieben, »wo wir hingehörten«, wie es damals so schön hieß, rechneten wir nicht mit Unannehmlichkeiten. Zumindest ich nicht. Wir wußten, daß, falls die Poindexters Besuch hatten, wir nicht zu ihnen ins Haus gehen durften – wir waren eben nicht eingeladen. Aber wenn man an den Häusern von Weißen vorbeikam und sie draußen saßen, konnte man immer Hallo sagen. Man durfte auch so weit gehen und mit »Hi, Miss Mary« oder »Hallo, Mr. Wesley« grüßen. Und das war damals schon in Ordnung. Es herrschte eine gewisse Art von Harmonie. Die Weißen hatten den Farbigen eine allgemeine Angst anerzogen, so daß sie sie unter Kontrolle und in respektvollem Abstand halten konnten. Und sie konnten mit den älteren Schwarzen manchmal ziemlich böse werden. Aber zu Kindern waren sie immer nett, und soweit ich mich erinnern konnte, wurde ich als kleines Mädchen immer gut behandelt.

Es gab auch schöne Erlebnisse. Viele Picknicks, vor allem am Labor Day: große Gefäße mit Limonade, selbstgebackene Kuchen und Brathuhn und manchmal sogar ein ganzes Schwein, das gegrillt wurde und zischte und brutzelte, wenn es sich über der Glut am Spieß drehte. Manchmal spielte Mr. Bootsy Whitelaw auf, und es kam vor, daß er von einem anderen Mann auf der Trommel oder auf der Trompete begleitet wurde. Es war ländliche Musik, Picknick-Musik – kein Blues oder so etwas. Mr. Bootsy hatte große Füße, dicke Lippen, breite Nasenlöcher und riesige, kugelrunde Augen, die ihm aus dem Kopf zu springen schienen, wenn er auf der Posaune blies. Alle mußten darüber lachen, wie er aussah – er glich einem Frosch. Aber er konnte ganz toll spielen. Und wenn ich auch da war, dann sang und tanzte ich immer mit. Ich spielte die Entertainerin. Immer noch ein kleines Mädchen, für alle die niedliche Anna Mae, rief ich dann: »Come on, everybody, sing with Mr. Bootsy!« Und das war die erste »Live-Band«, die ich erlebte, und mir gefiel es.

Ich war eigentlich nicht mehr als ein Mädchen vom Lande. Ich interessierte mich für Wasser und Fische und kletterte auf Bäumen herum; ich mußte sowieso alles besteigen. Ich interessierte mich überhaupt nicht für die Erwachsenen und das, was sie trieben, und das lag wohl im wesentlichen daran, daß sie sich auch nicht für mich interessierten. Tatsache ist, daß ich von meiner Mutter und meinem Vater von Anfang an, seit der Geburt, keine Liebe erfahren habe. Aber ich überlebte. Ehrlich gesagt, habe ich die meiste Zeit meines Lebens kaum Liebe erhalten, ob man es glaubt oder nicht. Die Leute beobachten mich und denken, was für ein tolles Leben ich geführt haben muß – ha! Die wahre große Liebe habe ich niemals gefunden. Aber ich habe überlebt. *Entfremdung, Zurückweisung* – als Kind wußte ich gar nicht, daß diese Begriffe existierten. Ich wußte nur, daß ich mich mit meiner Mutter nicht verständigen konnte, und daß mein Vater mich nicht in seiner Nähe haben wollte. Damals hatte ich keine Ahnung, woran das lag oder was um mich herum geschah, doch heute habe ich dazu meine eigene Theorie. Offensichtlich hatte meine Mutter meinen Vater einem anderen Mädchen weggenommen – einfach so, aus Trotz wahrscheinlich. Und das war der Grund, warum sie eigentlich nie so richtig miteinander zurechtkamen, denn sie liebten sich nicht. Ich glaube, meine Eltern stritten sich vom ersten Tag an. Es war schon in Ordnung, als Alline geboren wurde – auch wenn sie der Grund war, warum sie heiraten mußten –, aber dann wurde die Ehe schlimm, und als meine Mutter plötzlich mit mir schwanger wurde... nun, heutzutage würde man in einer solchen Situation eine Abtreibung vornehmen lassen, vermute ich. Weil meine Mutter nämlich längst in diesem langen, beschwerli-

18

chen Prozeß steckte, meinen Vater zu verlassen, und sie stritten sich unaufhörlich. Manchmal verließ sie ihn tatsächlich –
sie zog dann mit Alline und mir rüber zu Mama Georgie.
Doch dann kam mein Vater und holte sie und uns wieder nach
Hause, und dort gingen die Kämpfe dann weiter. Außerdem
war meine Mutter der Typ Frau, der sich stets zur Wehr
setzte, wenn man weiß, was ich meine.

Als ich etwas älter war, kamen Gerüchte auf, daß ich nicht
das Kind meines Vaters war. Anscheinend hatten vor meiner
Geburt die Schwester meines Vaters, Martha Mae, und ihr
Mann bei meinen Eltern gewohnt, und Tante Martha machte
mit einem anderen Typen herum, aber es war wohl nichts
Ernstes. Es gab einiges Gerede, doch es blieb ziemlich vage.
Und da meine Eltern so schlecht miteinander auskamen, ge-
wann die Familie meines Vaters den Eindruck, daß es meine
Mutter war, die irgendwelche Dummheiten gemacht habe,
und daß ich das Kind dieses ominösen anderen Mannes wäre.
Als ich zur Welt kam – dieses rote Balg: helle Haut und helle
Haare, gar nicht wie Alline, die sehr dunkel war – meinte die
Familie meines Vaters: »O nein, das ist bestimmt nicht Ri-
chards Kind.« Sie gingen regelmäßig zur Kirche, waren sehr
religiös, und sie kümmerten sich nicht um mich, niemals.
Was meine Mutter angeht, sie wollte damals ganz einfach
kein Kind – und schon gar nicht einen solchen wilden Rabau-
ken in Mädchengestalt, wie ich es war.

Aber ich liebte meine Mutter, ja... Ich erinnere mich, wie
sie immer am Küchenfenster saß, wenn sie sonntags das Essen kochte, und zum Himmel starrte. Und ich beobachtete sie
immer dabei. Ich dachte, sie war so schön, wie eine junge
schwarze Squaw: sehr klein mit einer zierlichen Stupsnase,
schmalen Lippen, großen Zähnen, zwischen denen es gelegentlich golden glänzte. Ich sah sie in all ihrer Schönheit dort

am Fenster sitzen. Ich betrachtete ihre Hände, ihre Füße, die Geste, mit der sie ihr Haar glattstrich. Ich kannte die Form ihrer Fußnägel und die Haltung ihrer Zehen. Und ihren Geruch: ich ging immer ganz schnell an ihren Stuhl, wenn sie aufstand und sich entfernte, damit ich ihren Duft riechen konnte – sauber, süß und sehr weiblich. Sie war für mich die Verkörperung des Begriffes »Frau« – sie war alles, was eine Frau für mich darstellte. Ich kannte jede noch so winzige Kleinigkeit an ihr. Ich liebte sie, und sie wußte das gar nicht. Ich sah sie manchmal an und dachte bei mir: »Oh, sie ist wirklich eine Schönheit. Ich wünschte...«

Und ich wünschte es mir unaufhörlich und sehnsüchtig. Aber dieser Wunsch erfüllte sich nicht. Meine Mutter war nicht böse zu mir, aber sie zeigte keine Wärme, sie war mir nicht nahe, so wie sie es mit Alline war. Sie wollte mich einfach nicht. Aber sie war meine Mutter, und ich liebte sie.

Ich wußte, daß meine Schwester mich liebte, daß sie sich stets um mich sorgte. Aber Alline war mir zu langsam und zu still – ich hatte immer irgend etwas zu tun, hatte Pläne, rannte, war in Bewegung, war aktiv. Ich kam mir vor wie ein totaler Außenseiter, so als wäre ich der einzige von meiner Art. Ich zog ganz alleine los, hinaus in die Welt, wanderte durch die Wiesen und besuchte die Tiere. Ich war einsam, ergab mich diesem Schicksal aber nicht. Ich sagte nur: »Okay, dann ist es eben so«, und ich glaube, ich gewöhnte mich daran. Ich hatte meine eigenen Dinge, die mir wichtig waren, meine eigene Welt sozusagen. Und das war für mich der Anfang. Ich hatte niemanden, hatte in meinem Leben kein Fundament, daher mußte ich selbst sehen, wie ich zurechtkam. Das war immer so. Vom ersten Tag an mußte ich mir meinen Weg in dieser Welt suchen, mußte stark werden und erkennen, welche Aufgabe dieses Leben für mich bereithielt.

2

DAS ENDE
EINER KINDHEIT

Die Japaner bombardierten Pearl Harbor am 7. Dezember 1941, und innerhalb von vier Tagen war die ganze Welt im Kriegszustand. Plötzlich gab es überall Bewegung, Veränderung, Übergang. Bald stachen frischgebackene GIs in Richtung Französisch-Nordafrika in See, und Gene Autry – nun ein Cowboy der Lüfte – kreiste mit einem Transportflugzeug über Burma.

Als der Krieg in vollem Gange war und die Heimatfront sich mit den Verteidigungsprioritäten arrangierte, boten sich, vor allem für Farbige, eine Menge neuer Möglichkeiten auf sozialem, ökonomischem und kulturellem Gebiet. Mit besonderer Dringlichkeit und riesigen Summen wurde die in Amerika seit zwei Jahren andauernde Entwicklung einer Atomwaffe vorangetrieben.

Wie hatte Einstein Präsident Roosevelt noch gefragt: Was geschieht, wenn die Deutschen als erste eine Bombe haben? Die Suche nach spaltbarem Material führte im Jahr 1942 zur Gründung des Manhattan Project, zu dessen ersten Unternehmungen der Bau einer riesigen Vakuumkammer in Oak Ridge, in der Nähe von Knoxville, Tennessee, gehörte. Oak Ridge lag, von Nut Bush aus, praktisch auf der anderen Seite des Bundesstaates, doch die Neuigkeiten von einer sprunghaft ansteigenden Nachfrage nach Arbeitskräften in dieser Gegend verbreiteten sich schnell. Richard und Zelma Bullock gehörten zu denen, die von der Aussicht auf fette Staatslöhne und auf ein Leben in mehr städtischer Atmosphäre angelockt wurden. Bauarbeiter, Kellner und Putzfrauen wurden gesucht. Für Richard und Zelma gab es kaum etwas, was sie in Nut Bush hätte halten können, und ihre Töchter, so entschieden sie, würden sie ohne Schwierigkeiten anderswo unterbringen können. Alline kam zu Mama Georgie, um dort mit der indianischen Tradition zu leben; Anna Mae hatte weniger Glück und wurde Mama Roxanna und ihrem muffigen Kirchenleben anvertraut. Und Richard und Zelma folgten dem Ruf der neuen Zeit und zogen nach Knoxville, wo sie eine kurze Busfahrt von ihren Arbeitsplätzen entfernt ihre Zelte aufschlugen. Er begann als Arbeiter beim geheimen Atom-12-Projekt und sie als Kellnerin im Flugplatzrestaurant und als Haushilfe in einem Wohnheim. Sie blieben dort über zwei Jahre.

Tina: Ich war, Moment mal – drei Jahre, als sie fortgingen. Ein kleines Ding. Aber ich war traurig und so unglücklich. Ich liebte Mama Georgie und meine Cousinen, und ich hätte doch so gerne bei denen gelebt. Oh, Mama Georgie: Sie trug Männerschuhe und ein Oberhemd lose über ihrem Kleid, und sie sah völlig wie eine Indianerin aus – sie zog sich schon exotisch und ausgefallen an, ehe jemand auch nur daran dachte, daraus eine neue Mode zu machen. Wenn ich es mir recht überlege, dann sah sie aus wie Diana Vreeland, die Herausgeberin von

Vogue. Sie war wundervoll. Sie schlug uns niemals, wenn wir unartig waren; verpaßte uns mit einem Stöckchen einen Klaps auf den Ellbogen oder tatschte uns mit einem Löffel auf den Kopf, und wir schrien dann immer los: »Aua! Aua! Aua!« Es tat eigentlich gar nicht weh, aber trotzdem, man hatte richtige Angst vor dem Löffel oder dem Stöckchen. Ansonsten war es bei ihr immer lustig. Ich liebte sie. Bei den Indianern war immer sehr viel Liebe, eine ganz natürliche Zuneigung, und dort wollte ich eigentlich immer sein.

Aber wo landete ich statt dessen, als Ma und Daddy weggingen? Bei der Familie meines Vaters – es war schrecklich. Mama Roxanna war eine große Frau mit heller Haut und langen Haaren mit grauen Strähnen, und sie war eine Kirchenfrau. Sie trug Dr. Scholls Gesundheitsschuhe und hatte die Haare zu einem Knoten gebunden. Sie war Näherin, und in ihrem Haus waren Kleider immer gewaschen, gestärkt und gebügelt. Und das Haus war natürlich makellos sauber. Ich wollte nur von dort weg – hinaus in die Felder und zu den Tieren. Aber sie hielt mich wie eine Gefangene. Ich mußte immer auf irgendeinem verdammten Stuhl sitzen. Das haßte ich. Von Stillsitzen habe ich nie viel gehalten, und Kleider haben mich auch nicht interessiert.

Damals lernte ich auch das Kirchenleben kennen – jeden Sonntag schleifte Mama Roxanna mich in die Kirche. Papa Alex, ihr Mann, hatte mit alldem natürlich nichts im Sinn. Papa Alex war Säufer. In der Woche arbeitete er, und an den Wochenenden trank er. Junge, ließ der sich vollaufen. Mama Roxanna war in der Baptistenkirche und betete und sang, während Papa Alex zu Hause herumsaß und voll war wie eine Haubitze. Er hatte keine Haare mehr auf dem Kopf, und manchmal, wenn Alline und meine Cousinen zu Besuch waren und er mal wieder so richtig betrunken war und umkippte, dann beschmierten wir ihn mit Make-up, Lippenstift und all dem Zeug, und wir malten kleine Gesichter auf seine Glatze. Wenn er dann wieder aufwachte, lachte er nur und wankte umher. Ihm war es egal. Er hatte seine eigene Methode entwickelt, mit Mama Roxanna auszukommen.

Manchmal – und das waren immer die schönsten Zeiten – konnte ich Alline und meine Cousinen bei Mama Georgie besuchen. Wir rannten den ganzen Tag draußen herum, lachten und spielten, und am Abend gingen wir todmüde ins Bett, dreckig, zufrieden und glücklich. Wir lebten wie die Indianer: Bei Mama Georgie durfte man im Dreck spielen und seinen Spaß haben, man konnte auf Bäume klettern und hinter Tieren herjagen. Diese Besuche waren immer viel zu kurz. Irgendwann schaute ich hoch, und da war dann schon Onkel Gill, der mich abholen und zu Mama Roxanna zurückbringen wollte, und dann fing der ganze Alptraum wieder von vorne an. Ich lief weg und weinte und schrie – »Nein! Nein! Nein!« –, und sie mußten mich einfangen, um mich zurückzubringen.

Onkel Gill hatte jemanden erschossen. Einen Farbigen, glaube ich. Es ging wohl um eine Frau. Onkel Gill wohnte damals noch zu Hause. Er war noch nicht verheiratet, aber er sah sehr gut aus – glatte Haut, wunderschöne Haare. Eines Tages kam er nach Hause und nahm seine Schrotflinte, die doppelläufige, und er lud sie und ging wieder weg, und dann schoß er auf diesen Mann und tötete ihn. Und plötzlich tauchte die Polizei auf. Wir öffneten die Tür, und da standen zwei Paare blitzblanker schwarzer Stiefel, und zwei Weiße sahen auf uns herab – die Hunter-Brüder, Jack und Tip. Einer war ziemlich klein und blond, sah fast aus wie ein Germane. Der andere war groß und fett. Wir wußten über die Hunters Bescheid. Fast alle taten es. Sie hatten so manche Schwarzbrennerei in der Gegend auffliegen lassen – wirklich, mit diesen Kerlen war nicht zu spaßen, die langten hin. Und jetzt suchten sie Onkel Gill. Wir hatten solche Angst. Aber Onkel Gill versteckte sich nicht. Er hatte den Mann erschossen, und sie nahmen ihn mit, und er kam ins Gefängnis. In Nut Bush! Das war vielleicht eine Sensation! Denn viel passierte nicht in dem Nest. Jahre später kam Onkel Gill wieder heraus, heiratete und hatte drei Kinder – einen Jungen und zwei Mädchen.

Im Sommer ihres zweiten Jahres in Knoxville ließen Richard und Zelma Bullock ihre Töchter für einige Monate nachkommen. Anna Mae, noch keine fünf Jahre alt, war von der Großzügigkeit des Stadtlebens begeistert.

Tina: Die Häuser waren größer. Es gab keine Häuser aus Holz wie unseres, sie waren aus Stein, und sie hatten zwei Stockwerke, sahen richtig schick aus. Jede Straße war gepflastert, und da fuhren viele Autos herum, und alles glänzte wie neu. Manchmal nahm meine Mutter mich in ein Geschäft mit, um Kleider oder etwas anderes zu kaufen, und ich sang dann den Verkäuferinnen etwas vor. Danach wollten die Leute im Laden, daß ich noch mehr singe, und nachher gaben sie mir Geld. Damals waren ein paar Pennies oder ein Nickel für ein Kind ein Vermögen, aber ich bekam von den Leuten sogar Viertel-, manchmal auch halbe Dollars. Und ich bekam eine große Spardose aus Glas, und die fing ich an zu füllen. Jemand nahm sie mir später weg. Ich hab' vergessen, wer das war. Aber ich kann mich noch genau an das Glas erinnern, voll mit glänzenden Münzen. Und alles nur für mein Singen.

Während Richard und Zelma ihrer Arbeit nachgingen, blieben Anna Mae und Alline in der Obhut einer Mrs. Blake, einer Freundin der farbigen Wirtin, bei der die Bullocks in

Knoxville logierten. Mrs. Blake gehörte einem örtlichen Ableger der Pfingstbewegung an, und manchmal nahm sie ihre beiden Schutzbefohlenen mit, damit sie ihre Portion Rechtschaffenheit bei den »Heiligungs«-Gottesdiensten mitbekamen. Anders als die strengen Baptisten zu Hause, verkündeten die Holy Rollers (Mitglieder der nordamerikanischen Sekte der Pfingstbewegung, deren Gottesdienste oft zu körperlicher Ekstase führen) die Einheit von Körper und Seele. Sie feierten ihre Erlösung mit Klavier und Orgel und Händeklatschen und wildem Tanzen zwischen den Stuhlreihen. Als Höhepunkt überschritten Gläubige schon mal die Grenze zwischen Enthusiasmus und Ekstase – sie begannen wirr zu reden, wenn sie vom Heiligen Geist berührt wurden. Für Anna Mae war das alles ziemlich verblüffend.

Tina: Mir hat das Spaß gemacht – dort war es viel aufregender als in der Baptistenkirche damals in Nut Bush. Da war ich nun und sang und tanzte zum ersten Mal. Es war wahnsinnig. Die geheiligten Leute waren ein wenig unheimlich – sie fielen um und hatten Krämpfe und Zuckungen. Ich hatte keine Ahnung, was das sollte. Ich dachte nur: »Die scheinen richtig glücklich zu sein.«

Zelma: Sie beherrschte tatsächlich den heiligen Tanz. Hat ihn einfach so aufgeschnappt. Sie war immer recht schnell, wenn es darum ging, etwas Neues zu lernen.

Alline: Bei diesen Gottesdiensten kam der Heilige Geist über einen, und man tanzte schneller und schneller, und die Musik wurde immer lauter. Einmal rutschte Ann sogar die Unterhose bis zu den Füßen herunter, so wild tanzte sie. Aber sie hörte nicht auf.

Genau wie die etwas ernstere Form des Baptistenkultes in Nut Bush hatten die frommen Darstellungen der Pfingstvisionen auf Anna Mae keinerlei Wirkung. Die Vorstellung, daß es im Himmel einen Weißen mit langem Bart gebe, der die Probleme aller Menschen kenne, erschien ihr unwahrscheinlich. Aber ihr gefiel die Musik und das Umherspringen: »Ich wußte, daß ich mit dieser Religion überhaupt nichts anfangen konnte. Aber für ein kleines Mädchen wie mich waren diese Heiligungsgottesdienste schon ein tolles Erlebnis.«

Der Besuch der Bullock-Töchter in Knoxville war nur von kurzer Dauer. Bald schon waren sie wieder in Nut Bush, wieder getrennt, und zehrten von ihren ersten Erinnerungen an eine Welt draußen. Irgendwann waren auch die Jobs ihrer Eltern beendet, und sie kehrten ebenfalls zurück. Als amerikanische B-29-Bomber im Sommer des Jahres 1945 zwei soeben gebaute Atombomben über Japan abwarfen, hatten die wiedervereinten Bullocks sich in Flagg Grove niedergelassen, einer düsteren Lichtung inmitten des bewaldeten Tieflandes rund um den Highway 19. Richard nahm seine Farmarbeit wieder auf, auf gepachtetem Land, und seine Kämpfe mit Zelma dauerten in gewohnter Häufigkeit an. Anna Mae begann mit der Schule – für die sie von Anfang an wenig Zuneigung entwickelte –, und nach ein paar Jahren zog die Familie erneut um, diesmal in das kleine in der Nähe gelegene Dorf Spring Hill. Mit zunehmendem Alter fühlte Anna Mae sich immer isolierter. Die Beziehung ihrer Eltern trieb unübersehbar dem endgültigen Zusammenbruch entgegen. Wären da nicht Alline und ihre Cousine Margaret gewesen und die enge Beziehung zu ihnen, so wäre sie sich richtig ausgestoßen vorgekommen. Margaret war freundlich und offen. Sie war drei Jahre älter als Anna Mae, und sie konnten über das Leben, die Liebe, sogar über Sex reden – Dinge, über die glücklichere Kinder gewöhnlich von ihren Eltern aufgeklärt werden.

Aber Margaret und ihr Bruder, Joe Melvin, standen sich nicht mehr so nahe. Natürlich gab es noch immer regelmäßige Familienbesuche, doch Anna Mae und Margaret sahen sich nur noch an den Wochenenden, gewöhnlich an den Samstagabenden. Dann nämlich versammelten sich die Bullocks und die Curries sowie andere Landbewohner aus der weiteren Umgebung in Ripley, um sich abends im »Loch«, wie die schäbige Reihe von Imbißhallen und Schnapsbuden in einer Gasse an der Washington Street genannt wurde, ein wenig die Zeit zu vertreiben. Die Kinder – Anna Mae und Alline, Margaret und Joe Melvin und auch Evelyn, ehe sie sich völlig zurückzog – wurden im Webb-Theater abgeladen, wo sie sich einen Film ansahen: B-Western, billige Schnulzen, was immer gerade gespielt wurde. Anschließend, wenn der Film zu Ende war, schlichen sie sich immer ins »Loch« hinunter, das vom Hämmern der Musikboxen und vom Kreischen gutaussehender Frauen widerhallte, die mit pomadeglänzenden, schick gekleideten Männern tanzten. Dort, an diesem Brückenkopf der Hemmungslosigkeit, trotteten die Kinder zu Miss Lauras Restaurant, einer vielbesuchten Fischbratküche, um dort ihre ausgelassen feiernden Eltern zu treffen und nach einer Weile mit großen Augen und völlig überwältigt wieder nach Hause zurückzukehren.

Tina: Mir kam es immer so vor, als wäre da unten im »Loch« die Luft voller Sex gewesen. Es war nicht weit von dem Kino entfernt, in das wir immer gingen, und wenn der Film zu Ende war, etwa um zehn Uhr, dann zogen wir jedesmal dorthin, um unsere Leute zu suchen. Sie saßen zum Beispiel in einem Restaurant und aßen Bratfisch oder so etwas, und ich ging rein und sagte: »Ma, ich bin aus dem Kino zurück«, und sie meinte: »Okay, wir gehen in einer Minute.« Aber es dauerte nie nur eine Minute, und das war mir nur recht, denn ich war damals schon ein richtiges Teufelsmädchen und trieb mich unheimlich gerne überall herum. Ich verdrückte mich dann immer in irgendeine Ecke, von wo aus ich alles beobachten konnte. Und lieber Gott, was sah ich alles, wenn ich da herumstand, in meinen flachen Schuhen und meinem kleinen Baumwollkleidchen, neun Jahre alt, bald zehn. Alle möglichen Leute waren da unten im »Loch«, sogar ein paar Weiße liefen dort herum. Man weiß ja, wie die Weißen sind, wenn es um Schwarze geht – sie werden von ihnen regelrecht angezogen. Schwarze wissen, wie man seinen Spaß hat, und sie machen es auf ihre ganz eigene Weise; deshalb sah man manchmal ein paar Weiße dort herumlaufen, die nur sehen wollten, was im »Loch« los war, denn dort war immer irgend etwas im Gange – auf den Straßen, in den Bars, überall. Alle hatten ihre besten Klamotten an. Man konnte sehen, daß einige Frauen sich gerade erst neue Schuhe gekauft und sie gleich im Geschäft anbehalten hatten: zweifarbige Modelle – braun und weiß, blau und weiß – mit unheimlich hohen Stöckeln. Und schicke Kostüme mit breiten Schultern und engen Röcken. Enge Röcke waren in – manchmal konnte man bei den ärmeren Frauen sehen, daß die Röcke an den Nähten aufgeplatzt waren, und sie hatten sie mit der Hand schnell wieder zusammengenäht. Total verrückt. Mein Gott. Manchmal waren auch Typen aus dem Norden da, trugen die neueste Mode, und die waren dann die Stars der Szene. Und die Musikbox spielte in einem fort – Boogie-Woogie und Blues –, und die Frauen flirteten und flanierten und tanzten und rauchten und tranken Bier. Und ich sah sie mir an, erst die eine, dann die andere, und dabei dachte ich: »Wow, ist die heiß – die treibt's ganz bestimmt.« Denn ich wußte genau, daß irgend etwas im Gange war. Ich kam doch immer an diesen Autos mit den beschlagenen Fensterscheiben vorbei. Ich wußte es. Aber ich hatte keine Ahnung, was genau lief.

Unten im »Loch« gab es auch schon mal Streit und Schlägereien, und davor konnte einem angst und bange werden. Eines Abends war ich wieder dort, wartete wie immer, sah mir alles an, und plötzlich war da ein lautes Geschrei und Gebrüll, und von einem Messer war die Rede, und die Leute rannten zur Tür hinaus. Nun, wenn so etwas geschah, dann machten wir uns jedesmal aus dem Staub und rannten hinauf zur Straße – das war wohl das indianische Blut in uns. Immer zusehen, daß man auf höher gelegenes Gelände gelangt. Ich rannte also den Berg hinauf, und ich drehte mich um und sah diese Frau über das Pflaster wanken. Sie ist betrunken, dachte ich, und ihre Brust war ganz rot. Dann stürzte sie, und als ihr Körper auf dem Bürgersteig aufschlug, da spritzte das Blut nach allen Seiten. Es war überall. Ich sah ihr Gesicht, und sie schien tot zu sein. Ich wandte mich wieder ab und rannte einfach weiter.

Richtig unheimlich, wie ich schon sagte. Aber es war auch irgendwie wunderbar, dieses Leben unten im »Loch«.

Diese Besuche in Ripley waren die einzigen Gelegenheiten, bei denen ich mit Margaret zusammentraf. Wie kann ich nur deutlich machen, was Margaret mir bedeutete? Sie stand mir näher als meine eigene Mutter, sogar als meine Schwester. Sie war ein seltsam aussehendes schwarzes Girl, denn sie war nicht richtig schwarz. Ihre Mutter, Odessa, war die übliche Mischung aus einigen Rassen, und natürlich war ihr Vater – der Bruder meiner Mutter – vorwiegend indianischer Abstammung. Margaret sah irgendwie nordisch aus, wie eine Skandinavierin – die Nase, Wangenknochen, die Augen –, abgesehen von der Hautfarbe. Ihre Haare hatten die Mulatten-farbe, und sie trug sie in dicken Zöpfen, und sie war hellhäu-tig, hatte eine hohe Taille, war eine richtige Bohnenstange und hatte unheimlich lange Beine. Nun, Margaret liebte mich, und ich liebte sie auch. Sie war meine einzige echte Freundin, die immer für mich da war, mit der ich reden konnte, die mir Gesellschaft leistete, von der ich lernte. Sie war meine erste Lehrerin. Drei Jahre älter als ich, war sie meine Cousine, Schwester, Mutter – so etwas wie mein Herz. Oh, ich liebte Margaret. Sie war für mich wie von Gott ge-sandt. Ich glaube nämlich ganz fest, daß man immer einen an-deren Menschen geschickt bekommt – nicht unbedingt einen Vater oder eine Mutter oder eine Schwester oder einen Bru-der, sondern irgend jemanden. Ich bekam Margaret. Zumin-dest für einige Zeit.

Anna Mae sang zum erstenmal, sozusagen offiziell, im Chor der Baptistenkirche in Spring Hill, und zwar traditionelle Kir-chenlieder wie »Onward, Christian Soldiers« und »Amazing Grace«.

Zelma: Sie hatte schon damals eine gute Stimme, o ja. Sie ging oft ins Kino, und wenn sie ein Musical gesehen hatte, dann kam sie nach Hause und sang jeden Song und spielte jede Rolle nach, an die sie sich erinnern konnte. Natürlich waren es nicht nur Musicals. Eines Tages kam sie nach Hause und faßte sich an den Hals und stürzte der Länge lang auf den Fuß-boden – sie hielt den Atem an und wurde ganz blaß. Ich mußte schreien, damit sie endlich damit aufhörte. Sie stand auf und meinte: »Nun, so hat die Lady im Film es gemacht, als sie getötet wurde.«

Sie war schon ein verrücktes Girl. Stand immer unter

Hochspannung. Wenn ich nicht... nun, mein Mann und ich hatten Probleme vom ersten Augenblick an, als ich mit Anna Mae schwanger war, und sie wurden nur noch schlimmer. Es war für mich immer schwierig, wenn... nun, die ganze Situation war eben schwierig. Aber sie spielte am liebsten alleine; manchmal mit anderen Kindern, aber meistens alleine. Sie konnte sich selbst unterhalten, sich die Zeit vertreiben. Ich erinnere mich, wir hatten im Schlafzimmer einen Schminktisch, so einen mit zwei Spiegeln an den Seiten, die man umklappen konnte, und einen Hocker davor. Als sie kaum laufen konnte, hatte sie schon immer versucht, auf diesen Hocker zu klettern, und endlich schaffte sie es. Dann kletterte sie hinauf und ließ die Zöpfe herunter und drehte die Spiegel herum, und dann schaute sie sich selbst zu, wie sie Klavier spielte – natürlich tat sie nur so, indem sie mit den Fingern am Tischrand entlangtrommelte – und sie sang. Ja, sie hatte eine wunderschöne Stimme, damals schon.

Tina: Ich war in den Chor gekommen, sobald sie festgestellt hatten, daß ich singen konnte. Ehrlich gesagt, hatte ich mit der Kirche nicht viel im Sinn. Erst mußte man in die Sonntagsschule gehen, was ganz in Ordnung war, denn die anderen Kinder waren ja auch da; es hat sogar irgendwie Spaß gemacht. Aber dann, später, dann mußte man in der Messe sitzen, und es war heiß und man schwitzte – eine Klimaanlage gab es natürlich nicht. Und dann waren da all diese alten Leute, die mitsangen und ihre alten Kleider und komischen Hüte trugen, und man wußte überhaupt nicht, worüber der Prediger redete, man mußte nur stillsitzen. Meine Halbschwester Evelyn schlich manchmal hinaus und setzte sich zu irgendwelchen Jungens ins Auto. So etwas machten viele von den älteren Mädchen, kaum zu glauben. Ich glaube, einmal wurde sie beinahe erwischt. Der Chor war das einzige, was mir wirklich Spaß machte. Ich war das einzige kleine Mädchen; die anderen waren schon Teenager. Aber ich konnte singen. Mir war gar nicht bewußt, daß ich von Gott sang und wie gütig er war; es war nur so, daß mir die Lieder gefielen. Und bei den schnellen übernahm ich immer die erste Stimme – das waren die echten »Shouter«, da war ich besonders gut. Damals schon.

Ich glaube, ich hatte damals, als ich noch so jung war, sogar schon meine ersten Wunschträume. Ich wußte, daß ich irgendwann meine Haare anders tragen würde, daß ich eine andere Frisur wollte – ich haßte diese Zöpfe. Und ich hatte so eine bestimmte Beziehung zum Klavier, und das hatte überhaupt nichts mit Kirchenliedern zu tun. Ich wollte... Glamour, glaube ich. Nicht, daß ich damals schon wußte, was Glamour war. Wir hatten keine Schönheits- oder Modemagazine, obgleich man manchmal in den Häusern der Weißen eins in die Finger bekam. Ich glaube, mein Wissen hatte ich vorwiegend aus den Kinofilmen, die ich in Ripley sah. Manchmal, wenn meine Mutter nicht zu Hause war, zog ich einen ihrer Büstenhalter und ihre Unterwäsche an, und dann legte ich eine Decke draußen auf den Rasen und legte mich darauf – wie in Hollywood! Aber ich wußte gar nichts von Hollywood. Ich wußte nur, daß ich etwas anderes wollte.

Etwas, das in keinen meiner Träume hineinpassen wollte, war das Baumwollpflücken. Gott, haßte ich das – und wie ich es haßte. Ich meine, das hatte mit Glamour überhaupt nichts zu tun, nicht wahr? Erst mußten die Baumwollpflanzen bearbeitet werden, mit einer scharfen Hacke und so weiter, und dann, im Juli, mußten wir pflücken. Es war heiß und anstrengend, und ich war darin nie besonders gut; ein Sechzig-Pfund-Sack war alles, was ich an einem Tag voll bekam – halb soviel wie ein Erwachsener. Wir pflückten auch Erdbeeren, je nach Jahreszeit: Sobald die Baumwolle eingelagert und zur Weiterverarbeitung abtransportiert wurde, kamen die Besitzer der Erdbeerfelder und heuerten den ganzen Trupp zur Ernte an, und damit verdienten wir uns ein bißchen Geld nebenbei. Und dann mußte auch der Mais geschnitten werden, was Aufgabe der Männer war. Aber bei der Baumwolle machten alle mit. Ich sehe immer noch diese Felder, reihenweise Baumwolle, soweit das Auge reichte. Und weit draußen Anna Mae, alleine mit ihren Träumen.

Ich glaube, damals lernte ich den Sex kennen, bevor ich überhaupt etwas von Liebe wußte. Ich war nicht von Menschen umgeben, die liebten. Meine Mutter und mein Vater liebten sich nicht, und abgesehen von ihnen, hielt ich mich vorwiegend unter Baptisten auf, und Baptisten küßten sich nicht oder gingen auch nicht Hand in Hand. Das war nur etwas, was die Weißen taten, so schien es – aneinandergeschmiegt sitzen, verliebt sein. So etwas habe ich damals bei Schwarzen niemals beobachten können – womit ich nicht behaupten will, daß es dort so etwas nicht gegeben hat; es war nur so, daß ich es niemals habe sehen können. Unter den Schwarzen, die ich beobachten konnte, nun, da wurde einem sofort bewußt, daß Liebe etwas Sexuelles war, etwas, das irgendwie heimlich geschah – immer schlich man zusammen weg und verschwand in einem Schuppen. O ja, diese Schuppen.

Ich erinnere mich noch an ein besonders hübsches Girl – Nancy lautete ihr Name; sie war auch so eine Rassenmischung –, die mit einem Typen herummachte, der auf der Farm meines Vaters arbeitete. Er hieß Welton, und ich hatte Welton schon mit einer ganzen Menge Frauen in den Schuppen verschwinden sehen. Alline führte darüber genau Buch

– ich war nicht ganz so neugierig –, und sie meinte, es wäre praktisch jede Frau gewesen. Ich glaube, es hatte sich herumgesprochen, daß Welton ein guter Liebhaber war. Was das hieß, wußte ich natürlich nicht. Ich wußte nur eines, nämlich daß Welton – ich weiß, es ist kaum zu glauben, aber Welton verzehrte Ratten. Ja! Er fing eine Ratte, tötete sie, schnitt sie auf – sie war voll mit schwarzem Geschmier, widerlich! –, und dann briet er sie in einer Pfanne und aß sie. Unfaßbar! Man kann also durchaus davon ausgehen, daß ich über Welton eine ganz spezielle Meinung hatte. Und diese Nancy war ein hochgewachsenes, sehr schönes Girl – sie sah aus wie eine dunkelhäutige Version von Jayne Kennedy –, und als ich sie nun eines Tages mit Welton davonschleichen sah, war ich geschockt. Ich dachte: »Ich glaub's einfach nicht. Sie geht tatsächlich mit ihm in den Schuppen. Sobald sie drin waren und die Tür hinter sich geschlossen hatten, schlich ich heran. Die Tür war aus Holzlatten zusammengezimmert, und ich mußte den Kopf etwas drehen, um zwischen ihnen hindurchblicken zu können. Zuerst war es nur dunkel, doch dann gewöhnten meine Augen sich an das Dämmerlicht.

Und was sie im Schuppen trieben – auch das wollte ich! Ich meine, es interessierte mich. Irgend etwas in mir war ganz wild auf dieses unanständige Zeug. Was eigentlich seltsam ist, denn im großen und ganzen war ich sehr anständig, fast spießig. Und das bin ich noch immer. Ich sah in der Liebe etwas Schönes, aber ich fand nichts Schönes dabei, mit jemandem in einen Schuppen zu schleichen. Irgendwie hatte ich das Gefühl, daß die Liebe der Weißen viel schöner, viel romantischer war. Nicht etwa, weil sie weiß waren, sondern auf Grund der Art und Weise, wie sie miteinander umgingen. Sie lebten natürlich in einer anderen Welt. Aber ich wollte all das auch, diese zärtlichen Küsse, diese tiefe Zuneigung.

Mit meinen Schulkameradinnen sprach ich nicht über meine Empfindungen. Eigentlich hatte ich nur zwei Mädchen, mit denen ich mich gut verstand, Wanda Jean und Glodine, die reinsten Nonnen. Wir besuchten die Johnson Annex gemeinsam — die Grundschule gleich neben der Lauderdale High in Ripley, die Wanda Jeans Vater als Direktor leitete. Sie und Glodine stammten aus der wohlhabenden Schicht schwarzer Familien in der Stadt — Ärzte, Schuldirektoren, Geschäftsleute —, und niemals habe ich aus ihrem Mund gehört, daß sie »es« tun wollten oder so etwas. Andererseits sahen sie aber auch niemals all die Dinge, die ich auf der Farm zu sehen bekam, die Leute, die in Schuppen verschwanden und so weiter. Nicht einmal mein Vater, der auch als Diakon tätig war, wußte, daß ich all das miterlebte. Aber so war es. Mein Leben bewegte sich zwischen den aufrechten Baptisten und den anständigen kleinen Freundinnen auf der einen Seite und all dieser Erdigkeit, dieser ländlichen Realität auf der anderen hin und her. Das Saubere und das Schmutzige — ich stand zwischen beiden Welten. Wahrscheinlich muß man etwas von beidem in sich haben, um etwas über das Leben zu erfahren. Denn das Leben besteht aus beidem, nicht wahr?

Ich war zehn Jahre alt, fast elf. Es war 1950. Ich wußte, daß die Spannungen zwischen meiner Mutter und meinem Vater sich noch verschlimmert hatten, und nun wurde mir auch klar, daß etwas geschehen würde. Ich konnte es spüren. Und diesmal wußte ich auch, daß Mama nicht nur für ein paar Tage in Mama Georgies Haus Zuflucht suchen würde. Dann, eines Tages, war sie plötzlich verschwunden. Daddy kam nach Hause und geriet regelrecht in Panik. Er rannte zu Mama Georgie, aber dort war sie nicht. Er suchte woanders, doch sie war verschwunden. Eine Woche brauchte er, um sich Gewißheit zu verschaffen, daß sie auch nicht mehr im Süden war, sondern daß sie nach St. Louis gegangen war und dort bei einer Tante wohnte.

Erst in diesem Moment wurde mir eigentlich klar, wie sehr ich meine Mutter liebte – und wie sehr ich sie auch wieder haßte. Ich glaube, ich lernte damals, wie dicht Haß und Liebe beieinander liegen können. Es war nicht nur, daß sie weggegangen war – das war schon in Ordnung. Ich denke, wir wußten, daß das irgendwann geschehen würde. Aber ich wollte, daß sie wegen uns, wegen Alline und mir, zurückkam. Und ich wartete und wartete, und sie kam nicht. Jeden Tag schaute ich im Briefkasten nach, aber es kamen keine Briefe. Ich weinte mir die Augen aus. Schließlich, eines Tages, wischte ich mir die Tränen ab und sagte: »Dann bleib mir gestohlen, Mutter!« Einfach so. Ich war tief verletzt. So lange hatte ich mich nach ihrer Liebe gesehnt, und jetzt würde ich sie nie mehr bekommen. Wie viele Jahre hatte ich mitangesehen, wie sie sich Alline gegenüber wie eine richtige Mutter verhalten hatte; ich hab' sie im »Loch« beobachtet, wenn sie glücklich und zufrieden war; ich hab' sie sonntags in der Küche am Fenster sitzen sehen, wenn sie hinaussah. Und dann, eines Tages, saß sie nicht mehr an diesem Fenster. Nie mehr würde sie dort sitzen. Sie war verschwunden, einfach weg. Ich weinte schrecklich, aber das half mir auch nicht weiter. Das tut es nie, bei niemandem.

Richard Bullock, vielleicht nicht unbedingt enttäuscht, aber dringend hausfraulicher Hilfe bedürftig, heiratete schon sehr bald zum zweiten Mal und holte aus Ripley eine schon einmal geschiedene Frau namens Essie Mae und ihre Tochter Nettie Mae, die etwa so alt war wie Anna Mae, in die ländliche Umgebung von Spring Hill. Essie Maes Spitzname, der auf ihr Gesicht anspielte, lautete »Frog«, Frosch. Ähnlich verhielt es sich mit Nettie Mae, die – was die Bullock-Mädchen durchaus zutreffend fanden – allgemein nur »Pig«, Schweinchen, genannt wurde.

Tina: Eigentlich waren die beiden recht hübsch, mit ihrer Mulattenhaut, also ziemlich hell. Aber Essie Mae sah wirklich wie ein Frosch aus, und Nettie, nun... Frog und Pig, was soll ich mehr dazu sagen? Sie kamen aus Ripley, waren demnach Stadtmenschen – und hatten auch den typischen städtischen Chic. Frog war eine von diesen schönen, gepflegten schwarzen Frauen mit breiten, sexy aussehenden Hüften und den Goldzähnen, die damals die große Mode waren, sowie einer Haarpracht, die sie stets zu kleinen Locken gedreht trug. Ich glaube, sie hatten in Ripley kein schlechtes Leben geführt. Ich weiß, daß Pig, die Tochter, eine ganze Menge Kleider besaß, und ich kann mich noch daran erinnern, wie neidisch ich darauf war. Und Daddy versuchte alles mögliche, um besonders nett zu der Frau zu sein, zärtlich und voller Zuneigung, damit sie bei ihm blieb, und das war für mich noch viel schlimmer. Für einige Zeit kam ich mir vor wie eine verwelkte Blume, hatte eine Stiefmutter, die ich nicht wollte, und dazu noch Pig, mit der ich zurechtkommen mußte. Und dann entschied Frog, daß sie nach Ripley zurück wollte – ihr gefiel das Leben auf dem Land nicht. Also besorgte Daddy uns ein Haus auf dem Scott's Hill, immer noch ländlich gelegen, aber bereits innerhalb der Stadtgrenze, gleich neben einem Friedhof. Und dort begannen dann die Kämpfe zwischen Daddy und Frog.

Frog war ein ganz schön harter Brocken – sie ließ sich nichts gefallen. Und als Daddy dann anfing, ihr den Hintern zu versohlen – nun, soweit ich mich erinnern kann, kam sie ihm zweimal mit einem Messer zuvor. Das erste Mal erwischte sie ihn im Unterleib – ich nehme an, sie zielte auf, na was wohl? –, und das Blut floß in Strömen, und ich hatte solche Angst. Sie waren nur ein Jahr lang oder so verheiratet – ich denke, Daddy bekam es auch mit der Angst zu tun. Jedenfalls waren Frog und Pig eines Tages ebenfalls verschwunden.

In seiner Niedergeschlagenheit und in dem Durcheinander nach Frogs »Abreise« aus dem kleinen weißen Bungalow gleich neben dem Friedhof von Scott's Hill hörte Richard Bullock auf, in die Kirche zu gehen. Er überließ die Sorge für seine Töchter einer wohltätigen Frau namens Miss Jonelle und auch Ella Vera, der Schwiegermutter von einem der Brüder Richards.

Tina: Miss Jo war wie unsere Kinderfrau. Sie wohnte in unserem Zimmer, bei mir und Alline, und sie wurde eine sehr gute Freundin. Ich liebte Miss Jo. Sie lebte vorwiegend bei ihrer Tochter, doch immer wenn sie mit ihr Streit hatte, dann kam Miss Jo zu meinem Vater. Es ist schon komisch, immer waren da andere Leute, die bei ihm lebten, so schien es – immer war da ein Mann in einem Nebengebäude, der ihm bei seiner Arbeit half, oder eine Miss Jo, die sich um die Mädchen kümmerte. Doch dann bekamen Miss Jo und Daddy ebenfalls Streit, und schon tauchten neue Frauen auf – Mama Roxanna, Cousine Ella Vera, die mit ihrem Mann Pick ganz in unserer Nähe ebenfalls auf dem Scott's Hill wohnte. Immer ging es hin und her, hin und her. Und wir waren da in dem Haus auf der Spitze vom Scott's Hill, mit dem Friedhof nebenan – richtig gespenstisch. Soll mir mal einer erzählen, er würde dort nachts keine Ungeheuer durchs Fenster ins Haus steigen sehen. Manchmal, wenn ich alleine war, hatte ich eine solche Angst, daß ich zum nächsten Nachbarn rannte.

Als ich schon dreizehn war, hatte ich noch immer keine Periode. Mir kam das überhaupt nicht »spät« vor. Es war einfach noch nicht passiert, und das war in Ordnung – denn davon wollte ich sowieso noch nichts wissen, fühlte ich mich doch eher als Junge. Aber Cousine Ella bekam es heraus – ich weiß bis heute nicht wie –, und ich glaube, sie dachte bei sich: »Nun, in dem Haus fehlt eine Frau, und Richard sitzt da mit seinen beiden Mädchen...« Daher erklärte sie Daddy, daß ich noch keine Periode hätte und was er tun sollte. Und Daddy brachte mich zu einem Arzt. O Gott, ich schämte mich so, fühlte mich so erniedrigt, als ein Fremder da unten herumfummelte und tastete. Es war mir so peinlich. Bis auf den heutigen Tag weiß ich noch, wie sehr ich die ganze Prozedur gehaßt habe.

Und dann, man glaubt es kaum, verschwand Daddy eines Tages. Er zog nach Detroit und ließ mich und Alline bei Cousine Ella Vera zurück. Einfach so. Ich konnte es nicht fassen. Da stand ich, dreizehn Jahre alt, ohne Mutter, und mein Vater hatte sich ebenfalls aus dem Staub gemacht.

Und dann, kurz nachdem er weggegangen war – hatte ich meine erste Periode. Was für ein Alptraum! Anfangs habe ich mich einfach geweigert, es zur Kenntnis zu nehmen. Ich weiß noch, wie ich mich die ganze Zeit wusch und dabei schluchzte: »Paß auf, das will ich nicht jeden Monat aufs neue erleben!«, und ich wusch und spülte. Ich war so wütend auf meinen Vater – ich glaubte damals, daß das alles nur wegen ihm passierte, daß er daran schuld war. Ohne ihn wäre es niemals soweit gekommen. Und nun war es passiert, und wo trieb er sich herum? Ich dachte irgendwie: »Vielen Dank, Daddy, das hast du gut eingefädelt. Erst sorgst du dafür, daß diese Schweinerei bei mir losgeht, und dann haust du einfach ab.«

Gegen Cousine Ella Vera hatte ich eigentlich nichts einzuwenden, aber ich mochte sie auch nicht besonders, wie das manchmal so ist. Daher wurde ich zu einem ausgesprochenen Einzelgänger. Wenn sich überhaupt jemand um mich kümmerte, dann war es meine Schwester. Sie und Florence Wright. Florence war eine Kosmetikerin, die Daddy engagiert hatte, damit sie uns frisierte, und nachdem er weggegangen war, wurde sie für mich wie eine Mutter. Die Wrights waren recht wohlhabende Schwarze aus Ripley, sie hatten ihr eigenes Haus und alles, was dazu gehörte; Florence war eine große, hübsche hellhäutige Frau mit roten Haaren und unwahrscheinlich lebhaft. Sie hatte zwar einen Ehemann, aber der zählte für mich nicht – für mich gab es nur sie, und sie war wunderbar. Aber sie war auch ziemlich verrückt. Einmal, als sie betrunken war, sah ich sie vor dem Haus stehen, und sie mußte ganz dringend zur Toilette, und das machte sie dann vor dem Haus, ohne den Slip auszuziehen. Oh, es war shocking! Aber man sollte sich keine falschen Vorstellungen machen. Alle wußten, daß Florence fleißig arbeitete und ein angenehmes Leben führte. Sie war wirklich sehr nett, und sie kümmerte sich sozusagen um uns, nachdem Daddy nicht mehr da war – ich meine, ich brauchte nichts mehr zu bezahlen, wenn sie mich frisierte, und solche Dinge eben. Es gab eine ganze Familie mit dem Namen Wright – rothäutige Leute, die an einen Indianerstamm erinnerten –, und einige von den Frauen waren Kosmetikerinnen. Diese Leute interessierten sich sehr für mich, war ich doch ein kleines Mädchen vom Land. Sie arbeiteten nicht auf den Feldern oder so etwas. Sie waren in Schönheitssalons tätig, das war ihre Tätigkeit, und sie verdienten ganz gut dabei und hatten ihr eigenes Zuhause. Und zu dieser Zeit begann ich zum erstenmal zu begreifen, daß man auch noch anders leben konnte. Nicht in diesen winzigen Häusern, die ich vom Land kannte, mit dem Linoleumfußboden und den dreckigen Höfen, sondern in einer sauberen Nachbarschaft mit gepflasterten Straßen und Vorgärten mit gepflegtem Rasen, mit weißen Häusern mit grünen Fensterläden. Und mit schönen Möbeln darin, mit Parkettböden und Teppichen darauf.

Zum erstenmal sah ich, wie das Leben wirklich sein konnte. Ich war gerade vierzehn Jahre alt.

Aber wir wohnten nicht bei Florence Wright, sondern bei Cousine Ella Vera, und das wurde immer härter für uns. Nun, nachdem meine Eltern nicht mehr da waren, gab es auch keinen Kontakt mehr mit ihnen. Nachdem Mutter uns verlassen hatte, schickte sie niemals Geld für Lebensmittel oder Kleider oder irgend etwas, keine Postkarte und keinen Brief. Und als Daddy wegging, war es praktisch genauso. Er hatte uns eine Schlafzimmereinrichtung hinterlassen, und für eine Weile schickte er Cousine Ella auch Geld, aber das war nicht viel. Daher waren wir gezwungen, uns unabhängig zu machen. Und damals begann ich für die Hendersons zu arbeiten, eine weiße Familie in Ripley. Und die Hendersons veränderten mein Leben. Man kann durchaus sagen, daß sie mich retteten.

Die Hendersons waren typische junge Weiße. Sie hatten geheiratet und ihr erstes Haus gekauft – das heißt, sie hatten es bauen lassen, ein hübsches Ziegelgebäude –, und dann bekamen sie ein Baby. Miss Connie Henderson hatte vor ihrer Hochzeit als Lehrerin in einer Grundschule gearbeitet. Ihr Mann war Guy Tucker Henderson, dem die örtliche Chevrolet-Vertretung in Ripley gehörte, und ihr Baby hieß David. Ich arbeitete nach der Schule bei ihnen, kümmerte mich um das Baby und half Miss Connie im Haus. Ich lernte, Davids Windeln zu waschen und sie zu falten und Dinge sauber und in Ordnung zu halten. Es dauerte nicht lange, da lebte ich praktisch bei den Hendersons. Ich war mit ihnen an den Wochenenden zusammen, und Samstagabend fuhr Mr. Guy mich mit seinem Auto in ein Kino, und wenn der Film vorbei war, dann holte einer von den beiden mich immer ab. Das Kino stand, wie ich mich erinnere, nicht weit vom »Loch« entfernt. Aber ich hatte an diesem Ort überhaupt kein Interesse mehr. Denn ich erfuhr so viel über diese andere Welt – die weiße Welt – mit ihren Magazinen und Büchern und ihrer Kultur.

Ich arbeitete bei den Hendersons, ich putzte bei ihnen, aber ich war nicht nur ein Hausmädchen. Ich war Teil ihres Lebens; ich wohnte dort. Und als ich nun bei ihnen lebte, fing ich eines Tages an, über die Ehe nachzudenken, und wie es wohl wäre, so zu leben. Ich hatte niemals zuvor über Heiraten nachgedacht – nicht als ich bei meinen Eltern lebte und ihre Streits miterlebte. Aber die Ehe der Hendersons war anders. Mr. Guy war ein zuverlässiger Mensch – ich kann mir nicht vorstellen, daß er jemals auch nur daran gedacht hat, zu lügen oder zu betrügen. Er liebte Miss Connie, und sie hatten ihr Baby und sie hatten ihr Haus. Und ich erkannte, daß es genau das war, was ich mir wünschte – ich wollte diese Art von Zuneigung und Fürsorge und dieses Verpflichtungsgefühl. Eine echte Romanze, um es mit einem Wort auszudrücken. Durch ihre Art, ihr Verhalten öffneten die Hendersons mir praktisch die Augen. Diese Leute lehrten mich so viel. Sie waren wie Eltern zu mir, und sie korrigierten meine Fehler.

Natürlich konnten sie mir trotzdem nicht die leibliche Mutter ersetzen. Daher war es gut, daß ich immer noch Margaret hatte. 1954 kam es in unserer Familie zu einigen Veränderungen. Papa Alex – Mama Roxannas Mann – war gestorben, und Roxanna lebte jetzt mit Onkel Gill zusammen – jenem Verwandten, der seinerzeit in Nut Bush einen Nebenbuhler erschossen hatte. Onkel Gill war aus dem Gefängnis entlassen worden und hatte schließlich geheiratet. Und Evelyn, meine Halbschwester, war von diesem reichen High-School-Boy namens Alonzo Curry schwanger. Er wollte sie heiraten, doch sie sagte nein, denn sie liebte in Wirklichkeit jemand anderen. Sie bekam dann ihr Baby, ein Mädchen namens Dianne Curry – sie zeigte Alonzo die Kleine nicht einmal –, und nahm das Kind mit zu Mama Georgie.

Nun, Evelyn und Margaret waren unzertrennlich – vorwiegend deshalb, weil Mama Georgie wollte, daß sie überall nur gemeinsam hingingen, damit ihnen nichts zustieß. Und jeden Samstag kamen sie immer noch nach Ripley. Es war nicht schwierig für sie, mitgenommen zu werden, denn die Leute aus Nut Bush fuhren am Wochenende immer irgendwohin, entweder nach Brownsville oder nach Ripley. Ripley war hipper – Brownsville war nur einen kleinen Deut besser als Nut Bush –, daher fuhren Margaret und Evelyn immer dorthin. Evelyn hing aber nicht allzu gerne mit uns herum, denn sie war älter, fast schon erwachsen. Sie war ziemlich kühl – ich vermute, daß sie uns schon gern gehabt hat, aber sie sprach nicht darüber und zeigte es auch sonst nicht –, und sie konnte ein ganz schön gemeiner Satansbraten sein. Evelyn war ziemlich klein, und sie hatte breite Hüften, einen breiten, flachen Hintern und große braune Augen. Sie war auf ihre Art hübsch – aber auch bösartig! Daher war es mir eigentlich ziemlich egal, ob Evelyn in die Stadt kam oder nicht, ich wartete die ganze Woche nur darauf, Margaret wiederzusehen. Ich wohnte bei den Hendersons, und wenn Margaret und Evelyn ankamen, dann fuhr ich in die Stadt, um sie zu treffen. Das waren dann die schönsten Stunden meines damaligen Lebens. Soviel bedeutete Margaret mir.

Sie war wirklich wie eine Mutter. Sie erklärte mir, was Sex war – ich verstand zwar nicht genau, wie man schwanger wurde, aber ich bekam wenigstens einen gewissen Eindruck davon. Margaret brachte mir sogar das Küssen bei. Ich weiß noch, wie sie mir einmal von diesem neuen Kuß erzählte – Zungenkuß wurde er genannt. Sie sagte: »So machen sie es immer«, und dann zeigte sie es mir. Nein, etwas Sexuelles war das nicht – wir waren nur Cousinen, die sich einen Kuß gaben. Der Zungenkuß war etwas Neues, etwas Aufregendes, und sie brachte mir bei, wie man es machte. Alline war im gleichen Alter wie Margaret, daher hingen die beiden oft zusammen und flüsterten miteinander und kicherten über alle möglichen Dinge – es waren eben typische Schulmädchen. Aber nachher kam Margaret immer zu mir und erzählte mir, worüber sie geflüstert hatten – ob Alline schon Sex gehabt habe und solche Dinge. Haha! Margaret war wunderbar. Sie war intelligent und sauber und ordentlich – sie hatte jedes Weihnachts- und Geburtstagsgeschenk, das sie je bekommen hatte, fein säuberlich gesammelt und aufbewahrt. Ich glaube, ich hab' bei Margaret eine ganze Menge abgeschaut. Sie war wirklich meine erste richtige Lehrerin. Mein Gott, irgendwie vermisse ich sie noch immer.

Margaret wurde noch in jenem Jahr schwanger, und ich sah sie zum letztenmal, als sie zu mir kam und es mir erzählte. Margaret hatte nur sehr wenige Freunde gehabt, aber sie hatte sich in diesen einen Jungen verliebt, Ham Stocking hieß er, und sie waren schon dabei, ihre Hochzeit zu planen, als sie schwanger wurde. Doch nun war Margaret sich nicht mehr so sicher. Sie sagte: »Ich weiß nicht, ob ich ein Baby bekommen soll – ich möchte noch aufs College gehen.« Nun, niemand in meiner Familie war je aufs College gegangen. Es war für uns so etwas wie ein Fremdwort. *Col-lege*. Und ich weiß, daß Margaret Lehrerin geworden wäre, hätte sie wirklich ein College besucht. Aber sie überlegte, was sie tun sollte, und sie trank heißes Wasser mit schwarzem Pfeffer – eine furchtbare Mixtur – und glaubte, dadurch würde sie ihr Baby verlieren.

Sie kam zu mir und erzählte mir alles – ich war die einzige, mit der sie darüber sprach – und es war das letzte Mal, daß ich sie lebend sah.

Nach all den Jahren tut es immer noch weh, wenn ich daran denke, was damals geschah. Ich glaube, es war am folgenden Wochenende. Margaret und Evelyn und eine entfernte Cousine, Vela Evans, fuhren mit einem Bekannten zu einem Basketballspiel. Der Typ hatte einiges getrunken, und auf dem Rückweg überholte er auf einer Steigung einen anderen Wagen und raste frontal in einen Lastwagen. Ich bekam den Anruf in Miss Connies Haus. Es war das erste Mal in meinem Leben, daß ich ohnmächtig wurde. Ich meine, ich hatte immer meine Witze darüber gemacht – Schwarze fallen gewöhnlich nicht so leicht in Ohnmacht. Es waren immer die Weißen, die ihre Nervenzusammenbrüche hatten und ohnmächtig wurden und weinten. Schwarze weinten nur und versuchten mit allem klarzukommen, was immer sie bedrückte. Wir haben auch die Sklaverei bewältigt, oder etwa nicht? Aber als ich den Anruf bekam, daß Margaret und Evelyn tot waren – nicht »im Krankenhaus«, sondern tot – da gaben meine Beine nach. Nicht Margaret! O Gott. Ich kippte einfach um.

Ein so schlimmer Unfall war in einer kleinen Stadt die Sensation. Wenn ich die Augen schließe, sehe ich immer noch die Bilder in der Zeitung von Ripley vor mir. Sie waren schrecklich. Die beiden Körper waren völlig deformiert und zerfetzt. Margaret hatte vorne neben dem Fahrer gesessen; Evelyn und Vela – die als einzige mit einem gebrochenen Bein überlebte – waren hinten gewesen. Als der Wagen auf den Lkw prallte, war Margaret herausgeschleudert worden, und sie war sofort tot. Evelyn wurde zu Tode gequetscht, als der Rücksitz in den Kofferraum geschoben wurde. Vela erzählte nachher, sie hätten den Jungen gebeten, doch etwas langsamer zu fahren, aber ich glaube, er war zu betrunken, um darauf zu hören. Und dann erzählte sie, wie Evelyn aus dem Wrack herausgezogen wurde und dann auf der Straße lag.

Ich war vierzehn, was wußte ich schon vom Sterben? Ich dachte nur, daß es kalt und schlimm und endgültig war, und daß die Leute weinten. Aber ich hatte niemals geweint. Ich war bei Papa Alex' Beerdigung dabei gewesen, aber ich hatte nur bei mir gedacht, daß er in seinem Sarg wunderbar aussah, viel besser als zu Lebzeiten – richtig hübsch zurechtgemacht in Anzug und Schlips und nicht so verrückt, wie er sonst immer ausgesehen hatte. Aber bei Margaret und Evelyn begriff ich zum erstenmal, wie kalt und schrecklich der Tod in Wirklichkeit war. In der Leichenhalle waren sie nebeneinander aufgebahrt, und Evelyn sah noch nicht einmal so aus wie früher. Ihr Schädel, das ganze Gesicht war eingedrückt, einfach platt gequetscht; nur ihre Haare waren die gleichen wie sonst – es war so seltsam und unheimlich. Ein Riß erstreckte sich über eine Seite des Gesichts. Herrgott – hätten sie den nicht irgendwie verstecken können? Und sie hatten ihr die Hände gefaltet, und auf einer Hand war ein tiefer Riß. Margaret, meine Freundin – da lag sie, dieses wunderschöne Girl: nicht einfach nur tot, sondern furchtbar verstümmelt, zerstört. Ich berührte ihre Hand. Noch nie hatte ich etwas derart Kaltes gefühlt. Sie war schwanger gewesen, und außer mir wußte das niemand. Dann hörte ich mich schluchzen: »Margaret!« und »Evelyn!« Ich wollte sie zurückholen, wußte aber, daß sie für immer von mir gegangen waren.

Als der Beerdigungsunternehmer die Kleider zurückschickte, in denen sie ums Leben gekommen waren, verbrannte Mama Georgie sie nicht und warf sie auch nicht fort. Sie zog die Kleider auf Bügel und hängte sie in einem Hinterzimmer auf. Jedesmal, wenn ich dieses Zimmer betrat, sah ich sie dort, zerfetzt und blutig, und ich dachte an Margaret und daran, wie sie ausgesehen hatte und wie sehr ich sie vermißte, und dann weinte ich wieder von neuem. Das war das erste Mal, daß ich erfuhr, was Schmerz ist, richtiger, schlimmer Schmerz.

3

ERSTE LIEBE

Im Jahre 1954 kam eine ganz neue Musik auf: Rhythm and Blues. Die Vermischung von schwarzer und weißer Musik hatte in Amerika schon in der Sklavenzeit begonnen, als afrikanisches Rhythmusempfinden auf Traditionen der Melodik und Harmonik traf, die ihren Ursprung in Europa hatten. Das sich daraus ergebende Durcheinander von schwarzen »field hollers« und Spirituals und ländlicher Tanzmusik (die häufig auf improvisierten Instrumenten gespielt wurde) hatte sich um die Jahrhundertwende zu neuen Mischformen entwickelt. Der Blues – eine rauhe weltliche Abart des Ruf-und-Antwort-Stils des schwarzen Gospelgesangs – verbreitete sich auf den Baumwollfeldern und Ölbohrcamps der Südstaaten durch umherziehende Musiker, die solche Lieder zur Gitarre sangen. Zur selben Zeit wurde der Cakewalk, ein Tanz, der den zum Einherstolzieren animierenden Rhythmus der schwarzen Marschmusik zur Grundlage hatte, zum letzten Schrei in den Varietétheatern und bereitete dem Aufstieg des Ragtime den Weg, einem

49

kompliziert synkopierten Klavierstil, der im nächtlichen Milieu der von Schwarzen bevorzugten Saloons und Freudenhäuser entstanden war.

In New Orleans kombinierten Dixielandbands die Harmonien des Blues mit der Rhythmik des Ragtime, fügten dann eine kräftige Prise Improvisation hinzu und begannen (gemeinsam mit Musikern in zahlreichen anderen Städten) den Jazz zu erschaffen, die Begleitmusik der Roaring Twenties. In den Dreißigern war die Jazzmusik – nun von schwarzen wie weißen Ensembles dargeboten – zu einem der bekanntesten Exportartikel Amerikas geworden. Und mit dem Durchbruch Benny Goodmans im Jahre 1935 begann schließlich die Swing-Ära. Während der Swing sich geradezu explosionsartig ausbreitete, wurden die Jazzbands größer, und es wurden Arrangeure gesucht, die das Zusammenspiel einer ständig wachsenden Anzahl von Instrumenten ordnen mußten – eine Entwicklung, die auf eine Einschränkung der freien Improvisation hinauslief.

Begnadete Bandleader wie Duke Ellington und Count Basie erhielten sich einen Funken von Improvisation, doch in Kreisen der mehr auf Popularität abzielenden weißen Orchester degenerierte der Jazz zu simpler Tanzmusik.

Als Amerika schließlich ebenfalls in den Zweiten Weltkrieg eintrat, verließen viele Swingstars die Musikszene, um ihren Militärdienst anzutreten, und die Swing-Ära neigte sich dem Ende zu. Die schwarzen Jazzmusiker eroberten sich ihr Feld in Gestalt heißer R-&-B-Gruppen zurück, die das Bläserspiel der Bigbands in stark verkleinerten Combos weiterführten, welche von hektischen Saxophonisten und den Blues hinausschreienden Sängern angeführt wurden. Das Ergebnis war, an guten Abenden, eine tumultartige Begeisterung aller Fans. Und Riesenhits – zumindest auf dem eng begrenzten »Rassen«-Markt, auf den diese Musik beschränkt war.

Live aufgenommene Radio-Shows wurden über das »Delta Network«, einen Verbund von Radiosendern in Arkansas und Mississippi, ausgestrahlt. Und es waren nicht nur schwarze Fans, die diesen Programmen lauschten.

Tina: Damals besaßen wir Rundfunkempfänger, aber keine Plattenspieler. Das Radio reichte völlig aus. Daddy hatte einen von diesen Holzkästen besessen, und Alline und ich hörten uns immer die einzelnen Folgen von *Inner Sanctum* oder *The Fat Man* an – Hörspielsendungen, bei denen wir uns jedesmal zu Tode fürchteten. Dazu aßen wir gebackene Kartoffeln, oder wir bereiteten uns auf dem Herd frisches Popcorn – es war wirklich eine schöne Zeit damals. In den Herden wurde ausschließlich Holz verbrannt, und wir schnitten Süßkartoffeln auf und legten sie oben drauf, dann wendeten wir sie, und das aßen wir dann. Das war einfach und lecker. Dann nahmen wir die Herdplatte heraus, stellten die Pfanne auf das Feuerloch und ließen das Popcorn knallen. Oh, es war einfach wunderbar. Keine Limonade, keine Cola, sondern nur Wasser. Und keine Kekse oder so etwas; ein trockenes Stück Brot, wenn wir etwas zu knabbern haben wollten.

Die Musik, die ich als Kind im Radio hörte, war vorwiegend Country und Western. Ich kannte damals unendlich viele dieser Countrysongs, obgleich ich sie mittlerweile alle wieder vergessen habe. Mama Georgie hörte sich immer die Country-und-Western-Sendungen an, so gut wie nie war mal ein Blues dazwischen; aber Papa Joe war ganz wild auf WDIA, den schwarzen Rundfunksender in Memphis, und ich kann mich noch daran erinnern, daß ich dort B. B. King hörte – er war sehr beliebt – und Anfang der fünfziger Jahre auch einige

Frauen wie Faye Adams mit »Shake a Hand« und LaVern Baker mit »Tweedle Dee«. Die Frauen hatten einen gemeinsamen Stil: die Haare straff nach hinten gebunden und in der Wange ein Grübchen, mehr nicht. Der Blues interessierte mich nicht sonderlich, aber ich lernte »Tweedle Dee« auswendig, denn es war ein ziemlich schneller Song. Die schnellen gefielen mir am besten, ich spürte die Energie, damals schon. Aber ich hatte keine Ahnung, was eigentlich hinter dem Radio steckte, und ich kam auch nie auf den Gedanken, daß diese Musik auf Schallplatten zu hören war oder daß es tatsächlich Leute gab, die umherzogen und sie öffentlich auf einer Bühne spielten. Für mich waren es ganz einfach Songs zum Anhören und Mitsummen. Musik, die aus der Luft kam.

Ich war vierzehn Jahre alt, wurde bald schon fünfzehn, als ich auf die Lauderdale-High-School kam, und ich blühte ein wenig auf, obwohl ich mich immer noch fehl am Platze fühlte. Ich war klein und mager, und ich besaß nicht die Kleider, wie andere Mädchen sie hatten – all die Girls aus den wohlhabenden schwarzen Familien. Alline und ich hatten in der Schule Freundinnen – wir bemühten uns immer, freundlich und entgegenkommend zu sein –, aber ich hatte Margaret verloren, und das war genauso, als hätte man mir ein Stück meines Herzens genommen. Da war ein großes, leeres Loch. Aber wie ich schon sagte, man bekommt immer einen anderen Menschen an seine Seite, und etwa ein Jahr nachdem Margaret starb, lernte ich die erste große Liebe meines Lebens kennen.

Wir hatten damals in Ripley das heißeste Basketballteam der Gegend. Unschlagbar. Und ich war Cheerleader, gehörte zu den Jubelgirls, deshalb war ich bei allen Spielen dabei. Nun, eines Tages kam die Mannschaft der Carver High School aus Brownsville zu einem Spiel nach Ripley, und natürlich war ich auch da. Und da sah ich ihn – Nummer Neun. Ich muß sagen, mein Herz klopfte plötzlich so schnell, daß ich fast in Ohnmacht gefallen wäre. Es war Liebe auf den ersten Blick – und das quer über das Spielfeld hinweg! Ich mußte diesen Knaben kennenlernen, es war eine innere Macht, die mich dazu trieb. Ich ging also zu Mr. Reed, einem der Trainer der Carver High School, und fragte ihn einfach: »Wer ist diese Nummer Neun? Kann ich den mal kennenlernen?« Unglaublich, was? Und Mr. Reed ging zu dem Typ hin. Er war nämlich der Kapitän der Carvers, Harry Taylor, meine erste große Liebe.

Harry war zwei Jahre älter als ich, besuchte die elfte Klasse und war ganz einfach ein unwahrscheinlich hübscher schwarzer Boy. Seine Haare waren reine Natur, nicht irgendwie behandelt, und er trug sie glatt nach vorne gekämmt, wie es damals die große Mode war. Seine Haut war glatt und dunkel, hatte etwa die Farbe wie die meiner Schwester, und er besaß wunderschöne weiße Zähne – nicht zu groß und nicht zu klein, gerade richtig. Die Lippen hatten auch die richtige Größe, die Nase ebenfalls – alles war genau nach Maß. Und dann hatte er einen phantastischen Körper! Einfach herrlich, mein Gott. Und er stand da, auf der anderen Seite des Feldes. Und er sah zu mir herüber, und ich schaute zu ihm und – *wooowwww!* Um ganz ehrlich zu sein, ich wäre am liebsten gleich damals mit ihm ins Bett gegangen.

Harry Taylor: Ich erinnere mich. Es war ein Einladungsturnier. Damals herrschte zwischen Brownsville und Ripley eine scharfe Rivalität, deshalb war es ein wichtiges Spiel. Sie gehörte zu den Jubelgirls – sie war sehr lebhaft, unwahrscheinlich enthusiastisch. Ein schönes Mädchen war sie. Aber als ich endlich aufstand und auf die andere Seite des Spielfeldes ging, da war sie verschwunden. Danach habe ich sie eine ganze Weile nicht mehr gesehen, erst wieder beim nächsten Spiel Brownsville gegen Ripley.

Tina: Harry und ich kamen nicht gleich zusammen. Es gab nämlich ein Problem. Und das hieß Rosalyn – dieses kleine Aas. Rosalyn hatte mit mir die Johnson Grade School Annex besucht; sie gehörte ebenfalls zu den Jubelgirls, und sie war verdammt raffiniert. Alline und ich waren immer freundlich und überall beliebt, und ich glaube, Rosalyn war die einzige, die mich nicht leiden konnte. Sie versuchte alles mögliche, damit ich mir vorkam wie ein Esel, sie lachte mich aus und grinste, wenn ich im Unterricht mal eine Frage nicht beantworten konnte. Dafür wußte sie natürlich immer alles, was sonst? Und ich war eine so schlechte Schülerin – gut in Sport, Englisch und Geschichte, glaube ich, aber ganz schlimm in Fächern wie Mathematik. Also Rosalyn lachte immer über mich. Ihre Eltern waren recht wohlhabend, besaßen ein großes Haus und so weiter – verdammt, ich könnte sie heute noch umbringen, wenn ich sie treffen würde! Wie auch immer, das nächste Mal sah ich Harry nach einem der Spiele Brownsville gegen Ripley wieder. Als wir Jubelgirls zusammenliefen, kam er rüber zu uns und unterhielt sich mit uns. Nun, und da stürzte sich Rosalyn sofort auf ihn – ich konnte es nicht fassen. Ich glaube, sie haben ihre Telefonnummern ausgetauscht – ich hatte damals kein Telefon –, und wenig später erzählte sie mir: »Oh, hör mal, ich hab' von Harry einen Brief bekommen!« Und sie vergaß auch nicht, ihn mir zu zeigen. Ich dachte schon, für mich wäre alles gelaufen. Aber Rosalyn war nicht lange dabei, denn als nächstes war ich an der Reihe und – *da-da-dahhh!* – zog nach Brownsville um! Es war nämlich folgendes passiert: Mein Vater hatte aufgehört, meiner Cousine Ella Vera Geld für mich und Alline zu schicken, und so mußten wir wieder zurück nach Nut Bush ziehen zu Mama Roxanna, der Kirchentante, und zu Onkel Gill. Damit verließen wir Lauderdale County und kamen wieder ins Haywood County, was für uns bedeutete, daß wir nun die Carver High in Brownsville besuchten. Und dort war auch Harry.

Nach Carver zu gehen, erwies sich als ein besonders guter Schritt in meinem Leben. Der dortige Direktor, Mr. Roy Bond, mochte mich auf Anhieb. Vielleicht hatte er in meinem Benehmen einige Feinheiten festgestellt, die ich bei den Hendersons aufgeschnappt hatte, weil sie mich in grundsätzlichen Dingen erzogen hatten. Eines Tages, als ich in sein Büro kommen mußte, weil ich mich wieder mal schlecht betragen hatte, erklärte er mir, daß er von mir Besseres erwarte. »Du bist nicht wie die anderen Kids«, sagte er. Und tatsächlich, früher hatte ich es niemals so gesehen, hatte niemals in dieser Richtung nachgedacht, aber es stimmte. Ich hatte mich schon immer anders gefühlt. Mr. Bond schien das zu verstehen. Einige andere Lehrer waren ebenfalls sehr hilfreich. Sie sahen, daß ich nicht bei meinen Eltern lebte, und ich glaube, sie erkannten, daß in mir ein guter Kern steckte, daher leiteten sie mich und halfen mir bei vielen Dingen. Die Bibliothekarin der Schule erzählte mir einmal: »Laß dich von mir ja nicht erwischen, daß du herumläufst und dabei den Bauch heraussteckst« – und seitdem ziehe ich ihn immer und überall ein.

Carver hatte auch ein Basketball-Mädchenteam, und ich spielte als Stürmerin mit. Ich war gleichzeitig auch eines von den Jubelgirls, also dauernd irgendwie beschäftigt und unterwegs. Wenn große Spiele anstanden – das war manchmal zwei- bis dreimal die Woche der Fall –, dann blieb ich nach der Schule gleich in der Stadt, anstatt mit dem Bus zu Roxanna zurückzufahren, und die Nacht schlief ich bei Carolyn Bond. Sie war ebenfalls ein Jubelgirl, und ihre Eltern besaßen ein Haus in der Jefferson Street. Carolyn – wir riefen sie immer »C'al Jean« mit einem breiten Südstaatenakzent – war nicht mit Mr. Bond verwandt. Ich glaube es jedenfalls nicht. Es gab in der Gegend damals mindestens ebenso viele Bonds, wie man Flaggs antreffen konnte. Und nun wohnten dort zwei neue Bullocks.

Roy Bond: Sie machte überall mit. Basketball, Cheerleading – erst spielte sie auf dem Spielfeld, dann zog sie sich ihr Jubelkostüm an, kam zurück und feuerte die Zuschauer an. Wenn es um einen Laufwettbewerb ging, dann nahm sie daran teil. Wenn man es ihr gestattet hätte, dann wäre sie wahrscheinlich auch noch beim Football dabei gewesen. Sie war eine richtige Führernatur, sie organisierte gerne – Partys, Klassenausflüge. Sie war zwar keine Musterschülerin, aber das machte sie mit ihrer Energie und Einsatzfreude wieder wett.

Damals war Brownsville etwas anders als heute. Es wurde von vier oder fünf reichen Leuten, Bankiers und Landbesitzern, alles Demokraten, regelrecht beherrscht. Um zehn Uhr gaben sie das Zeichen zum Feierabend, und die Stadt legte sich für die Nacht schlafen. Natürlich gab es auch hier die Rassentrennung – etwa sechzig Prozent Farbige gegen vierzig Prozent Weiße –, aber wir kamen ganz gut miteinander aus. Die Weißen im Süden sind gar nicht so übel. Aber Carver war durch und durch schwarz; die weißen Kids besuchten die Haywood High im anderen Teil der Stadt. Und außerdem hatten wir eine große Unterbrechung während des Schulhalbjahres, weil die Baumwolle geerntet werden mußte. Wir pflückten damals noch mit den Händen, weil wir keine Maschinen dafür hatten, und die Kinder mußten mithelfen. Deshalb fing unsere Schule schon im Juli an, dafür war sie von Mitte September bis nach Thanksgiving geschlossen. Ideal war die Regelung nicht. Nein, die weißen Schulen hatten das nicht nötig.

Carolyn Bond: Wir waren Kids, die nicht den Wunsch hatten, sich unter die Weißen zu mischen. Wir hatten unsere eigenen Interessen. Unsere Basketball-Girls waren sehr gut – wir spielten oft um die Meisterschaft –, und Anna Mae war ein wichtiger Bestandteil. Deshalb blieb sie, wenn schlechtes Wetter herrschte und wir ein Spiel hatten, immer in der Stadt, damit sie auch ganz sicher daran teilnehmen konnte, denn wir brauchten sie im Team dringend. Und zur Halbzeit kam sie mit den anderen Jubelgirls aufs Feld und machte bei den Tanznummern mit. Sie steckte voller Energie, war immer mit irgend etwas beschäftigt – ich denke an die Theatergruppe oder an Talentshows. Sie hatte eine schöne Stimme, und wenn sie etwas sang – irgendeinen Song bei einer Talentshow –, dann war ihr ganzer Körper daran beteiligt. Wir waren gemeinsam im Chor, und ich kann sie heute noch singen hören »Onward, Christian Soldiers«. Wir waren auch immer sehr beschäftigt, obwohl es in Brownsville für farbige Kinder nicht viel zu tun gab – es gab keine Trinkhallen oder Eiscafés oder so etwas. Manchmal organisierten die Lehrer für uns an Samstagnachmittagen kleine Tanzpartys in der Turnhalle; oder meine Eltern erlaubten uns, im Haus eine Party zu veranstalten, und dann kamen all unsere Freunde zu uns. Anna Mae schien sich immer für zu mager, für häßlich zu halten. Damals war Magerkeit noch nicht so in Mode. Ich erinnere mich noch, daß sie manchmal keine Kleider zum Wechseln bei sich hatte, wenn sie über Nacht bei uns blieb. Ich lieh ihr dann immer Sachen von mir. Einmal probierte sie eine Bluejeans von mir an und meinte, die liebe sie ganz besonders, denn darin sähen ihre Hüften etwas breiter aus. »Eines Tages«, sagte sie, »und wenn es das letzte ist, was ich mir wünsche, werde ich lange Haare und breite Hüften und ganz lange Beine haben.« Darin war sie fast hysterisch.

Sie lebte zwar draußen in einer ländlichen Umgebung, aber sie hatte mit den Leuten vom Land wenig im Sinn; all ihre Freunde lebten in der Stadt. Mit Jungens war sie kaum befreundet. Tatsächlich gab es in der Zeit, in der sie an der Carver High war, nur einen einzigen Jungen, und das war Harry Taylor.

Tina: Nun, es war folgendes passiert: Sobald wir nach Brownsville kamen, wanderten Alline und ich durch die Straßen, um uns anzuschauen, was hier los war. Es war das Wochenende, bevor die Schule wieder anfing, und ich wußte genau, daß ich Harry an diesem Abend treffen würde; ich wußte es einfach. Zu meinem Unglück trug ich mein häßlichstes Kleid, es hatte eine ganz seltsame Farbe – eines von diesen Kleidern, die man von dem Tag an haßt, an dem man sie bekommt, die aber praktisch ewig halten, so daß man sie auch ewig tragen muß. Irgend etwas fehlte auch daran – der Gürtel oder die Schärpe, ich hab's vergessen. Auf jeden Fall sah ich darin irgendwie unvollständig aus. Trotzdem gingen wir aus. Alline und ich versuchten herauszubekommen, wo die tollen Typen immer herumhingen. Und das war im »Loch« der Fall – es gibt immer irgendein »Loch« – genau wie das in Ripley. Und da waren sie, die tollen, hippen Typen. Und auch er war da.

Diese Jungens von Brownsville liebten bei ihrer Kleidung alles, was weiß war. Schuhe mit Kreppsohlen, weiße Jeans mit engen Hosenbeinen und weißen Hemden. Und die Girls, mit denen sie herummachten, waren gekleidet wie die weißen

Girls: Röcke und Pullover, sehr sportlich. Es gab eine ganze Clique von diesen Kids. Man sah ihnen an, daß sie aus wohlhabenden und ordentlichen Haushalten kamen, daß sie alle eine nette Familie hatten – und da waren sie und hingen mit ihren Autos im »Loch« herum. Und da war Harry. Für mich sah er immer noch wie ein Gott aus. Wirklich. Mein Herz klopfte wieder wie wild. Trotzdem ging ich nicht zu ihm hin. Ich spazierte einfach so herum, hielt mich von den anderen etwas fern und hoffte, daß er mich bemerkte. Und schließlich tat er es. Natürlich wußte er längst, daß ich etwas für ihn übrig hatte. Er kam heran und sagte »Hallo«, und ich antwortete: »Hi!«, als hätte ich ihn noch gar nicht bemerkt. Er fragte: »Was treibst du denn hier?« Und ich erzählte ihm, daß wir umgezogen seien und daß ich jetzt auf die Carver High gehen würde. Er nickte. »Tatsächlich?«

Und so hatte es begonnen. Die Schule fing drei Tage später an, und schon bald kam er häufiger in meine Klasse, um sich einen Bleistift zu borgen – alle wußten natürlich längst, was im Gange war –, und es dauerte nicht lange, da trug ich seine Jacke. Das ging durch die ganze Schule, denn Harry war der beliebteste Junge in ganz Brownsville. Er hatte schon eine Freundin auf der Carver, als ich dort ankam – Antonia Stubbs hieß sie. Später lernte ich Antonia kennen, und sie war ein richtig nettes Girl. Unwahrscheinlich freundlich und süß. Aber was soll ich sagen? Ich war verliebt. Und die kleine Anna Mae schnappte sich ihren Harry.

Danach kam er regelmäßig jeden Mittwoch mit seinem Freund John Thankster zu uns, um mich und Alline fürs Kino abzuholen. Natürlich gingen wir nicht immer dorthin.

John hatte das Auto. Er war der ältere der beiden Jungen. Er war für einige Zeit beim Militär gewesen und wieder zurückgekommen. Er und sein Girl, Flossat, hatten schon zwei

Babies – und sie besuchten noch immer die High-School! Ich glaube, es gab nichts anderes, was man in Brownsville hätte unternehmen können. Jedenfalls sollte es so laufen, daß ich mit Harry zusammen wäre und John mit Alline. Ich will nicht behaupten, daß Alline besonders schnell ins Bett gehüpft ist, aber sie hatte immer eine Menge Verabredungen. John war nicht ihr Typ, deshalb bekam er sie auch nicht. Aber Mama Roxanna schickte Alline immer mit uns, damit zwischen Harry und mir nichts passierte. Ha!

Harry Taylor: Ich mußte die Sache zwischen Alline und John irgendwie in Gang halten, denn wenn er nicht hinfuhr, dann kam ich auch nicht dorthin. Ich wohnte in Brownsville, und Anna Mae lebte da draußen auf der Farm bei Nut Bush an einer Schotterstraße und ohne Telefon. John besaß einen 1937er Plymouth – er war in bestem Zustand –, und nach der Schule stiegen wir immer in seinen Wagen und fuhren raus, um sie zu treffen. Dabei pflegten wir dem Schulbus zu folgen, in dem sie saßen.

John trank ziemlich viel. Er war schon in seinem ersten High-School-Jahr zum Militär gegangen, nachdem er bei seinem Alter gemogelt hatte. Seine Eltern hatten ihn wieder rausgeholt, aber nicht bevor er ein paar schlimme Szenen in Korea gesehen hatte. Deshalb trank er ganz gerne, und manchmal zogen er und Anna Maes Onkel Gill in irgendeine Kneipe da draußen, die die ganze Nacht geöffnet hatte, und Ann und ich blieben zu Hause und saßen draußen auf der Veranda im Schaukelstuhl. Oder wir hielten uns im Wohnzimmer auf. An das, was heute in solchen Situationen gewöhnlich passiert, dachten wir damals überhaupt nicht.

Wir verabredeten uns auch und gingen gemeinsam aus. Samstagabende waren dafür genau das richtige, vor allem, wenn wir in die Stadt fuhren. Oder wir holten sie ab, um mit ihnen ins Kino zu gehen, entweder in Ripley oder ins Rice Theater in Brownsville. Aber ich glaube, daß wir so wahnsinnig oft auch nicht ins Kino gegangen sind. John und Alline besuchten am liebsten irgendwelche Bierkneipen außerhalb der Stadt – Schuppen mit einem großen Gastraum und einer Musikbox darin, also nichts Elegantes. Ein solcher Bums stand unweit von Bells, nördlich Brownsville, zu dem wir manchmal hinfuhren, und einer war oben auf dem Weg nach Humboldt. Aber ich war Sportler, ich rauchte und trank nicht, und das war auch bei Anna Mae der Fall – sie spielte schließlich bei den Mädchen Basketball und war eine sehr gute, sehr aggressive Spielerin. Also besuchten John und Alline solche Läden, während Anna und ich im Wagen sitzen blieben. Vor dem Bierlokal bei Bells geschah es dann. Sicherlich erinnert sie sich noch daran, oder?

Tina: Meine Jungfräulichkeit verlor ich natürlich auf dem Rücksitz eines Autos. Schließlich hatten wir die fünfziger Jahre. Ich glaube, er hatte es so geplant, dieser kleine Teufel – machte mir weis, im Kino liefe an diesem Abend nichts Gescheites. Ich denke, er wußte damals schon, daß ich ihn sofort an meine Wäsche lassen würde, denn wir hatten schon eine Menge herumgeknutscht und uns gegenseitig gestreichelt und abgetastet, in der Bluse und unterm Rock und so weiter. Der nächste Schritt lag klar auf der Hand. Und ich, so frech und dreist ich auch war, als es endlich soweit war, da reagierte ich: »Mein Gott, jetzt schon?« Ich meine, ich hatte Schiß. Und dann passierte es.

Nun, es tat schrecklich weh – ich glaube, sogar meine Ohrläppchen haben sich vor Schmerzen eingerollt. Ich dachte, ich sterbe, Herrgott im Himmel. Und er wollte es gleich zwei oder dreimal! Es war so, als würde man in einer offenen Wunde herumstochern. Ich konnte nachher kaum gehen.

Aber ich habe es aus Liebe getan. Die Schmerzen waren furchtbar; aber ich liebte ihn, und er liebte mich, und das machte die Schmerzen halb so schlimm. Ich wurde von Harry richtig erregt, und er war auch ein guter Liebhaber. Alles stimmte. Und deshalb war es doch schön.

Natürlich war mein Kleid danach völlig hinüber. Als ich an diesem Abend nach Hause kam, legte ich es zusammen und versteckte es in dem Koffer unter meinem Bett. Und man soll es doch nicht für möglich halten – ausgerechnet am nächsten Tag begann meine Großmutter mit dem Frühjahrsputz und fand das verdammte Kleid! Ich kam an diesem Tag von der Schule zurück, und sie wartete schon auf mich: »Wenn du willst, kannst du ruhig schwanger werden! Dein Vater und deine Mutter sind ja weg und kümmern sich nicht um dich!« All diesen Blödsinn. Ich dachte nur: »O Gott!« Und ich versuchte ihr klarzumachen, daß überhaupt nichts passiert wäre. »Ich hatte meine Periode.« Aber Mama Roxanna war nicht dumm. Sie wußte genau, was los war. Und Harry kam danach lange Zeit Mittwochabend nicht mehr zu uns.

Harry war der Anfang meiner Skorpion-Phase, die die ganze erste Hälfte meines bisherigen Lebens andauerte. Skorpion-Typen können einem, wie ich später erfuhr, ganz schön den Nerv töten. Harry war eine Art Playboy, denn er war in der Schule total beliebt, und nachdem er von mir bekommen hatte, was er hatte haben wollen, verlor er, glaube ich, das Interesse an mir. Ein anderes Girl tauchte auf und schob sich zwischen uns. Das war C'al Jean. Für einige Zeit ging es hin und her – er trennte sich von ihr und kam zu mir zurück, dann ging er wieder zu ihr. Dann beendete er die

High-School und trat in die Luftwaffe ein. Seine Großmutter, Miss Sally Ann Pruitt, erzählte mir irgendwann, daß er wieder da sei, und eines Tages besuchte er mich, und wir kamen von neuem zusammen. Er fing an, mir Briefe zu schreiben, und wir sprachen sogar von Heirat.

Dann, eines Tages, stieg ich in den Schulbus, und eine meiner Freundinnen sagte: »Ratet mal, was passiert ist – Harry und Theresa haben geheiratet.« Ich hatte geglaubt, Harry endlich ganz allein zu besitzen, und dabei hatte er offensichtlich immer noch woanders herumgemacht, und Theresa war schwanger geworden, deshalb heirateten sie. Meine Freundin hatte die Neuigkeiten deshalb vor mir erfahren, weil ich an den Wochenenden immer noch nach Ripley fuhr, um bei den Hendersons zu arbeiten; demnach wußte ich nicht, was dann gerade in Brownsville passierte. Als sie es mir erzählte, mußte ich so stark wie möglich sein, damit ich nicht weinte. Und ich mußte den ganzen Tag ohne eine einzige Träne hinter mich bringen, denn die ganze Schule redete darüber. Ich war völlig gebrochen. Harry war das einzige gewesen, das ich liebte. Meinen Vater und meine Mutter hatte ich aus meinem Gedächtnis gestrichen. Ich hatte Margaret verloren. Ich mochte meine Großmutter nicht besonders, bei der ich wohnen mußte. Alline beendete die Schule und zog nach Detroit, wo sie bei Verwandten und in der Nähe meines Vaters lebte. Und nun war Harry auch nicht mehr da.

Daher zog auch ich los. Am Ende landete ich bei Mama Georgie auf der Poindexter-Farm, wo ich schon immer hatte sein wollen. Aber auch dort hatte sich einiges verändert, zumindest für mich. Wahrscheinlich wegen der Art und Weise, wie Margaret und Evelyn ums Leben gekommen waren, hatte Mama Georgie Angst, wieder Teenager in ihrem Haus aufzunehmen. Außerdem zog sie gerade ein kleines Baby groß, das

Evelyn zurückgelassen hatte. Als ich nun dort eintraf und sie etwas später nach Hause kam und mich sah, schickte sie mich dennoch nicht weg. Aber sie sagte gleichsam nur: »Okay«, mehr nicht.

Im Frühjahr 1956 wurde es allmählich immer verrückter. Ich arbeitete weiterhin bei den Hendersons in Ripley, und Miss Connie holte mich jedes Wochenende ab. Den Poindexters jedoch gefiel es nicht, daß ich auf ihrer Farm wohnte, aber dort nicht arbeitete. Sie fingen an, mir deswegen mehr und mehr Schwierigkeiten zu machen. Als dann der Sommer kam, nahmen die Hendersons mich auf eine kurze Urlaubsreise nach Dallas, Texas, mit. Während ich weg war, wurde Mama Georgie krank und starb. O Gott.

Nun, natürlich kam meine Mutter zur Beerdigung. Mittlerweile – da Daddy so gut wie vom Erdboden verschluckt war – hatte sie angefangen, ab und zu Kleidung zu schicken, und gelegentlich auch etwas Geld. Und ich hatte allmählich eine etwas bessere Einstellung zu ihr gewonnen. Da kam sie nun aus dem Norden, von St. Louis herunter, und sie war wunderschön. Sie trug ein weißes Kostüm mit breiten Schultern und schöne hohe braun-weiße Schuhe – wunderbar. Und ich dachte . . . nun, ich hätte nach Ripley ziehen und weiterhin bei den Hendersons arbeiten können. Aber Ma wollte, daß ich mit ihr ging und in St. Louis wohnte. Alline war schon dort – sie hatte es in Detroit nicht allzu lange ausgehalten. Und so beschloß ich, mitzugehen. Ich hatte das Gefühl, ich hätte lange genug in Tennessee gelebt. Dort gab es nichts mehr für mich – nichts außer Mama Roxanna und Onkel Gill. Deshalb verabschiedete ich mich.

St. Louis in der Mitte der fünfziger Jahre war ein sehr ruhiger Ort – vor allem wenn man ihn mit East St. Louis verglich, der

G. WASHINGTON

*Ein High-School-Foto
von mir. Damals war ich
fünfzehn.*

*Meine Großmutter
Roxanna Bullock.*

*Die Basketball-Mädchenmannschaft (1956) der Carver High-School
in Brownsville, Tennessee. Ich halte den Ball.*

G. WASHINGTON

High-School-Foto von mir
etwa zur Zeit des Schulabschlusses.
Alter: siebzehn Jahre.

Meine Cousine und beste Freundin,
Margaret Curry.

Meine Schwester Alline,
als sie noch ein Kind war.

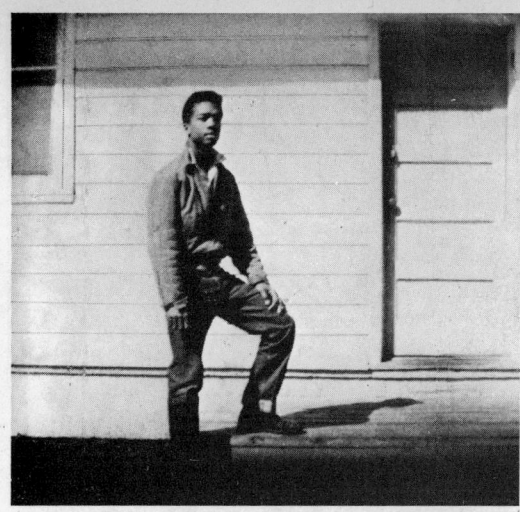

Meine erste große Liebe, Harry Taylor.

Meine Schwester Alline (links) und ich.

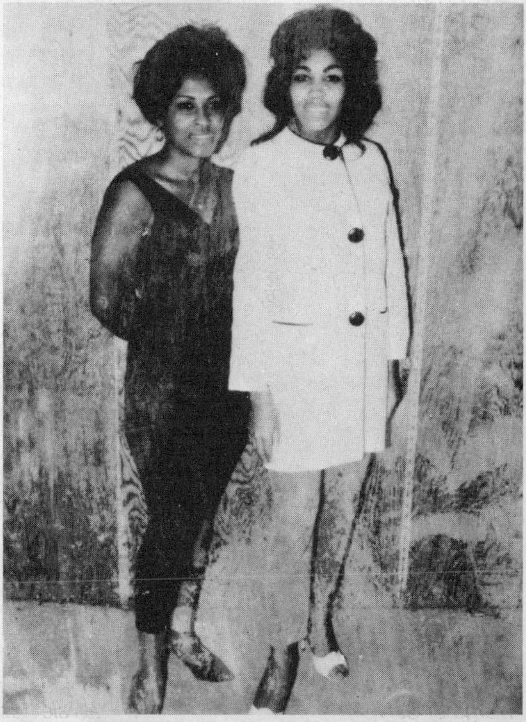

G. WASHINGTON

Meine Mutter Zelma,
Anfang der siebziger Jahre.

Jüngeres Foto
meiner Mutter.

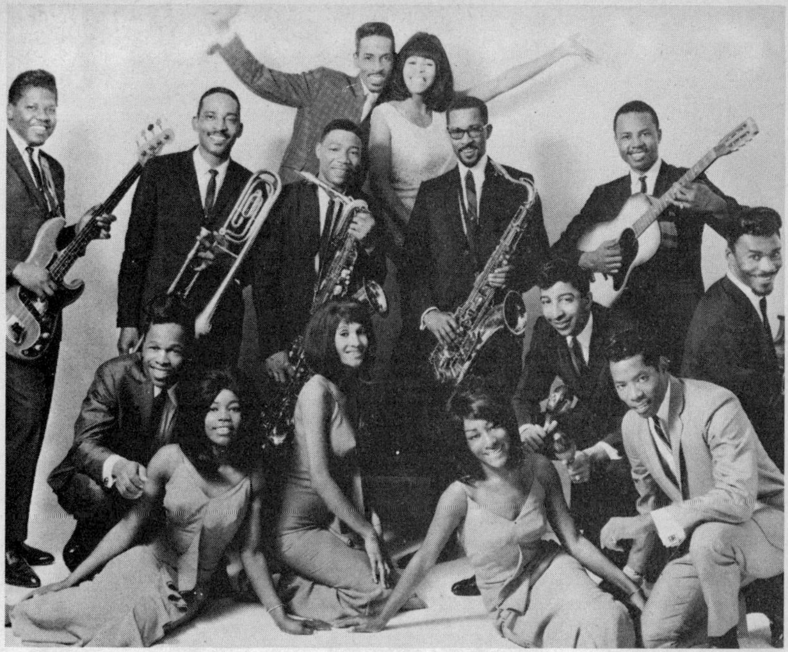

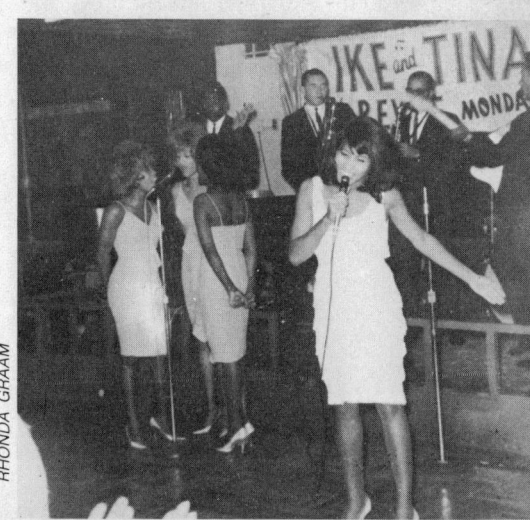

Publicity-Foto der Ike and Tina Turner Revue *1964.*
Damals traten wir immer noch vorwiegend in St. Louis auf.

RHONDA GRAAM

Ein Auftritt bei Ciro's am Sunset Strip in Los Angeles, Anfang 1965. Von links: Jessie Smith, Robbie Montgomery, Venetta Fields und ich.

RHONDA GRAAM

Ein Publicity-Foto von Ende 1965.
Ike und ich (Mitte) mit (von links) Ann Thomas, Paulette Parker,
Pat Powdrill und Jean Brown.

RHONDA GRAAM

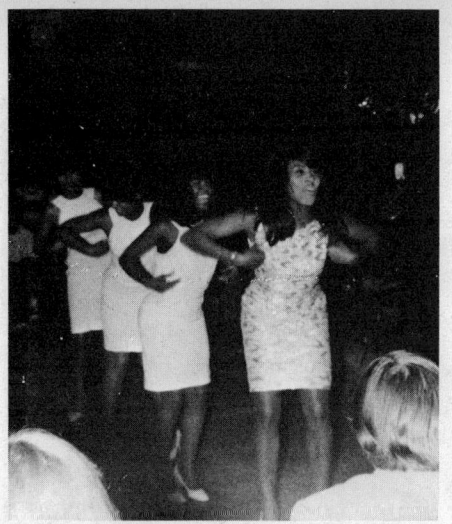

Die Ikettes und ich bei einer unserer klassischen Bühnennummern in Los Angeles, Anfang 1966. Von links: Ann Thomas, Rose Smith, Pat Arnold (später P.P.Arnold) und ich.

RHONDA GRAAM

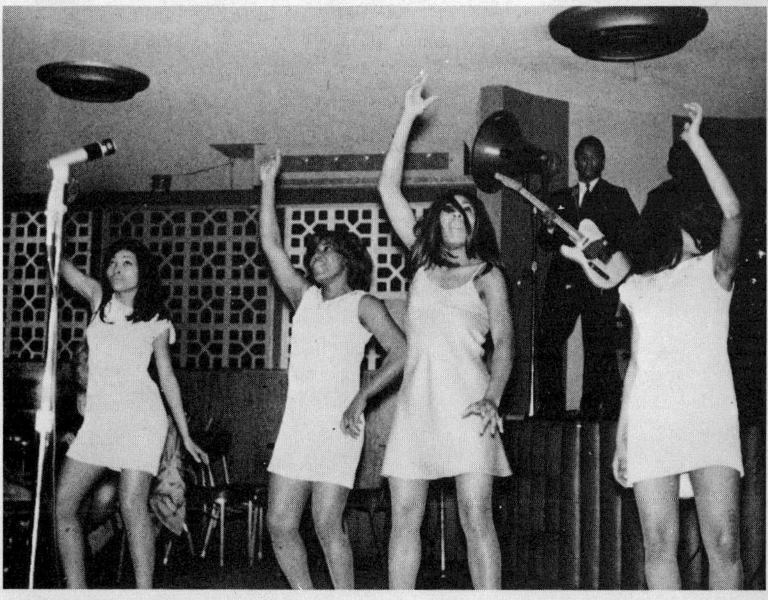

Ein Clubauftritt 1965.
Von links: Ann Thomas, Vermita Royster, ich, Pat Powdrill.

*Meine Geburtstagsparty 1966 in der Garderobe der Edwards
Air Force Base. Von links nach rechts:
Jean Brown, Ann Thomas, ich, Pat Powdrill.*

Schwesterstadt auf der anderen Seite des Missisippi. East St. Louis hatte Leben und Action, die nie aufzuhören schienen. Es gab Freudenhäuser und Spielhöllen und unendlich viele Clubs vom eleganten Nachclub bis hin zu irgendwelchen heruntergekommenen Schuppen am Ende von namenlosen Lehmstraßen. Die ganze Gegend pulsierte von nächtlichem Leben, das im Blue Note und im Bird Cage, im Sportsman und im Lakeside und in allen möglichen Jazzclubs bis hin zu Perry's Lounge in Eagle Park, Kingsbury's und Garrett's Lounge in Madison stattfand – die Liste schien endlos zu sein.

»Einige dieser Läden hatten noch nicht einmal abschließbare Eingangstüren«, erzählt Gene Washington, der damals als Schlagzeuger in dieser Szene arbeitete. »Sie standen vierundzwanzig Stunden am Tag offen, und das dreihundertfünfundsechzig Tage im Jahr.« Dem fügte Clayton Love, ein Sänger aus Clarksdale, der damals zur gleichen Zeit St. Louis und die Umgebung kennenlernte, hinzu: »Es war besser als Las Vegas. Dort gab es jede Form von Unterhaltung, die man sich wünschen konnte. Und auf der East Side war man ganz einfach wahnsinnig glücklich.«

Anna Mae Bullock, sechzehn Jahre alt und frisch aus den Wäldern von Tennessee in die Stadt gekommen, wußte nichts von dieser Art von Leben, als sie mit ihrer Mutter in St. Louis eintraf, um dort ihr Zuhause zu finden. Sie sollte es jedoch sehr bald kennenlernen – den Zutritt ermöglichte ihr ihre Schwester Alline, die bereits als Bardame in einem örtlichen Club arbeitete. Wie eine ungewöhnlich große Zahl anderer junger Frauen in dieser Gegend schwärmte Alline ebenfalls von einer Band, die sie für die heißeste hielt, die sie je erlebt hatte: die Kings of Rhythm, angeführt von einem hageren kleinen Gitarristen namens Ike Turner.

Tina: Die Sumner High School wurde fast ausschließlich von Schwarzen besucht, aber die waren alle große Klasse – es waren die Kinder von Ärzten, Geschäftsleuten. Und da war ich, frisch vom Land. Meine Mutter war im Grunde nicht mehr als eine Haushilfe, und der Mann, mit dem sie zusammenlebte, Alex Jupiter, war Lkw-Fahrer. Er fuhr die riesigen Diesel-Trucks nach Kansas City und Chicago. Daher fühlte ich mich in dieser neuen Schule, als gehörte ich einer niedrigeren Klasse an.

Ich fing an, die Clubs zu besuchen, denn Alline machte es auch schon. Sie arbeitete für Lerroy Tyus, einen Schwarzen der Oberklasse. Er machte Geschäfte mit der Regierung, glaube ich, und er fuhr einen Cadillac und hatte eine weiße Frau, und er besaß eine Bar, den Tail of the Cock. Es war ein sehr eleganter Laden; die wichtigsten Leute der Stadt verkehrten dort, und sie gaben reichlich Trinkgelder. Alline verdiente dort gutes Geld. Und sie verabredete sich mit einer Menge von Leuten. Immer kam ein Cadillac oder ein Lincoln, um sie abzuholen.

Ich verehrte Alline als mein Idol und versuchte, sie zu kopieren. Sie hatte etwa meine Größe, aber große Brüste und herrliche Haare, sie war wirklich sehr schön. Sie hatte auch so einen wunderschönen Mantel – Wolle mit Streifen aus Samt – den sie so gut wie niemals ganz anzog. Sie legte ihn sich um die Schultern, schlug den Kragen hoch, dann holte sie eine dieser langen Zigarettenspitzen aus der Tasche, die sie immer benutzte. Und sie trug immer hochhackige Pumps – Leder im Winter, und im Sommer Lack – und schwarze Strümpfe mit Beinnaht und Strumpfhalter. Und dann riß sie immer das Futter aus ihren Slips, so daß man, wenn sie sich auszog, durch das dünne Gewebe hindurchsehen konnte – ha-ha! Ich glaube, sie wußte genau, wie die Dinge liefen. Aber sie war auch ein wirklich schönes Girl, und ich versuchte so zu sein wie sie, mich so zu benehmen wie sie. Aber an mir war alles falsch. Sie trug ihre Haare locker, und meine waren widerspenstig und voller Locken. Sie hatte eine kleinere Nase, zierliche Lippen, ein feineres Gesicht – an mir war alles zu betont, zu auffällig. Ich schaffte es ganz einfach nicht, wie sie zu sein.

Nun, nach der Arbeit hatte Alline ihre Verabredungen. Aber an den Wochenenden traf sie sich mit ihren Freundinnen, und dann sahen sie sich Ike Turner an, zuerst im Club D'Lisa und anschließend, nach zwei Uhr nachts, im Club Manhattan jenseits des Flusses in East St. Louis. Keiner der Ärzte und der anderen Leute, mit denen Alline ihre Verabredungen hatte, hätte einen solchen Ort aufgesucht – sie bewegten sich lieber in eleganten Restaurants und Cocktailbars. Also war Alline mit ihren Freundinnen unterwegs. Denn Ike Turner und die Kings of Rhythm waren das, was im Augenblick ganz oben war – in St. Louis waren sie so groß, wie die Beatles es später sein sollten. Aber sie waren auch ziemlich berüchtigt, und die Vorstellung, daß ein Teenager wie ich einen der Clubs aufsuchen wollte, in dem sie spielten, war einfach unmöglich. So etwas tat man *nicht*.

An einem Samstagabend bekam ich jedoch von Ma die Erlaubnis, mit Alline auszugehen. Und ich zog einige von ihren Sachen an, benutzte dazu Lippenstift und alles, was dazu gehörte, und Alline verkündete: »Wir fahren nach East St. Louis und sehen uns Ike Turner und seine Band an.« Ich versuchte mich in meinem Benehmen älter zu machen – wollte so tun, als wäre ich eine ihrer Freundinnen – aber ich war so schrecklich nervös, wußte ich doch nicht, ob man mich überhaupt hereinlassen würde. Und ich mochte East St. Louis nicht – mir kam es so vor wie der tiefste Süden. Aber wir machten uns trotzdem auf den Weg.

Nun, wir kamen im Club Manhattan an, und da war der Teufel los. Es war dort genauso wie in einem der »Löcher« in Ripley oder Brownsville, nur alles auf einmal und in einem einzigen Club. Etwa zweihundertfünfzig Leute fanden dort Platz, in der Mitte des Raumes war eine Bühne, und Tische standen darum herum, und an der Wand hing ein großes Gemälde von den Kings of Rhythm. Die Band spielte bereits, als wir hereinkamen – sie heizten immer den Saal an, ehe Ike auf die Bühne kam –, und in dem Laden wimmelte es von Frauen. Massenweise Girls, schwarz und weiß – und das war damals eigentlich nicht erlaubt, daß auch die weißen dort waren. Aber sie kamen dennoch. Wie ich später herausfand, zog Ikes Band vorwiegend Frauen an, kaum Männer – wenn Männer erschienen, dann waren es meistens welche, die ihre Frauen suchten. So drängelten sich da weiße Girls, jung und alt, und jede Menge schwarzer schöner Frauen: Es war vorwiegend der Typ mit den dicken Hintern und den langen Beinen – wohlproportioniert, aber groß. Und all diese Frauen saßen da mit ihren fersenfreien Schuhen, in ihren Nahtstrümpfen und den rückenfreien Kleidern – ich meine, sie sahen schon gut aus –, und sie rauchten und tranken und machten die Band mit ihren Blicken richtig heiß. Als versuchten sie zu erfahren, wer mit wem und wann und wohin nach Hause mitging, sobald der Club die Tore schloß.

Ich saß da und langweilte mich etwas, denn das war eigentlich nicht nach meinem Geschmack. Jedenfalls glaubte ich das. Dann betrat Ike den Raum, und das konnte man irgendwie spüren. Er hatte einen Körper, wie David Bowie ihn jetzt hat – phantastisch! Sein Anzug sah aus, als hinge er auf einem Bügel. Er schritt durch den Raum und alle riefen: »Hey, Ike, hey, man!« und ich dachte: »Was für ein makellos aussehender Schwarzer.« Aber er war überhaupt nicht mein Typ.

Seine Zähne standen irgendwie schief, und seine Frisur war auch nicht das richtige – ein seltsames Machwerk mit langen Wellen, die wie an die Stirn geklebt wirkten. Es sah aus wie eine Perücke, die man ihm auf den Kopf gestülpt hatte. Und als er dann näher kam, dachte ich: »Mein Gott, der ist ja häßlich!« Aber irgend etwas war an ihm dran. Anschließend sprang er auf die Bühne und nahm seine Gitarre. Er schlug einen Ton an, und ich dachte nur noch: »Mein Gott, kann der spielen.« Und der ganze Laden geriet in Bewegung. Die Tanzfläche war vollgestopft mit Leuten, die tanzten und schwitzten und wild waren auf diese Musik, und ich saß wie erschlagen da und starrte Ike Turner an und dachte: »Jesus, ich möchte bloß wissen, warum die Frauen so scharf auf ihn sind. Er ist wirklich häßlich.« Aber ich hörte und schaute zu, und dabei geriet ich fast in Trance.

4

CLARKSDALE

Izear Luster Turner wurde am 15. November 1931 in Clarksdale, Mississippi, der berühmtesten der Bluesstädte des Deltas, geboren. Als Sohn eines Baptistenpfarrers wurde er vorwiegend von seiner Mutter Beatrice großgezogen, einer Näherin, die ihm schon frühzeitig beibrachte, Möbelschutzhüllen zu säumen, und die ansonsten in ihren winzigen Sohn vernarrt war. Ike war das Baby der Familie – seine Schwester Lee Ethel war zehn Jahre älter als er –, und seine Mutter rief ihn bis zu ihrem Lebensende Sonny. Reverend Turner – ein Gottesmann, aber nichtsdestoweniger ein Mann – fand sein vorzeitiges Ende durch die Hand eines ortsbekannten weißen Schlägers namens Bird-Doggin', dessen Freundin er ausgiebig außerkirchlichen Beistand geleistet hatte. Eine von Ikes frühesten Erinnerungen ist die an den Tag, an dem Bird-Doggin' und einige rachsüchtige weiße Freunde bei den Turners in der Washington Street auftauchten und seinen Vater suchten.

»Ich weiß es noch, als wäre es gestern gewesen«, erzählt

Ike. »Die Tür wurde aufgetreten, und Mama versuchte, Daddy festzuhalten und mich auch, und dann stießen die Kerle sie zu Boden. Für einen Winzling, den die Mutter im Arm hält, ist das schon ein ganz netter Absturz. Sie nahmen Daddy mit, und er blieb lange weg. Als sie wieder zurückkamen, warfen sie ihn einfach in den Hof, und er hatte Löcher im Bauch – sie hatten ihn irgendwohin gebracht und ihm Löcher in den Bauch getreten.

Das weiße Krankenhaus wollte Daddy nicht aufnehmen, deshalb stellte die Gesundheitsbehörde gleich hinter unserem Haus ein kleines Zelt für ihn auf. Ich ging immer hin und zog mit diesen Schnüren die Fenster hoch, damit frische Luft hereinkam. Daddy lag drei Jahre dort, und er ist auch dort gestorben.«

Clarksdale war ein Eisenbahnknotenpunkt und verfügte deshalb über eine ständig wechselnde Bevölkerung aus Eisenbahnarbeitern und anderen Durchreisenden – also Leuten, die im Grunde irgendwohin unterwegs waren. Es war aber auch eine Stadt voller alter Traditionen. In Hill Bennetts Möbelladen wurde Kredit nur gewährt, wenn der Kunde die Rückzahlung durch einen Schwur auf die Firmenbibel garantierte. Offiziell galt Enthaltsamkeit als erstrebenswerte Tugend, jedoch konnte man Maiswhisky schon für fünfundsiebzig Cent pro Pulle bekommen (nicht übel, falls der Fusel nicht durch einen Autokühler destilliert worden war, was gelegentlich den Tod des jeweiligen Konsumenten zur Folge hatte). Natürlich herrschte in Clarksdale eine strikte Rassentrennung, bei der die Schwarzen sich östlich der Bahngleise aufzuhalten hatten, die die Stadt in zwei Hälften teilten. Dort verdiente der junge Ike Turner auch sein erstes Geld, indem er Teppiche und Matten verkaufte, die er aus Stoffresten zusammengeknüpft hatte, welche bei seiner Mutter als Abfall übrigblieben. Etwas

Kleingeld bekam er auch dafür, daß er einen Blinden, Mr. Brown, in der Stadt umherführte – und in seiner Freizeit erlernte er von Browns Ehefrau das Gitarrenspiel. Wie für die meisten Schwarzen an diesem Ort und in dieser Zeit wuchs Ike musikalisch vorwiegend mit Hillbillymusik auf – speziell mit den Rundfunkübertragungen aus der Grand Ole Opry in Nashville. Doch schon als Kind fühlte Ike sich zur Bluesszene hingezogen, die sich entlang der Fourth Street und der Issequena im Herzen des schwarzen Distrikts entwickelt hatte, wo die Mutter von Raymond Hill, einem von Ikes Freunden, ein Café betrieb. Dort bewirtete sie gelegentlich Entertainer wie den Gitarristen Robert Nighthawk und Sonny Boy Williamson, den in Glendora geborenen Mundharmonikaspieler, der früher einmal zusammen mit dem legendären Robert Johnson aufgetreten war. Obgleich Ikes Mutter sich bereit erklärt hatte, ihm nachmittägliche Klavierstunden bei seinem Lehrer im zweiten Schuljahr zu finanzieren, zeigte Ike wenig Geduld für formale Instruktionen und begann schon bald die Schule überhaupt zu schwänzen, um sich die Zeit mit Poolbillard zu vertreiben. Abends schlich er sich gerne davon, um Jam-Sessions zu belauschen, die von Joe Willie »Pinetop« Perkins, dem Boogie-Woogie-Pianisten geleitet wurden. Immer wenn Ikes Mutter sich nach den Fortschritten seines Klavierunterrichts erkundigte, klimperte Ike einige von Pinetops Boogie-Figuren, um ihren Argwohn zu zerstreuen.

Im Alter von acht Jahren hing Ike dauernd bei WROX herum, dem Rundfunksender von Clarksdale, und es dauerte nicht lange, da durfte er Schallplatten auflegen, wenn der Discjockey eine Kaffeepause machte. Später hatte er bei dem Sender sogar seine eigene Show.

Nach seinem zehnten Geburtstag begann Ike in örtlichen

Kneipen Klavier zu spielen, und dann kam er zu den Tophatters, einer Swing-Bigband, die von einem saxophonspielenden Zahnarzt namens Dr. E. G. Mason gegründet worden war. Die Tophatters spielten überall, manchmal für nur dreizehn Cents pro Mann – in Schulen, Clubs, sogar auf den Ladeflächen von Lastwagen in Städten der Umgebung wie Chambers und Greenville. Als die Kapelle 1948 auseinanderging, fanden sich die etwas anspruchsvolleren Mitglieder – die, die Noten lesen konnten – unter dem Namen Dukes of Swing wieder zusammen; Ike und seine etwas weniger gebildeten, aber dafür aggressiveren Freunde nannten sich die Kings of Rhythm. Sie traten unter den primitivsten Bedingungen auf. Da in Clarksdale kein Musikfachgeschäft existierte, reparierte Ike gerissene Gitarrensaiten einfach, indem er die Enden zusammenknotete. Wenn eine Klaviersaite ihren Geist aufgab, flämmte er Autoreifen ab, um an den Stahldraht der Karkasse heranzukommen, den er dann als Ersatz benutzte.

»Ich zerschnitt Fensterleder und machte daraus neue Kissen für die Klappen der Saxophone«, erzählt er. »Dauernd drang Luft heraus, deshalb pumpten wir vor jedem Auftritt Wasser durch die Instrumente, damit das Leder aufquoll. Heute haben die Musiker es da doch viel einfacher, Mann.«

Die Kings of Rhythm hatten nach den in Clarksdale geltenden Maßstäben guten Erfolg, aber Ike erkannte, daß das große Geschäft nur woanders zu machen war. Schließlich, Anfang 1951, lief Ike zufällig Riley B. King in einem Bluesclub in Chambers, Mississippi, über den Weg. King, ein Gitarrist und Gospelsänger von einer Plantage in der Nähe von Indianola, war sechs Jahre älter als Ike. Ende der vierziger Jahre hatte King seinen Weg fünfundsiebzig Meilen flußaufwärts nach Memphis gefunden, wo er seine eigene Band gegründet hatte und unter dem Namen B. B. King bereits Schallplattenaufnahmen machte. Eines Abends auf dem Rückweg von einem Auftritt in Greenville, hielten Ike und seine Band vor dem Harlem Inn in Chambers an und erlebten B. B. und seine Band auf der Bühne.

»Nun, als B. B. und seine Truppe Pause machten, ließen sie uns spielen. Und wir brachten reinste Musikbox: Amos Milburn, Jimmy Liggins, Roy Milton – all diese Typen waren damals ganz groß im Geschäft. Nachdem wir gespielt hatten, meinte B. B.: ›Jungs, ihr solltet mal was aufnehmen‹.«

Daher drängten sich im März 1951 Ike Turner und seine Kings of Rhythm – die Saxophonisten Raymond Hill, Jackie Brenston und Eugene Fox, der Gitarrist Willie Kizart, der Schlagzeuger Willie Sims und Ikes Neffe Jessie Knight am Baß – mitsamt ihrer Ausrüstung in Clarksdale in Hills Buick und machten sich an einem regnerischen Tag auf den Weg nach Memphis, um dort mit B. B. Kings Schallplattenproduzent Sam Phillips zusammenzutreffen und vielleicht sogar eine Schallplatte aufzunehmen.

»Es regnete in Strömen«, erzählt Ike. »Ein Reifen platzte unterwegs, und der Baßverstärker fiel vom Dachgepäckträger – wir hatten jede Menge Probleme. Wir kamen nach Memphis, bauten unseren Kram auf und fingen an zu spielen, und an diesem Tag schrieben wir das Stück ›Rocket 88‹. Der Song war Jackie Brenstons Idee – er redete immer einen solchen Unsinn.«

»Ike hatte eine ziemlich gute, aufeinander eingespielte Band«, erinnert Sam Phillips sich. »Aber ich hörte Ike im Studio singen, und ich machte ihm unmißverständlich klar, daß er für mich überhaupt kein Sänger war. Er hatte keine Modulation, keine Phrasierung, nichts. Dafür war er ein verdammt guter Musiker – einer der besten Pianisten, die ich bis zu diesem Tag je gehört hatte. Er verriet mir, daß Jackie singen konnte, und dann nahmen wir ›Rocket 88‹ auf. Ein vollständiger, runder Song war das wirklich nicht. Wir mußten einiges am Text tun – und so besonders war der auch nicht. Aber der Rocket 88 von Oldsmobile war gerade auf den Markt gekommen, und jeder wollte so einen Schlitten haben. Deshalb dachte ich, ›Donnerwetter, der Song ist richtig modern.‹ Dann meinte ich, ›Ike, ich brauch' jetzt ein bißchen Klavier.‹ Und er setzte sich hin: *dooda-dooda-doo-doot* – das war noch vor Jerry Lee Lewis, Mann. Und dann hörte ich diese verfluchten Saxophone und dachte bei mir: ›Verdammt, das ist gut.‹ Wir hätten damit sicherlich keinen einzigen Schallplattenpreis gewonnen, aber das kann ich wohl sagen, ›Rocket 88‹ ist eine verdammt gute Aufnahme.«

Veröffentlicht auf Chess-Label, stieg »Rocket 88« – ein ungeschliffen pulsierender Titel im Stile von »Cadillac Boogie«, einem jüngeren Hit von Jimmy Liggins – in den R-&-B-Charts im Juni 1951 bis auf Platz Eins. Unglücklicherweise, zu Ikes Mißfallen, wurde die Schallplatte nicht den Kings of Rhythm zugeschrieben, sondern der nicht existierenden Formation »Jackie Brenston with the Delta Cats«. Aber es kam noch schlimmer: Während Phillips schätzte, daß von der Single am Ende eine halbe Million Exemplare verkauft worden waren (und das zu einer Zeit, in der jeder Titel, von dem mehr als 50 000 Stück abgesetzt wurden, für Chess einen Hit bedeutete), erhielten Ike und seine Band insgesamt 20 Dollar pro Nase. Die Ausnahme bildete Jackie Brenston, der nominelle Komponist des Songs, der seine Rechte daran für 910 Dollar an Sam Phillips verhökerte. Phillips erklärte später, daß »Rocket 88« die erste Rock-'n'-Roll-Schallplatte überhaupt gewesen sei.

Von ähnlicher Bedeutung war der Erfolg dieser Single für einen jungen Sänger in Georgia namens Little Richard, der den Sound einige Jahre später verwenden sollte. »Ich nahm die Einleitung und den gleichen Klavierstil«, gesteht Richard, »und ich steckte alles in ›Good Golly, Miss Molly‹.«

Jackie Brenston, der sich von Leonard Chess davon überzeugen ließ, daß er jetzt ein Star war, verließ Ike zugunsten einer Solo-Karriere, und die Kings of Rhythm brachen auseinander, wobei einige sich wieder zusammenfanden, um Brenston bei seinen Tourneen zu begleiten.

Ike kehrte nach Clarksdale zurück und radelte einige Male auf der Suche nach neuen Möglichkeiten die fünfundsiebzig Meilen nach Memphis auf dem Fahrrad hin und zurück. Während einer dieser Besuche platzte er in eine Schallplattenaufnahme von B. B. King hinein. Die Session lief nicht besonders gut. Während einer Pause hockte Ike sich ans Klavier und begann zu spielen. Plötzlich hörte er einen weißen Techniker rufen: »Das ist es! Genau das will ich haben!« Es war Joe Bihari, und dieser heuerte Ike an Ort und Stelle an, um die Aufnahme zu beenden, und zahlte ihm anschließend dreißig Dollar – mehr als Ike mit »Rocket 88« verdient hatte. Bihari fragte: »Mann, gibt es hier noch mehr Talente von deiner Sorte?«

»Jede Menge«, entgegnete Ike, »überall am Mississippi, wohin man sieht.«

»Dann treffen wir uns morgen«, sagte Bihari. »Du führst mich herum, und wir hören sie uns an.«

Und so zog Ike mit Joe Bihari durch den Süden, um Bluesgiganten wie Howlin' Wolf, Elmore James, Bobby »Blue« Bland und natürlich eine ganze Menge B. B. King aufzunehmen. Beeindruckt von Ikes feinem Gehör für Talente, kaufte Bihari ihm sein erstes Auto – einen Buick Roadmaster –, und mit einem tragbaren Magnacord-Tonbandgerät im Kofferraum machten sie weitere Aufnahmen in leeren Clubs, in YMCA-Häusern und in den Wohnzimmern der Musiker.

Als Bihari mit den Bändern, die sie aufgenommen hatten, nach Los Angeles zurückkehrte, setzte Ike seine Suche nach weiteren Künstlern fort. Zweimal pro Woche bekam er von Modern/RPM seinen Scheck – manchmal bis zu einhundert Dollar, manchmal sogar über das Doppelte. Es war mehr Geld, als er je in seinem Leben zu Gesicht bekommen hatte.

In dieser Zeit versuchte Ike weiterhin, die Kings of Rhythm zusammenzuhalten. Im Juli 1953 kehrte er nach Memphis zurück, um Aufnahmen mit seiner jüngsten Band zu machen, zu der nun der Sänger Johnny O'Neal und die Pianistin Bonnie Turner gehörten – eine ehemalige Freundin von Raymond Hill, die Ike kurz zuvor geheiratet hatte. (Da er keinen ständigen Gitarristen finden konnte, hatte Ike für Bühenauftritte diesen Part übernommen.)

Ikes Ehe mit Bonnie sollte nur von kurzer Dauer sein. Einmal, als er sich die Ohren mit einer ihrer Haarklammern säuberte, stieß sie ihm unglücklich gegen den Arm, so daß die Nadel das Trommelfell durchbohrte und er teilweise taub wurde. Sie trennten sich in Sarasota, Florida. Ike kehrte in seine Heimatstadt zurück und begann, in einem eigenen selbstgebauten Studio erste Aufnahmen zu machen.

Mitte 1954 hatte Ike eine neue klavierspielende Ehefrau – die junge Annie Mae Wilson aus Greenville – und den unwiderstehlichen Drang, Mississippi hinter sich zu lassen. Seine Schwester und ihr Mann waren vor kurzem von Clarksdale nach St. Louis umgezogen, und Ike beschloß, ihre Einladung zu einem Besuch anzunehmen und sich in der dortigen Musikszene umzuschauen.

»Wir fuhren hin, um für einen Abend in Ned Loves Laden in East St. Louis zu spielen«, entsinnt Ike sich, »und Junge, er behielt uns für den nächsten Abend gleich da, und dann für den nächsten und wieder für den nächsten. Deshalb fuhren wir schnell nach Mississippi zurück, packten unsere Kleider ein und zogen ganz dorthin.«

East St. Louis und seine Umgebung und Gelegenheiten erwiesen sich als Arbeitsparadies für Ike und seine Kings of Rhythm – zu denen jetzt einige alte Freunde zählten sowie zwei der ursprünglichen Kings: Raymond Hill und der mittlerweile von seinem Höhenflug abgestürzte und bescheiden gewordene Star und Komponist von »Rocket 88«, Jackie Brenston. (Annie Mae kümmerte sich mittlerweile mehr um die geschäftliche Seite von Ikes Unternehmen.) Die Clubauftritte wurden zahlreicher: im D'Lisa, im Bird Cage, im Club Harlem; im Kingsbury's in Madison, Illinois, und, am wichtigsten für die Kings, in Booker Merritts Club Manhattan, einem wilden und beliebten Laden, der für die Band zum Stützpunkt wurde.

»Es gab hier Banden«, sagte Ike. »Ich rede von richtigen Gangstern. Einmal schnappten sie sich einen meiner Kumpels, und sie schlitzten ihn auf und ließen ihn in einem Park liegen, wo er verblutete. Wir alle hatten Pistolen – wir brauchten sie auch. Einmal schickte jemand eine Nachricht ins Manhattan, die lautete: ›Sagt Eddie Jones, er soll mit seiner Kanone in der Hand rauskommen.‹ Eddie gab Fred Sample seine beiden Hörner, dann ging er durch die Tür hinaus, und er und dieser Typ standen auf der Straße und schossen aufeinander, bis die Magazine leer waren. East St. Louis war wirklich ein rauhes Pflaster, Mann.«

Nach seinem Umzug nach St. Louis setzte Ike seine Aufnahmen fort. Meistens benutzte er dazu eines der kleineren Studios in der näheren Umgebung wie zum Beispiel Technisonic in Brentwood, Missouri.

1956 ging er mit der Band nach Cincinnati, um für Federal Aufnahmen von einigen Bandmitgliedern zu machen. Eine dieser Nummern, »I'm Tore Up« wurde von Billy Gayle gesungen und brachte es zu einem regionalen R-&-B-Hit; doch auch Gayle – wie vorher schon Brenston – verließ daraufhin die Kings, um als Solist weiterzumachen. Wieder in East St. Louis, nahm Ike seine endlosen Club-Auftritte wieder auf und verdiente dabei genug Geld, um ein dreistöckiges Ziegelhaus am Virginia Place zu kaufen, wohin er mit seiner ganzen Band zog. Diese Herberge wurde von Ike »Haus der tausend Reize« getauft – und zwar vorwiegend wegen der außerordentlich hohen Zahl von Frauen anderer Männer, die man hier regelmäßig antreffen konnte.

Mittlerweile hatten die Kings of Rhythm sich zum Stadtgespräch gemausert. Lobeshymnen auf die Band drangen über den Fluß, verbreitet von den furchtlosen weißen Fans, die sich in die Clubs in East St. Louis wagten, um die heißesten farbigen Ensembles zu sehen. George Edick, Eigentümer des weißen, auf Teenager abonnierten Club Imperial in der West Florisson Street in St. Louis, beschloß, die Kings für seine jeweils dienstags stattfindenden Jitterbugnächte zu engagieren.

George Edick: Mittlerweile waren die großen Kapellen zu kleinen Bands zusammengeschrumpft, und sie stürzten sich auf den Jazz. Jazz war für mich nicht so günstig. Ich brauchte gute swingende Musik für die Tänzer. Schwarze Gruppen waren am besten, daher engagierte ich sie für meinen Laden. Ins Imperial gingen etwa tausend Leute, und die packten wir auch tatsächlich rein. Dienstagabend kamen sie von überallher. Dann erzählte mir einer unser Jitterbug-Champions von Ike Turner und seinen Kings of Rhythm. Er hatte sie in einem Farbigenlokal in East St. Louis gesehen. Er sagte: »Du mußt dir diese Band unbedingt anhören.« Ich holte sie also für einen Abend zu mir herüber, und die Kids fuhren voll darauf ab. Ich fragte Ike: »Hast du Lust, jeden Dienstagabend hier aufzutreten?«

Ich glaube, ich zahlte der Gruppe fünfundsiebzig oder hundert Dollar pro Abend. Das war in den fünfziger Jahren, als die meisten Bands nicht mehr als fünfunddreißig oder vierzig Dollar bekamen. Ich weiß nicht, wie viele Jahre Ike bei mir blieb. Für eine Weile ließ ich ihn auch am Donnerstag und Freitag spielen. Es war richtig seltsam: All die reichen Leute aus der südlichen Ecke von St. Louis kamen, um ihn zu hören. Und ich erinnere mich auch noch, daß die weißen Girls auf Ike richtig scharf waren und dauernd etwas von ihm wollten... Nun, ich warnte ihn: »Paß auf, ich will keinen Ärger«, sagte ich. »Mir ist egal, was du treibst, aber sieh vorher zu, daß du mindestens zwanzig Meilen von hier wegfährst, ehe du es tust, verstanden?« Und dafür hatte Ike Verständnis, und er hielt sich daran.

Auf der Bühne war er der strengste Boß, den ich je kennengelernt habe. Ikes Band mußte ordentlich angezogen sein – sie trugen Anzüge und Krawatten. Und er gestattete auf der Bühne keine Drinks. Es wurde überhaupt nicht getrunken. Manchmal probte er auch in meinem Laden, und wenn einer seiner Männer sich verspätete, dann geriet er schrecklich in Wut. Deshalb wechselte er die Musiker so häufig – feuerte immer die Leute, mit denen er Probleme hatte. Ike war ein konsequenter Geschäftsmann. Er absolvierte pro Abend drei oder vier Auftritte, und er kannte keine Pause. Er war richtig arbeitsgeil.

Ike: Nach kurzer Zeit hatte ich in und um St. Louis vierzehn Jobs pro Woche. Anfangs waren im Imperial ausschließlich weiße Kids, George wollte keine Schwarzen dort sehen. Genauso war es mit den schwarzen Club-Eigentümern wie Booker Merritt oder diesem Kingsbury oben in Illinois. Kingsbury wollte keine Weißen in seinem Club, vor allem keine weißen Jugendlichen, denn bei ihm gab es auch Glücksspiele, und er hatte wahnsinnige Angst seine Lizenz zu verlieren. Aber ich spielte in keinem schwarzen Club, der Weißen den Eintritt verwehrte, und ich trat auch nicht in weißen Clubs auf, die für Schwarze verboten waren. Dann fingen die weißen Kids an, uns von Läden wie dem Club Imperial über den Fluß zu Auftritten nach East St. Louis zu folgen. Wir stellten uns auf, Mann, über dreißig Autos in einer Schlange, und dann fuhren wir über die Brücke mit sechzig oder siebzig Sachen, und niemand zahlte einen Cent Gebühren. Wir waren eine heiße Truppe.

Clayton Love: Im Club Imperial spielten wir Pop, was immer die Leute hören wollten. Dann fuhren wir hinaus aufs Land, nach Boonville, Missouri, zum Beispiel, und wir wußten auch, was sie dort hören wollten – sie waren heiß auf den Blues, und den bekamen sie von uns. Und in einigen Clubs waren sie ganz wild auf unsere Bühnenshow, unsere Tanzschritte. Ike und Junior machten manchmal einen Salto mitsamt ihren Gitarren und kamen kein bißchen aus dem Takt – niemals. Boy, das war vielleicht ein Anblick.

Etwa in dieser Zeit tauchte Alline Bullock, die sich nun häufiger mit Gene Washington, dem Schlagzeuger der Kings verabredete, mit einigen Freundinnen im Club Manhattan auf – und mit ihrer Schwester Ann Bullock, sechzehn Jahre alt und Schülerin an der Sumner High auf der anderen Seite des Flusses. Ann war mager und für Ikes Geschmack ziemlich unterernährt, und er schenkte ihr kaum einen flüchtigen Blick.

Aber da sie während der folgenden Wochen immer wieder zu den Auftritten erschien, weckte sie allmählich das Interesse anderer Bandmitglieder.

Gene Washington: Ich war schon einige Zeit mit Alline zusammen, und ich verstand mich auch mit ihrer Mutter ganz gut. Daher versprach ich Zelma, daß ich schon auf Ann aufpassen würde, wenn sie mit uns in den Club Manhattan ging, wo die Kings of Rhythm ihren Stützpunkt hatten. Ich war es mittlerweile leid geworden, auf der Bühne hinter meinen Trommeln zu hocken, wo ich nichts sehen konnte; also hielt ich mich an den Eigentümer, Booker Merritt, und ließ mir in einer Ecke eine kleine Plattform alleine für mich bauen. Wenn nun Ann hereinkam, dann mußte sie sich an einen Tisch ganz in meiner Nähe setzen, wo ich sie immer im Auge hatte. Sie summte und sang immer mit – ich konnte sie deutlich hören, aber niemand sonst. Deshalb bat ich Eddie Jones, ein Mikrofon dorthin zu hängen, wo sie saß, und das nahm ihren Gesang auf. Sie bemerkte es überhaupt nicht, wir spielten und alle sahen sich suchend um und fragten sich, wer, zum Teufel, da sang.

Ann, mittlerweile siebzehn Jahre alt, erschien gelegentlich zu den Auftritten der Kings im D'Lisa oder im Club Manhattan. Sie freundete sich mit Jessie Knight an, dem Bassisten, der etwa in ihrem Alter war (»Ich glaube, er machte mir schöne Augen.«) und lernte so auch den Rest der Band kennen. Jedes Mitglied hatte einen Spitznamen. Raymond Hill, dessen Großvater mütterlicherseits Chinese war, trug den Namen »Chink«. Gene Washington, der Drummer, war »Stompy«. Ike hieß »Weasel«. Ihre wilde Musik und ihre Beliebtheit repräsentierten für Ann das, was sie sich unter Glamour vorstellte, und sehr bald war sie davon gefesselt. Würde dieser geheimnisvolle Ike, fragte sie sich, ihr vielleicht ein einziges Mal die Chance geben, auf die Bühne zu kommen und das zu zeigen, von dem sie wußte – mehr als das, sie war sich völlig sicher –, daß sie es konnte?

Tina: Ich wollte schrecklich gerne dort hinauf. Auf der Bühne waren Unmengen von Talent versammelt. Aber in der Menge unten waren auch viele Leute, die immer wieder versuchten, hinaufzuklettern und mit der Band zu singen. Und ich war damals richtig dünn, und bei den schwarzen Frauen waren, wie ich schon sagte, richtig breite Hüften und lange, kräftige Beine modern. Ich war nur ein zerbrechliches kleines Ding, und niemand schenkte mir Beachtung. Aber ich war besessen von meiner Idee. Ausgelöst wurde mein Wunsch eigentlich durch dieses Girl namens Pat. Sie besuchte dieselbe Schule wie ich, und auch sie kam immer, um sich die Kings anzuhören.

Nun, eines Abends im Club D'Lisa war Ike hinter ihr her. Sie war genau sein Typ, hatte tatsächlich einen Hintern wie ein Paradekissen. In der Schule war die Kleine total out, aber im Club D'Lisa hätte man sie sehen sollen! Ich war diejenige, die nicht dorthin paßte. Jedenfalls flirtete Ike mit ihr, wie es alle Typen in der Band bei den Frauen machten – sie zogen sie einfach von der Tanzfläche herunter und sagten »Hallo, Girl«, und grabschten ihnen an den Hintern. Und diese Pat erzählte mir, daß sie singen könne. Nun, sie war jünger als ich, aber Ike ließ sie heraufkommen – und sie konnte nicht singen. Deshalb sagte ich Alline, sie solle Gene, ihren Freund, bitten, Ike zu fragen, ob ich nicht mal einen Song versuchen dürfe. Ike sagte etwas wie: »Klar doch, ich ruf' sie gleich rauf«, aber das tat er nicht. Jeden Abend hockte ich da und versuchte, ihn auf mich aufmerksam zu machen, aber er ging mir aus dem Weg. Wahrscheinlich dachte er: »Oh, mein Gott, daß ist schon wieder dieses furchtbare Girl!« Ich war so enttäuscht. Aber ich war eben nicht sein Typ Frau. Niemals war ich das.

Schließlich, eines Abends, tat ich den ersten Schritt. Es war gerade Pause, und es war ziemlich leise im Saal. Die meisten Leute der Band waren draußen und schnappten frische Luft, und nur Ike war noch auf der Bühne und spielte auf der Orgel. Er machte das öfter, daß er nicht hinausging, um möglichem Ärger mit all seinen Frauen aus dem Weg zu gehen. Ich meine, diese Band hatte Unmengen von Frauen: Jeder Musiker mußte mindestens zehn Freundinnen haben, und Ike hatte sicherlich an die zwanzig. Und manchmal tauchten gleich sechs von ihnen auf einmal im Club Manhattan auf. Deshalb blieb er auf der Bühne, damit er nicht in irgendeinen Streit verwickelt wurde. Nun, er saß also dort oben hinter seiner Orgel, und plötzlich erkannte ich den Song, den er gerade spielte. Es war »You Know I Love You«, der Titel von B. B. King. In diesem Moment kam Gene von draußen herein. Er hatte an diesem Abend ziemlich intensiv nach anderen Girls Ausschau gehalten, und Alline war darüber nicht allzu glücklich. Er kam herüber an unseren Tisch und fing an, sie zu nekken, denn er wußte, daß sie wütend auf ihn war. Er holte ein Mikrophon von der Bühne und versuchte, sie zum Singen zu bewegen. Nun, Alline wäre lieber gestorben, als öffentlich zu singen. Und sie schimpfte: »Nimm das verdammte Mikrofon weg!« Sie war immer noch sauer auf ihn. Deshalb nahm ich das Mikrofon, und ich fing an zu singen:

Darling, you know I love you, I love you for myself...

Oh, Boy, das haute Ike glatt vom Hocker. Er brüllte: »Giiirrrlll!« Und er hörte auf, auf der Orgel zu spielen, und er kam von der Bühne heruntergerannt, und er hob mich einfach hoch! Er sagte: »Ich wußte ja gar nicht, daß du wirklich singen kannst! Was kennst du sonst noch?« Ich war richtig verlegen, aber ich antwortete: »Alles, was sie im Radio spielen.« Ich erzählte ihm, ich würde ein paar Little-Willie-Songs kennen und etwas Blues und eine ganze Menge von dem, was er und seine Band spielten. Also fing Ike an, die Sachen zu spielen, die ich kannte, und ich sang dazu, und die Leute von der Band kamen nach und nach mit ihren Frauen zurück – und die konnten nur noch staunen. »Was soll das denn?« – »Wer ist denn dieses Girl da oben?«

Aber sobald sie mich richtig hatten betrachten können, verliebten sie sich gleich in die kleine Ann – denn ich war für keine von ihnen eine Konkurrenz. Ich hatte keinen dicken Hintern, deshalb meinten sie, daß sich von den Typen keiner für mich interessieren würde, oder? Und bald lobten sie mich nur noch. »Mädchen, kannst du aber singen!« Es war das erste Mal, daß ich mir vorkam wie ein richtiger Star. Und ich war endlich im Geschäft. Ich fing an, bei den Kings of Rhythm zu singen. Ike ließ mich an Songs wie »You Know I Love You« und »Since I Fell for You«, und mit Jimmy Thomas sang ich im Duett »Love Is Strange« und solche Sachen.

Aber dann bekam ich einen großen Schreck: »Was passiert, wenn Ma das erfährt? Sie bekommt einen Tobsuchtsanfall.« Und natürlich erfuhr sie es.

Zelma: Eines Tages, Ann und eine Freundin hatten gesagt, sie wären schwimmen, war ich alleine zu Hause, als eine Dame in einem langen Cadillac vorfuhr. Sie hieß Annie Mae Wilson, und sie wollte wissen, wo Ann war. Ich fragte sie, was sie von ihr wolle. Und sie sagte, Ann hätte sich zur Probe verspätet. Ich fragte, Probe für was?

Nun, als Ann vom Schwimmen kam, sagte ich: »Annie Mae Wilson war hier und hat nach dir gefragt.« Sie bekam riesig große Augen, und dann sagte sie nur: »Oh!« Und ich fragte: »Du singst also?« Sie sagte ja. Mir gefiel das überhaupt nicht. Sie war zu jung, um in Clubs oder Bars aufzutreten. Ich sagte: »Ich dachte, du wolltest Krankenschwester werden.« Denn das war mein inniger Wunsch, sie konnte nämlich mit Kindern so gut umgehen. Aber sie meinte: »Ich singe lieber.« Genau das hatte ich befürchtet.

Tina: Ma explodierte regelrecht. Sie konnte ganz schön gemein sein, und wie. Fast hätten wir uns geprügelt. Sie erwischte mich mit dem Handrücken im Gesicht, und als ich feststellte, daß ich Nasenbluten hatte, hätte ich beinahe zurückgeschlagen. Sie sagte: »Du singst also mit Ike Turner« – und so wie sie es aussprach, klang es wie die Überschrift auf einem Steckbrief: REVOLVERSCHWINGER IKE TURNER. Denn das war der Ruf, der ihm vorauseilte – wenn es zu einer Schlägerei kam, dann bekam man von Ike sofort was mit der Pistole verpaßt. Wenn zum Beispiel irgendein harmloser Typ kam und nach seiner Frau suchte und vielleicht mit einem fairen Kampf rechnete, holte Ike sein Eisen heraus und verpaßte ihm ein paar mit dem Kolben. In der Band hatte jeder eine Pistole. Deshalb wollte niemand, daß seine Tochter sich mit diesen Typen einließ.

Aber ich hatte nichts Falsches getan. Ich hatte das Gefühl, daß ich ein anständiges Mädchen war. Ich ging zur Schule. Ich machte daheim die ganze Hausarbeit. Ich dachte, daß ich es nicht verdient hätte, geschlagen zu werden. Und in diesem Moment wurde mir bewußt, wie sehr ich meine Mutter verabscheute. Erst ließ sie mich im Stich, als ich gerade zehn Jahre alt war, und jetzt wollte sie plötzlich bei mir die sorgenvolle Mutter spielen. Aber sie sagte nur: »Mit dem Gesang ist Schluß – du brauchst mich auch gar nicht mehr zu fragen.« Und dabei blieb es dann, für eine Weile wenigstens.

Wir zogen aus dem Haus hinunter an die Hoderman Tracks, wo die ganzen Straßenbahnwagen standen – damals sah die Lage für die Familie nicht allzu rosig aus –, und danach hörte ich von Ike Turner nichts mehr. Aber dann, eines Tages – es war immer noch Sommer –, bekam ich einen Anruf von ihm. Er brauchte eine Sängerin. Nun, Ike kam mit seinen Musikern immer sehr schlecht aus. Daher tauchte er bei uns auf, um mit Ma zu reden. Er trug ein rotes Ban-Lon-Hemd und eine Gabardinhose – Ike kleidete sich immer sehr schick –, und er sah richtig jungenhaft aus, überhaupt nicht wie der böse Mann, von dem Ma und alle anderen schon so viel Schlimmes gehört hatten. Er war ein bißchen größer als ich.

Er setzte sich und fragte: »Wie geht es Ihnen?« Und Ma lief mit fliegenden Fahnen zu ihm über. Ich sollte Ike zu einem wichtigen College-Engagement nach Columbus, Missouri, begleiten – die Jobs außerhalb der Stadt brachten mehr Geld als die innerhalb der Ortsgrenzen. Er versprach Ma, daß nichts passieren würde und daß er auf mich aufpassen wolle. Und sie sagte Okay: Ich könne mitfahren, und ich dürfe auch an jedem Wochenende bei ihm singen.

Himmel, war ich glücklich! Von da an waren Ike und ich wie Bruder und Schwester. Er ging los und kaufte mir mein erstes Bühnenkostüm: mit Pailletten besetzte Kleider, in Gelb, in Pink und Silber und Blau, mit langen Handschuhen bis hier und Ringen, die darüber getragen wurden. Fersenlose Schuhe, Nahtstrümpfe, sogar eine Pelzstola. Junge, sah ich scharf aus! Ich bekam sogar einen Goldzahn. Ike sorgte wirklich für die Leute. Das erste, was er tat, wenn er einen kennenlernte, war, daß er einem Kleider kaufte; und wenn man seine Zähne richten lassen mußte – ich glaube, ich hatte damals ein Loch in einem Zahn –, dann übernahm er auch das. Er machte einen zu seinem Geschöpf. Er wollte einen besitzen.

Nun, wir spielten auf diesem Studentenfest in Columbus, und, Herrgott im Himmel, waren das wilde weiße Kids – die bumsten herum und ließen sich vollaufen. Die Band spielte wie verrückt. Und wir kamen nach St. Louis zurück, und ich fuhr in Ikes rosafarbenem Fleetwood herum, mit den Haifischflossen und den Chromleisten, und ich saß neben ihm und irgendeiner Freundin, ich trug mein erstes richtig enges Kleid und einen ausgestopften Büstenhalter und lange Ohrringe – ich weiß nicht, ich kam mir richtig reich vor! Und das war so gut! Wir fuhren vor dem Club vor, und ich stieg aus und ging hinein und saß dann richtig großartig da, als wäre ich der Star des Abends. Und nach einer Weile rief Ike mich auf die Bühne. Er sagte: »Und jetzt hören Sie unsere Little Ann, die größte!« Und ich ging zum Mikrofon und sang meine drei Nummern, und alle klatschten. Es war wunderbar. Sie klatschten nur für mich. Little Ann.

Allmählich betrachtete Ike Little Ann als seine Fahrkarte, mit der er möglicherweise aus St. Louis herauskam. Er wollte groß einsteigen, wollte eine große Tournee – das Apollo in New York, das Howard Theatre in Washingthon, das Regal in Chicago. Aber die Kings of Rhythm – so gut und aufregend sie auch waren – waren immer noch eine R-&-B-Party-Band: fähig, jeden Hit nachzuspielen, aber mit nur wenig typischem, eigenem Material.

»Ike konnte sehr gut covern«, erzählt Clayton Love. »Er

hatte scharfe Ohren, und er konnte einen Song genau so bringen, wie er auf der Schallplatte klang.«

Eine Kopie ist, ganz gleich, wie perfekt dargebracht, immer noch eine Kopie. Ann Bullock hatte in den Sound der Kings ein Element der Originalität, etwas Einmaliges eingebracht. Ihre Stimme kombinierte die emotionale Kraft der großen Bluessänger mit einer unbezähmbaren und umwerfenden Energie, die für das Zeitalter extremer Posen wie geschaffen war.

»Ihre Stimme war anders für die Art von Musik, die wir spielten«, sagt Gene Washington. »Eine Frau, die so etwas machte, die durfte einfach nicht sein. Sie war wie Bessie Smith und einige von diesen anderen Sängerinnen; aber die sangen den typischen, heimatlich vertrauten Blues. Was wir dagegen spielten, ging eher in Richtung Swing. Daher brachte Ann uns etwas total anderes – und doch paßte sie damit genau hinein. Und von da an ging es explosionsartig nach oben.«

Ikes Fürsorge für Ann sollte noch für einige Zeit rein platonisch bleiben. Turner hatte sich unterdessen mit Lorraine Taylor zusammengetan, der Tochter eines örtlichen Wurstfabrikanten. Ann traf sich jetzt öfter mit Raymond Hill, Ikes altem Freund aus Clarksdale und nun Saxophonist der Band. Im November 1957, gerade achtzehn geworden und mitten in ihrem letzten Jahr an der Sumner High, wurde sie schwanger.

Tina: Die Kids in der Schule nannten mich »Sexy Ann«, seit ich das erste Mal davonschlich, um an den Wochenenden in Ike Turners Band zu singen. Das war in der Zeit, als ich mit Raymond zusammen war. Raymond war kein gebildeter Mann, aber er konnte spielen. Er war einer von jenen Musikern, die ihr ganzes Herz in die Musik hineinlegen; nichts sonst war ihm wichtig. Und er unterschied sich von den anderen Jungs in der Band – er war still, und er hatte nicht so viele Frauen. Will sagen, er hatte drei oder vier, wenn andere sechs oder acht oder zehn hatten. Außerdem mochte ich ihn, denn er war gelb – ich hatte schon immer für die hellhäutigeren Typen besonders viel übrig.

Jede Nacht nach der Arbeit zogen Ike und die ganze Band und was immer an Frauen mitgehen wollte in das große Haus, um eine Jam-Session abzuhalten oder Songs zu komponieren oder zu proben; und ich ging immer mit, um zu singen. Es war eine Party für die Jungs, glaube ich; aber ich war mit meiner Singerei beschäftigt, und die anderen Girls mußten kochen: Steaks, Schnitzel, Spaghetti, Gemüse – Ike mochte das Soul-Food nicht besonders. Und dann glaube ich, daß die Girls mit den Typen ins Bett gingen. Ich weiß nicht – in dieser Hinsicht bin ich immer sehr naiv gewesen. Die Typen schliefen den ganzen Tag, und wenn ich da war, dann ging ich hinaus und harkte den Rasen oder machte sonst etwas. Irgendwann standen die Mädchen auf und fingen wieder an zu kochen.

Die Musiker wohnten im zweiten und dritten Stock von Ikes Haus und unten im Keller, und als ich schwanger wurde, zog ich für einige Zeit zu Raymond. Wir sprachen über Heirat, aber es kam nicht dazu. Schon bald war er nicht mehr da.

Raymond Hill: Ich und Carlson Oliver rangelten eines Abends auf der Herrentoilette des Clubs. Carlson wog damals etwa zweihundertsechzig Pfund, und diese ganze Masse landete auf meinem Fußknöchel – *Knack!* Wir dachten, er sei nur verstaucht, deshalb legten wir einen Verband an, und ich saß auf einem Stuhl und spielte die ganze Nacht hindurch und die beiden nächsten ebenfalls. Dann landete ich im Krankenhaus, und am Ende mußte ich nach Hause zurückkehren, nach Clarksdale. Ike schluchzte wie ein Kind, als ich mich verabschiedete.

Ike: Da Raymond uns verlassen hatte, wurde Lorraine furchtbar mißtrauisch, als sie erfuhr, daß Ann schwanger war. Sie wollte wissen, wessen Baby es in Wirklichkeit war. Sie nannte Ann »unsere Dollarmillion«. Eines Abends besorgte sie sich meine Pistole und wollte sie umbringen: Ich war noch einige Zeit im Spielclub gewesen, und als ich nach Hause kam und mich schlafen legte, holte Lorraine meine Pistole hervor – es war eine Achtunddreißiger – und einen Schürhaken vom Herd, und dann ging sie durch den Korridor zu Anns Zimmer, wo sie mit Raymond zusammengelebt hatte, es war zwei Türen weiter.

Tina: Ich wachte auf, und da war Lorraine mit der Pistole und dem Schürhaken. Ich glaube, sie wollte mich damit verprügeln, bis ich ihr die Wahrheit sagte, und mich dann erschießen. Aber ich hatte damals wirklich nichts ausgefressen gehabt.

Daher fragte ich: »Was ist los, Lo?«

Sie antwortete: »Ich möchte, daß du mir hier und jetzt sagst, ob zwischen dir und Sonny irgend etwas im Gange ist.«

Ich erwiderte: »Nein, Lorraine.«

Sie sagte: »Wenn du nicht die Wahrheit sagst, dann bringe ich dich um.«

Ich beharrte: »Ich sage die Wahrheit.«

Dann meinte sie so etwas wie: »Du Schlampe, du bist es sowieso nicht wert.« Sie verschwand im Badezimmer. Ich stand auf und ging in Ikes Zimmer.

Ike: Ich erinnere mich noch, wie ich durch heftiges Schütteln geweckt wurde, und Tina sagte: »Ike, Lorraine hat die Pistole.« Ich saß noch gar nicht auf der Bettkante, da hörte ich schon den Knall der zuschlagenden Badezimmertür, und dann Klick! Klick! hatte Lorraine sich im Badezimmer eingeschlossen. Ich ging hin und klopfte an die Tür: »Lorraine, gib mir die Pistole!« Sie sagte kein Wort. Ich sagte: »Lorraine!« Dann schloß sie die Tür auf, und ich hörte ein gedämpftes *Klick-pow!* Sie hatte sich selbst in die Brust geschossen. Die Kugel durchschlug beide Lungen und den Herzbeutel und trat ein gutes Stück tiefer in ihrem Rücken wieder raus. Ich ging also rein – nackt, klar? Ich hob die verdammte Pistole zuerst auf – jetzt waren meine Fingerabdrücke darauf –, und ich nahm sie aufs Zimmer mit und legte sie hin, um den Telefonhörer abzunehmen. Aber ich war zu aufgeregt, um zu wählen. Daher legte ich den Hörer wieder auf die Gabel und ging zurück ins Badezimmer, und ich hievte Lorraine hoch und legte sie auf das Bett. Dann rief ich die Vermittlung an, um einen Krankenwagen zu bekommen. Und was sagte Lorraine, als sie sie ins Krankenhaus brachten und sie auf einem Tisch lag und ihr die Eingeweide heraushingen? Sie sagte: »Sonny, töte mich nicht.«

»Sonny« – das war ja ich! Scheiße!

Glücklicherweise blieb Lorraine am Leben, und ihre Krankenhaustobereien wurden offensichtlich als Deliriumanfälle abgetan. Es wurde klar, daß Raymond Hill der Vater von Anns Baby war, und Ann zog wieder zu ihrer Mutter. Ann machte die Abschlußprüfung in der High School, und am 20. August 1958 schenkte sie einem Sohn, Raymond Craig, das Leben. Zelma war mit dieser Entwicklung nicht gerade glücklich, daher zog Ann mit Craig, wie sie ihr Baby nannte, aus dem Haus

100

ihrer Mutter in ihr eigenes kleines Apartment unweit der Hoderman Tracks – eine Gegend, in der es von Imbißstuben
wimmelte, wo es Nutten und jede Menge zwielichtiger Ge-
stalten gab. Ike, der ebenfalls Elternpflichten auferlegt bekam, und zwar am 3. Oktober, als Lorraine ihm einen Sohn
gebar, Ike Junior, hatte bereits begonnen, Anns Rolle bei den
Kings of Rhythm etwas auszubauen, indem er sie nun jeden
Abend in der Woche einsetzte und ihr wöchentlich fünfzehn
Dollar zahlte. Damit sie leben konnte, übernahm Ann auch
einen Tagesjob als Hilfskrankenschwester in der Wöchnerin-
nenabteilung des Barnes Hospitals.

Tina: Ich mußte zwei Jobs haben, um für Craig sorgen zu können. Ich war wirklich eine gute Mutter, glaube ich – ich sorgte
für alle Vitamine, für die besten Kleider und achtete darauf,
daß man sich auf den Babysitter wirklich verlassen konnte.
Und auch ich entwickelte mich zu einer richtigen kleinen jungen Frau.

Barnes war das größte jüdische Hospital in St. Louis, und
alle reichen Ladies kamen hierher, um ihre Babies zur Welt zu
bringen. Damals begann ich auch zu begreifen, was reich eigentlich hieß: Frauen in Seidenroben mit pelzbesetzten Kragen. Dort lernte ich auch zum erstenmal etwas über Make-
up. Eines Tages kam ich bei einer der Frauen auf das Zimmer
und sah, wie sie gerade Maybelline Maskara und einen Augenbrauenstift benutzte. Ich fragte: »Was tun Sie da?« Sie
war so schön, diese Frau – auf der Wöchnerinnenstation gab
es nicht viele Frauen, die wirklich hübsch aussahen. Sie sah
einfach toll aus. Und sie freute sich, endlich ein Baby zu haben, und daß der Ehemann sie besuchen kam – all diese Dinge,
die die reichen Leute immer im Film tun. Die bildhübsche
Ehefrau. Und sie zeigte mir, was sie mit dem Maskara und

dem Stift machte, und während sie da war, versuchte ich ihr ein wenig nachzueifern. Noch am gleichen Wochenende kaufte ich mir den Augenbrauenstift und das Maskara von Maybelline, und von da an begann ich Make-up zu benutzen.

Die Arbeit im Barnes gefiel mir. Im Grunde wollte ich gar keine Krankenschwester werden, aber ich badete gerne Babies und es machte mir sogar Spaß, sie trockenzulegen. Aber es wurde einfach zuviel, die Arbeit am Tage und dann die Auftritte der Band spätabends. Und dann, da Ike sich dauernd mit seinen Musikern anlegte – er stritt sich ununterbrochen mit ihnen über irgend etwas; gewöhnlich ging es um Geld –, avancierte ich plötzlich zur Hauptsängerin. Daher zog ich aus dem Apartment am Hoderman Track aus, und Craig und ich zogen in Ikes Haus in East St. Louis. Und das war der Anfang, obgleich ich damals noch nicht ahnte, wie nachhaltig Ike Turner sich in mein Leben drängen sollte. Das erste, was er tat, war, mein Honorar auf fünfundzwanzig Dollar die Woche anzuheben.

5

»A FOOL IN LOVE«

Die späten Fünfziger waren Jahre des kaum unterdrückten sozialen Aufruhrs. 1958 begann die Beatnik-Bewegung, der erste Vorbote einer allgemeinen Unzufriedenheit mit der herrschenden Kultur, sich von Kalifornien aus über das ganze Land auszubreiten. Für die Beatniks, oder kurz Beats, waren die Schwarzen die spirituelle Elite der amerikanischen Gesellschaft. Diese Auffassung hatte etwas äußerst Anziehendes für all die aufstrebenden Teenager-Bohemiens, die sich bereits der »schwarzen« Rock-'n'-Roll-Musik verschrieben hatten.

Die Jugendkultur, in all ihrem grellen, von Hemmungen nicht gebremsten Glanz, erfuhr ihre lärmende Auferstehung. (Obgleich es erste Anzeichen für eine Gegenattacke auf den Rock gab: Der New Yorker Sänger Harry Belafonte hatte zwei Jahre vorher mit einigem Erfolg einen Pseudo-Calypso-Sound in die Popmusik eingebracht, und im Herbst 1958 lag das Kingston Trio, drei adrett gekleidete, blitzsaubere kalifornische Collegeboys, mit seinem bewußt »nichtelektrischen«

Hit »Tom Dooley« auf Platz Eins der Pop-Charts. Der den Rock verabscheuende ›Mainstream‹ schlug in hinterhältigster Weise zurück: Die Armee zog Elvis Presley zur Ableistung seines Wehrdienstes ein. Dafür ließen die Diskjockeys bei KWK-Radio in St. Louis eine ganze Woche lang die heißesten Rock-'n'-Roll-Hits über den Sender ausstrahlen. Doch noch war ihre Zeit nicht gekommen.)

Little Ann hatte ihre Schallplattenpremiere im Jahr 1958, als sie mit Ike und seiner Band den Titel »Box Top« aufnahm, der mit kaum nennenswertem Erfolg auf einem in St. Louis ansässigen Label veröffentlicht wurde.

Bonnie Bramlett, die damals noch als R-&-B-verrückter Teenager die Szene in St. Louis unsicher machte, erinnert sich an Tinas erste Auftritte.

Bonnie Bramlett: Es war etwa zu der Zeit, als ich sie zum erstenmal sah und hörte, und es war phantastisch. Für mich war sie das Größte, was ich je erlebt hatte. Sie brachte mich regelrecht zum Weinen – tatsächlich: Ich stand da und heulte wie ein Schloßhund. Ich wußte sofort, daß dies genau das war, was ich auch machen wollte. Und ich wollte es genauso machen wie sie.

Damals war ich noch Bonnie Lynn O'Farrell, vierzehn Jahre alt, und ich wuchs in einer durch und durch weißen Umgebung in Granite City auf. Ich schlich mich immer nach East St. Louis hinunter, um die Kings of Rhythm im Harlem Club zu sehen, wo die Tanzfläche aus einem riesigen Boxring bestand. Das Harlem lag unten bei den Viehhöfen – ganz sicher war es die falsche Gegend für weiße Girls. Aber ich und meine Freundinnen und Freunde, wir hatten unseren Spaß – wir schlichen uns hin und rauchten und tranken und trieben dort die verrücktesten Sachen. Ich dachte, so müßte es immer sein.

Ike Turner war damals der nackte Wahnsinn, wie er mit der Gitarre herumfuhrwerkte und die Beine hochwarf. Alles, was Jimi Hendrix später auf der Bühne brachte – nun, Jimi hat sich das alles bei Ike abgeschaut. Ganz bestimmt. Die Kings stellten sich immer mit dem Instrumentalstück »Prancin« vor, das mich richtig in Fahrt brachte. Dann kam die Revue – alle Sänger und Musiker tanzten auf der Bühne wie ein Showballett – und das brachte richtig Leben in den Saal. Ich glaube, damals spielten sie schon »A Fool in Love«. Ich weiß mit Sicherheit, daß sie diesen Song schon einige Zeit im Repertoire hatten, ehe sie ihn schließlich aufnahmen. Das war phantastisch. Der ganze Schuppen schien zu pulsieren. Also, die Kings of Rhythm waren eine Wahnsinnsband, die rissen alle mit.

Tina: Ganz am Anfang waren Ike und ich tatsächlich wie Bruder und Schwester. Ich war nicht sein Typ Frau, und er war nicht mein Typ Mann. Aber wir kommunizierten über die Musik. Ich liebte alles, was er spielte. Die Songs, die er mich singen ließ, waren nicht so nach meinem Geschmack, aber ich sang einfach gerne. Und ich konnte seine Ideen singen. Für ihn muß es gewesen sein, als hätte er endlich sagen können: »Gott sei Dank, es ist soweit.« Denn ich konnte seine Songs so bringen, wie er sie in seinem Kopf hörte. Und wir kamen uns dabei immer näher. Er erzählte mir von den Bihari-Brüdern und von Howlin' Wolf und Big Mama Thornton und all den Bluesleuten, die er kannte. Ich kannte überhaupt keinen von ihnen. Und wir gingen sehr oft aus – nichts ins Kino oder so etwas, denn Ike war nicht so für die »jungen« Vergnügungen oder für reinen Spaß zu haben. Dafür trieben wir uns in Clubs herum und lernten jede Menge Leute kennen, sprachen oft übers Geschäft und hörten uns gezielt andere Bands an. Mit Ike war alles irgendwie mit dem Geschäft verbunden.

All das war für mich total neu. Ich glaube, Ike war damals für mich so etwas wie ein Lehrer, denn ich hatte keine Ahnung von Bands oder Sängern, die dies oder das brachten. Ich kam ja gerade erst aus der Schule. So kam es, daß Ike und ich schließlich wie die Kletten zusammenhingen. Manchmal, in seinem Haus am Virginia Place, durfte ich sogar sein Zimmer betreten und mit ihm und Lorraine in einem Bett schlafen. Das war gar nicht so schlimm. Wir waren Freunde, mehr nicht, ganz enge Freunde. Ike gab mir das Gefühl, wichtig zu sein. Und ich glaube, damals gab es nichts, was Ike mir nicht gegeben hätte, wenn ich es gewollt hätte. Diese Art von Vertrauen war für mich wie ein sicheres Fundament, zum erstenmal in meinem Leben bekam ich so etwas wie eine Liebe, wie sie in Familien üblich ist. Wir waren wie Bruder und Schwester aus einem anderen Leben.

Aber dann trennte Ike sich für eine Weile von Lorraine. Und eines Nachts, wir waren gerade zu irgendeiner Show unterwegs, versuchte er zum erstenmal, mich anzufassen. Ich fühlte mich schrecklich. Ich hatte immer gedacht, er wäre mein Freund. Ich hätte niemals erwartet, daß er so etwas tun würde. Und dann, eines Abends im Haus, schlief ich bei Ike, weil einer der Musiker mir gedroht hatte, mir in der Nacht in meinem Zimmer einen Besuch abzustatten, und man konnte dort die Tür nicht abschließen. Ich schlief also bei Ike im Bett. Und am Morgen fing er an, an mir herumzufummeln. Ich hatte niemals auch nur daran gedacht, mit ihm Sex zu haben. Ich hatte das Gefühl: »Gott, ist das furchtbar. Das kann ich nicht.« Aber ich machte dennoch mit, und dann passierte es. Und von da an ging es weiter und weiter...

Ike: Als ich das erste Mal mit ihr zusammenkam, war es mir so, als schliefe ich mit meiner Schwester. Ehrlich, ich könnte tot umfallen – wir waren wirklich wie Bruder und Schwester gewesen. Es war nicht nur ihre Stimme. Ich hatte in St. Louis ein anderes Girl, das viel besser als sie sang, die Kleine hieß Pat – ihren Nachnamen weiß ich nicht mehr, aber ich bekam auch ein Baby von ihr. Jedenfalls bestand zwischen Ann und mir eine sehr enge Bindung.

Tina: Ja, ich verliebte mich. Ich wurde richtig süchtig, könnte man sagen. Nun, alle mochten Ike sehr, und einige liebten ihn geradezu. Er war damals ein ganz anderer Mensch – irgendwie schüchtern; er trank nicht noch nahm er Drogen oder machte er sonst etwas. Damals wäre ich ohne ihn verloren gewesen, will sagen, ich hätte zwei Dinge tun können: entweder in einem Krankenhaus arbeiten oder in Ikes Band singen. Sonst konnte ich nichts. Und ich kannte auch sonst niemanden. Und ich wollte singen.

Ann stand weiterhin loyal zu ihrem Förderer, fühlte sich jedoch häufig von seinem rücksichtslosen Lebensstil abgestoßen. So erzählte man sich in St. Louis eine Geschichte (mit welcher Ikes Name in Zusammenhang gebracht wurde und in der er später sogar vor Gericht erscheinen mußte), daß er, ohne dazu autorisiert zu sein, von einer örtlichen Bank zwanzigtausend Dollar entlieh, für die vorgeblich neue Kostüme für die Kings of Rhythm gekauft werden sollten. Ike leugnet diese Geschichte nicht ab, doch was die Einzelheiten angeht, so äußert er sich eher ausweichend dazu.

Aber Ende Januar 1960 wurde Ann wieder schwanger, diesmal von Ike. Zur gleichen Zeit entschied Ike sich, wieder zu Lorraine Taylor zurückzukehren, die ihm mittlerweile, am 23. Februar 1959, einen zweiten Sohn, Michael, geboren hatte. Er behielt jedoch Ann als seine Lieblingsfreundin bei sich. Enttäuscht und sich verstoßen fühlend, nun da Lorraine wieder aufgetaucht war, zog Ann aus dem Haus am Virginia Place aus und zurück nach St. Louis, wo sie selbst ein kleines Haus anmietete und eine Frau in der Nähe fand, die sich um Craig kümmerte, während sie arbeitete. Vielleicht, so redete sie sich ein, war sie ja gar nicht richtig schwanger.

Inmitten der durch endlose Club- und College-Jobs bestimmten Hektik fing Ike damit an, die Aufnahme von »A Fool in Love« vorzubereiten, das seine neue Single werden sollte. Die Session sollte bei Technisonic stattfinden, mit Art Lassiter als Sänger, früher bei den Trojans, nun bei Ike, der unter eigenem Namen damals in der Gegend vorwiegend mit Ray-Charles-Titeln auftrat. Begleitet wurde er dabei von einem weiblichen Gesangsquartett, den Artettes. Ike gefiel der Sound mit den Frauenstimmen im Hintergrund, und er bat Lassiter, drei seiner Artettes – Frances Hodges, Sandra Harding und Robbie Montgomery (letztere war damals von Lassiter schwanger) – zu der »Fool-in-Love«-Session ins Studio mitzubringen. Die Aufnahme sollte dann an das Label verkauft werden, das sie haben wollte. Alles ließ sich bestens an bis zu dem Tag der Aufnahme, Anfang des Frühlings 1960, als Lassiter, der plötzlich mit den finanziellen Abmachungen unzufrieden war, zum Studiotermin nicht auftauchte.

Ike: Mann, ich saß da und schrieb diesen Song für Art Lassiter, und dann wollte er mir plötzlich noch mehr Geld aus der Tasche ziehen. Also ließ ich Ann die Aufnahme machen. Das war bei Technisonic, und der Typ, dem der Laden gehörte, hatte bisher nichts anderes als Fernsehwerbung aufgenommen. Als sie nun anfing zu singen: »Hey-hey-heyyy-hey-heyyy« – Junge, da lief er rot an. »Verdammt noch mal«, schimpfte er, »schrei nicht so in das Mikrofon!«

Robbie Montgomery: Irgendein Girl schrieb den Song. Ich kann mich nicht mehr an den Namen erinnern – Carol oder so. Ann und ich, wir waren beide schwanger, als wir ihn aufnahmen. Die Leute hätten uns dabei sehen sollen.

Tina: Ich weiß nicht, was Art Lassiter von Ike wollte. Sie stritten sich dauernd. Ike liefen immer die Sänger weg – es war schwierig, für ihn zu arbeiten. Nun, ich war hier draußen in meinem Haus, als sie den Song probten, daher kannte ich ihn. Und Ike hatte bereits das Studio gebucht, daher sagte er: »Ann, ich will, daß du sofort rüberkommst und dieses Demoband für Art machst.« Ich wollte eigentlich gar nicht singen – dieses »hey-hey-hey«-Zeug gefiel mir nicht besonders. Aber ich machte es. Es war ein Demoband. Ich glaube, Ike wollte es noch einmal mit Art Lassiters Stimme aufnehmen, wenn er es schaffte, ihn wieder zurückzuholen. Aber so lief es am Ende doch nicht.

Ike schickte Bänder von »A Fool in Love« an einen Diskjockey in St. Louis, der wiederum die Bänder zu einigen Schallplattengesellschaften weiterleitete, unter anderem auch an Sue in New York City. Sue war ein ganz einmaliges Schallplatten-Phänomen, ein Label, das einem Schwarzen gehörte und von ihm persönlich geleitet wurde. Sein Eigentümer, Henry »Juggy« Murray, war in den Straßen von Hell's Kitchen (Höllenküche – Bezeichnung für New York) aufgewachsen und hatte für ein paar Cent an den Straßenecken getanzt. Seinen ungewöhnlichen Spitznamen hatte er nach einem schnapsverliebten, aber nahezu blinden Großvater erhalten, der, wenn er nach seinem Lieblingsglas (jug) griff, mehr als einmal den kleinen Henry erwischte. Murray brüstete sich damit, es im Immobiliengeschäft allein durch eigene Kraft zu etwas gebracht zu haben. Nachdem er auf Empfehlung eines New Yorker Diskjockeys ins Schallplattengeschäft eingestiegen war, hatte er 1958 Sue (nach dem Namen seiner Mutter) gegründet und verzeichnete im gleichen Jahr mit »Itchy Twitchy Feeling« von Bobby Hendricks einen Hit. Genau wie Berry Gordy, Jr. (der gerade in Detroit Tamla and Motown gestartet hatte), war Juggy Murray so etwas wie ein Exzentriker. Dafür hatte er aber auch sensible Ohren.

Juggy: Ike schickte »A Fool in Love« an jede Schallplattengesellschaft im Lande, und jede lehnte ab. Ich konnte das Band, als es bei mir eintraf, nicht von einem Loch in der Wand unterscheiden. Aber ich wußte, es war ein Hit, und ich meldete mich bei ihm. Er wollte wissen, warum ausgerechnet ich glaubte, daß es ein Hit würde, wo doch alle anderen anders darüber dachten. Ich sagte: »Weil sie keine Ahnung haben.« Ike war ein musikalisches Genie, aber er hätte eine Hit-Schallplatte noch nicht einmal erkannt, wenn sie ihm plötzlich vom Empire State Building auf den Kopf gefallen wäre.

Ich flog also runter nach St. Louis. Ich war vorher noch nie dort gewesen. Er schickte einen Fahrer mit diesem langen schwarzen Cadillac, damit er mich am Flughafen abholte. East St. Louis ist eine Teufelsstadt – mit Glücksspielen rund um die Uhr und mit Einsätzen wie in Las Vegas, wirklich. Ike verspielte innerhalb einer Minute eintausend Dollar. Er war der heißeste Typ in der ganzen Gegend. Er hatte zwar keinen Schallplattenhit, aber er war nicht arm. Er war scharf, er war sauber, hatte Cadillacs und hübsche, blonde, weiße Mädchen, die seinen Arsch anbeteten, alles, was er sich wünschte. Dort lernte ich diese Anna Mae Bullock kennen. Sie war – nun, sie war überall da, wo Ike sie haben wollte. Zusammen mit seinen anderen vierzig Frauen.

110

Ike dachte sicher, er wäre ganz oben, doch diesen Zahn zog ich ihm mit einem Vertrag, und ich forderte ihn auf, ihn zu unterschreiben. Er starrte mich an und dachte: »Was will dieser kleine Nigger eigentlich?«

Juggy Murray kaufte Ike seinen Song für fünfundzwanzigtausend Dollar Vorschuß ab. Er erklärte ihm, sein Vorhaben, den Song mit einer männlichen Gesangsstimme neu aufzunehmen, solle er vergessen – es sei allein Anns Stimme, die den Titel zu etwas Besonderem mache. Vielleicht, so schlug Juggy vor, sollte Ike sich darauf konzentrieren, sie zum Star der Show aufzubauen – sie nicht nur mit den anderen Sängerinnen für den Background sorgen zu lassen, sondern sie für die «Starnummer« am Ende jedes Sets aufzusparen. Nach einem frustrierenden Jahrzehnt erfolglosen Bemühens konnte Ike fast körperlich spüren, wie sich seine Hand um den Rettungsring krampfte, der ihm den erträumten Riesenerfolg ermöglichen würde. Eines Tages eröffnete er Ann, daß »A Fool in Love«, ihr Debüt als Solosängerin, unter neuem Namen veröffentlicht werden würde. Diesmal nicht als Titel von den Kings of Rhythm; »A Fool in Love« käme statt dessen von Ike und Tina Turner.

Tina?

Turner?

Ike erklärte es ihr: Als Kind, damals in Clarksdale, war er ganz wild auf die weißhäutigen Dschungelgöttinnen, die sich durch die Filmserien der Samstagsmatineen hangelten – mit Kleiderfetzen nur notdürftig bekleidete Frauen, mit langen wehenden Haaren und Namen wie Sheena, Königin des Dschungels, und Nyoka – speziell Nyoka. Er erinnerte sich noch immer an *The Perils of Nyoka,* eine fünfzehnteilige Serie der Republic Pictures von 1941 mit Kay Aldridge in der Titelrolle sowie einer bösen Widersacherin namens Vultura, einem Affen namens Satan und Clayton Moore (der spätere Lone Ranger des Fernsehens) als möglichen Geliebten. Nyoka, Sheena – Tina! Tina Turner – Ikes eigene, ganz persönliche Frau der Wildnis. Ihm gefiel es.

Ann hatte jedoch gewisse Vorbehalte – und zwar hinsichtlich der Namensänderung wie auch der ganzen Beziehung zu Ike. Anfangs waren sie nur Freunde gewesen – schön. Nun war sie jedoch von diesem Kerl schwanger, und sie rutschte von Tag zu Tag tiefer in die Abhängigkeit hinein. Sie wollte singen – klar –, sie wollte ein Star sein. Aber wie stand es mit Liebe und Ehe? Das wollte sie auch. Aber Ike – mit seiner Schürzenjägerei und seinem Jähzorn – schien dafür nicht der geeignete Kandidat zu sein. Als sie schwanger geworden war, hatte er sie verlassen und war zu Lorraine zurückgekehrt. Würde er sich jemals ändern? Sie bezweifelte das. Sie liebte ihn, das stimmte schon – er war ihre Leitfigur, ihr Show-biz-Lehrer. Was immer sie – ein zwanzigjähriger Niemand vom Land aus Nut Bush, Tennessee – bisher in ihrem jungen Leben erreicht hatte, das verdankte sie ihm. Sie wußte, wie lange er sich schon nach einem Schallplattenhit sehnte, und sie schwor, wenn er mit ihr endlich seinen Hit schaffen würde, dann wolle sie ihn bestimmt nicht im Stich lassen. Aber... vielleicht könnten sie und Ike die Uhr wieder zurückdrehen und nur Freunde sein, sozusagen Kollegen im gleichen Business.

Tina: Ich liebte Ike – in dem Maße, wie ich damals die Liebe empfand –, aber ich wollte nicht, daß unsere Beziehung sich vertiefte. Er hatte mir bereits offenbart, daß er, wenn diese Schallplatte ein Hit würde, St. Louis verlassen und nach Kalifornien gehen wolle, und daß er wünsche, daß ich mitkäme.

Ich meinte, dazu könnte ich nichts sagen – ich wußte nicht einmal, wie Kalifornien aussah. Er beschrieb mir einen Ort mit vielen rosafarbenen Häusern und Palmen, und ich schloß die Augen und versuchte mir alles vorzustellen. Und nach einer Weile wurde es in meiner Phantasie mehr und mehr zu einem Paradies.

Aber wir waren zwei völlig verschiedene Menschen. Ich wußte, daß es mit uns niemals gutgehen würde. Als er nun den Plattenvertrag bekam, redete ich mit ihm. Zuerst beschrieb er, wie es in Zukunft sein würde: Er würde meine Miete bezahlen, würde aber praktisch alles Geld für sich behalten. Ich erklärte ihm, ich wolle keine feste Beziehung mit ihm. Das war das erste Mal, daß er mich verprügelte. Mit einem Schuhspanner   einem von diesen Dingern mit einer Spiralfeder in der Mitte. Er packte ihn sich und begann, damit auf mich einzuschlagen. Und danach drängte er mich, mit ihm ins Bett zu gehen, und dann schlief er mit mir. Meine Augen waren zugeschwollen – Gott, es war furchtbar. Und das war der Anfang, damals begann Ike, mir Angst zu machen. Er hielt mich durch diese Angst unter Kontrolle.

Warum ich ihn nicht verließ? Jetzt kann man leicht sagen, daß ich es hätte tun sollen. Aber man betrachte mal meine Situation: Ich hatte bereits ein Kind, und war mit einem zweiten, diesmal von ihm, schwanger. Das Singen in Ikes Band bildete meinen Lebensunterhalt. Und ich lebte besser als jemals zuvor. Was sollte ich denn tun – ins Barnes Hospital zurückkehren und versuchen, meinen Job als Hilfsschwester wiederzukriegen? Nein, ich war tief verletzt, und ich hatte Angst, aber an eine Rückkehr war überhaupt nicht zu denken. Ich mußte nach vorne schauen, mußte weitermachen. Daher beschloß ich, bei Ike zu bleiben. Weil ich wirklich etwas für ihn übrig hatte. Außerdem wußte ich, wie lange er schon an seiner Karriere bastelte, wie die Leute jedesmal, wenn er einen kleinen Aufschwung hatte, ihn wieder nach unten drückten. Und das würde ich ihm niemals antun, schwor ich mir. Daher sagte ich mir: »Ich bleibe hier und versuche, das beste daraus zu machen.« Damals war ich noch nicht so klug wie ich es heute bin. Aber wer ist das schon?

»A Fool in Love«, die Debüt-Single von Ike und Tina Turner, kam Ende des Sommers 1960 heraus. Es war eine außerordentlich rohe und primitive Schallplatte – genauso aufrüttelnd und elektrisierend wie einige der ersten Howlin'-Wolf-Titel, die Ike aufgenommen hatte. Mit Jessie Knights völlig übersteuertem Bass, der durch die ganze Abmischung polterte. Gene Washington hämmerte glasharte Wirbel auf dem Kesselrand seiner Snaredrum, und die drei Artettes lieferten einen Unisono-Teppich unter Tinas unirdischem Geheul – »Yay-ay-hey-hey-heyyyy!« – »A Fool in Love« war die schwärzeste Platte seit Ray Charles' im Gospelstil gehaltenem »What'd I Say« im vorhergehenden Sommer, die bis dahin den Weg in die weißen Pop-Charts gefunden hatte.

Und dieser Weg war recht kurz. Denn 1960 war schwarze Musik – nicht nur Rock 'n' Roll, sondern echte, tiefschwarze Musik – im Rundfunk immer häufiger für die zu hören, die sich hinreichend dafür interessierten, um danach zu suchen. Ein erstklassiges Vehikel für dieses neue Kind des populären Musikgeschehens war die Rundfunkstation WLAC, ein 50000-Watt-Sender in Nashville.

Weiße Kids im fernen Texas und in Florida und oben an der Ostküste bis hinein nach New Jersey und New York konnten feststellen, daß sie in klaren Nächten ebenfalls WLAC und seine wilden R-&-B-Marathons hören konnten. Dem Song »A Fool in Love« um diese Zeit zu lauschen – vielleicht am späten Abend eines Schultages im Bett liegend, mit dem Transistorradio ans Ohr gepreßt, damit die Erwachsenen keinen Verdacht schöpften – hieß, aus der heimeligen Mittelklassewelt des Jungmädchen-Pop heraus und in neue Gefilde geschleudert zu werden, die, offensichtlich, von so schrecklichen Frauen wie Tina Turner bevölkert wurden. Der Song selbst war nichts Besonderes – er hatte keine besonders typische Melodie, keine Ohrwurmqualität, aber die Sängerin! Ganz anders als bei den regierenden Pop-Prinzessinnen dieser Zeit – netten weißen Girls wie Brenda Lee und Connie Francis – wußte man, wenn Tina in ihrem unvergeßlichen A-cappella-Intro sang »Whoooaaah, there's something on my mind« sofort, daß sie etwas ganz anderes im Sinn hatte, als die neueste Dauerwellenmode.

Dem Stil der Zeit entsprechend, neigten die meisten »Girl«-Songs dazu, den Boy zum Fetisch hochzustilisieren – zu einem unersetzlichen Muskelprotz, ohne dessen strahlende Anwesenheit das Leben jeglichen Sinn verlor: Brenda Lee schmalzte »I Want to Be Wanted« und Connie Francis zwitscherte fröhlich »Everybody's Somebody's Fool«. Aber Tina erzählte »Got my nose open and that's no lie / I'm gonna keep him satisfied«. Dort sang eine echte Vollblutfrau. Und das männliche Wesen in »A Fool in Love« war ein Mann, kein Junge – und dem Background-Kommentar der Artettes (die meinten »why he treats you like he do«) nach zu urteilen auch noch ein ausgemachter Bastard. Die ironische Spannung in dem Song entspringt der Tatsache, daß, während die Frau, die im Text geschildert wird, ihrem miesen Mann hilflos ausgeliefert ist, die Frau, die den Text tatsächlich singt, unglaublich stark zu sein scheint.

»A Fool in Love« erregte Aufsehen, kaum daß der Song veröffentlicht war. Endlich sollte Ike einen Hit bekommen, der mit seinem Namen verbunden war – einen Hit, den er kontrollierte. Falls er seine umgetaufte Tina Turner aus dem Krankenhaus herausbekam, hieß das. Denn seine Sängerin, mittlerweile unleugbar schwanger, war nach der Schallplattenaufnahme an Hepatitis erkrankt – und zwar im schon vorgerückten Stadium, als sie sich endlich aus Ikes endloser Tretmühle freimachen konnte, um einen Arzt aufzusuchen, der die Vermutung äußerte, daß sie wahrscheinlich während irgendeines Open-air-Auftritts von einem Moskito gestochen worden war. Ikes Geduld nahm im gleichen Maße ab wie ihre Krankheit andauerte, was, als »Fool« im Radio zu hören war, immerhin schon sechs Wochen der Fall war. Und die Ärzte wollten sie noch immer nicht gesundschreiben. Ike wurde hektisch. Denn nach der Veröffentlichung von »A Fool in Love« konnte Tina im Gegensatz zu Ikes bisherigem auswechselbarem Sängermaterial nicht ersetzt werden.

Tina: Ich hatte Craig wegen einer Erkältung zum Arzt gebracht, und der sah mich nur an und meinte: »Mutter, Sie haben Gelbsucht. Sie können wir hier nicht mehr weglassen.« Und schon lag ich im Krankenhaus. Ich glaubte es einfach nicht. Aber es war wirklich eine ernste Sache. Ich wurde allmählich gelb – meine Augen waren schon gelb und glasig. Ich konnte nichts essen, aber ich mußte dauernd auf die Toilette. Ich hatte Fieber, und ich war schrecklich müde. Mein Kreislauf war infiziert. Es brachte mich um, und ich hatte es nicht wahrhaben wollen.

Und ich war schwanger! Noch war nichts zu erkennen – ich kam in einem engen Kleid und mit Schuhen mit hohen Absätzen ins Krankenhaus. Aber nach zwei Wochen in dem Bau blähte mein Bauch sich plötzlich auf! Und da lag ich nun im Bett mit einem dicken Bauch und einer schweren Gelbsucht.

Besonders großartig fühlte ich mich dabei nicht. Und dann wollte Lorraine auch noch wissen, von wem das Baby war. O Gott. Und nachdem ich nun sechs Wochen da gelegen hatte, was höre ich im Radio?

»You're just a fool, you know you're in love...«

Die Platte wird gespielt! Und ich bin in St. Louis, was bedeutet, daß sie sehr oft gespielt wird. Und, Boy, wie ich diesen verdammten Song zu hassen begann. Ich lag da, aufgequollen und krank, und mußte mir jeden Tag »A Fool in Love« anhören, und ich dachte – es klingt jetzt richtig spaßig, aber es ist die Wahrheit – und ich dachte: »Was hat das eigentlich mit Liebe zu tun?« Denn da war ich, schwanger von Ike Turner, der zu seiner Frau zurückgekehrt war, und die wurde jetzt mißtrauisch... das war nicht das, was ich mir unter Liebe vorgestellt hatte.

Dann wurde der Titel erst richtig heiß. Ike wollte auf Tour gehen. Eines Tages kam er zu mir und sagte: »Du mußt aus diesem verdammten Krankenhaus raus. Diese Ärzte sind verrückt, wenn sie glauben, sie könnten dich für immer hier festhalten.«

Nun, mir ging es schon erheblich besser, aber die Ärzte wollten mich noch nicht entlassen, weil ich vielleicht immer noch andere Leute anstecken konnte. Ike sagte: »Die Platte hat Erfolg, sie ist ein Hit. Ich hab' ein paar Jobs organisiert, und du mußt sofort hier heraus.«

Ich sagte: »Okay, ich komme.«

Ike hatte auch die beste Idee, wie ich von dort verschwinden konnte. Jemand brachte mir ein paar Kleider, und dann, eines Abends nach dem Essen – »Fernsehen aus, Radio aus, gute Nacht, Mutter« – stand ich auf und schlich mich in einem orangefarbenen Umstandskleid aus dem Krankenhaus. Hellorange, Jesus. Ike hatte jemanden geschickt, der mich aufle-

117

sen sollte – er hatte immer jemanden, der ihm die Dreckarbeit abnahm –, und ich ging durch den Ausgang, den er mir genannt hatte, ich stieg sofort in den Wagen und kehrte zu dem kleinen Haus zurück, das ich gemietet hatte. Am nächsten Abend kam Ike vorbei und berichtete, was im Gange war. Die Schallplatte war ein Hit, und wir wollten auf Tournee gehen. Am nächsten Tag hatten wir in einer Halle in Cincinnati, Ohio, ein Engagement mit Jackie Wilson. Nun, ich konnte mir nicht vorstellen, schwanger auf der Bühne zu stehen. Aber Ike... Ike stammte aus der Unterwelt. Total. Und man tat einfach, was er befahl. Also mußte ich mich fertig machen. Als Kostüm entwarf ich eine Art Sackkleid und nähte jede Menge Chiffon aufs Oberteil – die Leute hatten lange keine Ahnung, daß ich schwanger war. Und am nächsten Tag fuhren wir los, die Musiker zuerst, zusammengepfercht in einem Lieferwagen mit ihrer gesamten Ausrüstung, und dann Ike in seinem Cadillac ein oder zwei Stunden nach ihnen. Glücklicherweise fuhr ich immer mit Ike, denn auf dem Weg nach Cincinnati gab es einen Unfall: Der Lieferwagen kippte um. Niemand wurde ernsthaft verletzt, aber alle hatten Schürfwunden und Prellungen. Wir gelangten schließlich nach Cincinnati, und dort lieferten wir die erste Ike-and-Tina-Turner-Show ab. Einige von den Jungs in der Band kamen mit diesem neuen Namen nicht auf Anhieb klar – sie glaubten, ich hätte meinen Namen in »Ockateena« verwandelt. Sie spielten in ihren zerknautschten Sachen, geschunden und erschöpft – und die Leute liebten uns. Unsere Schallplatte war zu diesem Zeitpunkt in den Charts schon weit oben. Wir hatten einen richtigen Höhenflug.

Die Ike-and-Tina-Turner-Revue begann also ihre erste Tournee. Eine unmittelbare Notwendigkeit war die Verpflichtung weiblicher Backgroundstimmen, um den neuen »Fool-in-Love«-Sound zu reproduzieren. (Ike hatte in seiner Gruppe früher ausschließlich männliche Stimmen eingesetzt.) Da Robbie Montgomery und ihre Mit-Artettes für die Tournee nicht verfügbar waren, wurde der Background, wie Robbie sich erinnern kann, während der ersten drei Monate von drei anderen Sängerinnen aus der Gegend geliefert. Nachdem sie ihr Baby zur Welt gebracht hatte, kehrte Robbie zurück und bekam wenig später Gesellschaft von einer Sängerin aus St. Louis, namens Jessie Smith (sie kam von der Gruppe Vinny Sharp and the Zorros of Rhythm), und im folgenden Jahr stieß noch Vanetta Fields, eine Gospelsängerin von der Ostküste, zu ihnen. Andere Sängerinnen kamen und gingen, aber diese drei Frauen bildeten während der nächsten fünf Jahre das Rückgrat des Kontingents an weiblichen Stimmen für die Revue.

Aber wie sollte man dieses neue Trio nennen? Sie brauchten ganz eindeutig eine feste Position innerhalb der von Ike sorgfältig arrangierten Revue. Viele Leute nehmen für sich in Anspruch, den berühmten Namen gefunden zu haben. George Edick behauptet, ihn Ike an einem Nachmittag im Club Imperial vorgeschlagen zu haben. Robbie Montgomery meint, es wäre Art Lassiter gewesen, ihr Freund, der darauf gekommen sei. Ike selbst widerspricht all diesen Behauptungen und erklärt, der Name stamme alleine von ihm, und natürlich hätte er sofort darauf sein Copyright angemeldet. Jedenfalls, in Anbetracht dessen, daß Ray Charles und seine Raelettes in R-&-B-Kreisen damals die großen Stars waren, erscheint Ikes Wahl einer griffigen Bezeichnung für seine weibliche Background-Truppe nicht gerade originell: Er entschied sich, sie die Ikettes zu nennen.

Im August 1960 kletterte »A Fool in Love« auf Platz zwei in

den R-&-B-Charts. Dank ihres Erfolges trat die Revue nun in größeren Clubs auf und schaffte es schließlich sogar bis in die großen Hallen und Theater. Im Apollo in New York City, in einem typischen von Stars überladenen Programm mit Hank Ballard und den Midnighters, Ernie K-Doe, Joe Jones, Lee Dorsey und dem Komiker Flip Wilson, riß Tina – im achten Monat schwanger – die Zuschauer zu Begeisterungsstürmen hin, als sie von der Bühne hinunter ins Publikum sprang. In Philadelphia am 3. Oktober – es war die Woche, in der »A Fool in Love« in den Pop Charts auf Platz siebenundzwanzig stand – traten Ike und Tina in Dick Clarks *American Bandstand* auf, der acht Jahre alten lokalen Tanzshow, die drei Jahre vorher zum erstenmal in ganz Amerika ausgestrahlt worden war. Das war es nun: der große Sprung. Und dann, was noch wunderbarer war, reiste die Revue ins sagenumwobene Las Vegas.

Tina: Ich dachte: »Oh, Las Vegas! Bekommen wir auch so ein Zimmer mit einem Stern auf der Tür?« Aber der Laden, wo wir auftraten, lag jenseits der Bahngleise, es war wieder mal ein »Loch«. Es war ein großer Club, aber vorwiegend schwarz – überhaupt nicht mit Orten zu vergleichen wie denen, wo Diahann Carroll oder solche Leute auftraten. Wir spielten immer eine Art zweite Geige. Wie dem auch sei, ich trug mein Schwangerschaftskorsett, um etwas in Form zu bleiben, und Ike sah mich kaum noch an. Ike mochte keine Kinder, er wollte niemals welche, und eine Frau mit Kindern beachtete er gar nicht. Wir kamen nun in dieses Hotel in Las Vegas, und ich zog mich aus, um zu duschen, und in diesem Moment sieht Ike meinen Bauch. Ich sah damals wirklich aus wie ein Ballon. Und er fragte: »Mädchen, wann soll das Baby denn kommen?« Ich antwortete: »Irgendwann in diesem Monat.«

Ich hatte erst ein Kind, und diesmal war meine Mutter nicht da, also was wußte ich schon?

Aber Ike bekam es mit der Angst zu tun. Er sagte den Auftritt ab, den wir noch machen sollten, und bat Jimmy Thomas: »Hol den Wagen, wir fahren nach Los Angeles.« Er wollte, daß ich das Baby dort bekomme, denn er konnte in Los Angeles arbeiten. Wir fuhren also los. Jimmy erwischte ab und zu ein Schlagloch auf der Straße, und Ike verfluchte ihn, weil er eine schreckliche Angst hatte, daß meine Wehen mitten in der Wüste zwischen Las Vegas und Los Angeles anfangen könnten.

Wir kamen gegen sieben Uhr abends in Los Angeles an, suchten uns ein Hotel, bestellten das Dinner – und ich spürte die ersten Wehen. Gegen ein Uhr morgens wachte ich auf und wußte, daß es losging. Natürlich war Ike überhaupt keine Hilfe, daher stand ich auf und ging ins Wohnzimmer. Nach einer Weile warf ich mich so heftig herum, daß Ike aufstand und Annie Mae Wilson anrief. Gegen sieben Uhr erfuhr Ike von dieser Spritze, die man mir geben konnte, so daß die Wehen aufhörten, bis ich in das ziemlich weit entfernte Krankenhaus fahren konnte. Nun, dazu mußte man einen Arzt aus der Nachbarschaft aufsuchen. Annie Mae kam also und packte mich in den Wagen, und wir fuhren los in Richtung Freeway. Ich bekam die Spritze, wir wieder zurück auf den Freeway, und die Wehen gingen gleich wieder los – ich wälzte mich mitten im Morgenverkehr im Auto herum. Schließlich erreichten wir das Hospital, und ich schaffte es auch noch die vielen Stufen hinauf und ging hinein. Annie Mae sagte: Sie bekommt ein Baby.« Sie nahmen mich gleich mit. Natürlich war Ike nirgendwo zu sehen.

In den frühen Morgenstunden des 27. Oktober schenkte Tina ihrem zweiten Sohn, Ronald Renelle, das Leben. Das Baby, wie Lorraine und andere sehr schnell feststellten, hatte sehr vertraute Züge.

Tina: Für mich war es eine schlimme Zeit. Bis dahin hatte Lorraine nicht genau gewußt, was eigentlich los war, denn Ike und ich hatten unsere Beziehung sozusagen auf Eis gelegt – alle dachten, wir wären nicht mehr als Freunde. Aber auf Tournee glaubten alle Fans, daß Ike mein Mann war – denn ich war schwanger, und ich stand mit ihm auf der Bühne. Und das war ein Dilemma für Lorraine. Aber sie reiste so gut wie nie mit uns, daher nahm sie an, daß die Fans die Situation nur falsch deuteten. Manchmal kam sie auch heraus, und dann fühlte ich mich richtig mies, denn da wußten es alle und begannen untereinander zu tuscheln. Und im Wagen mußte ich vorne sitzen, weil Lorraine ihren Platz hinten bei Ike hatte. Die Fans sahen uns und meinten: »Oh, wir hatten geglaubt, daß ihr beiden verheiratet seid.« Und ich mußte dann antworten: »Nein, nein...« Das Ganze machte mich sehr unglücklich. Da hatte ich nun ein Baby von dem Mann, und da war seine gesetzlich angetraute Frau, die ich ersetzt hatte. Und wenn sie wieder nach Hause zurückkehrte, da war ich wirklich wie Ikes Frau – weshalb die Fans überhaupt auf diesen Gedanken gekommen waren. Oder vielleicht trieb er es auch mit einer von den Ikettes – obgleich er das im Anfang vor mir möglichst geheimgehalten hatte. Jedenfalls war es schrecklich. Dann wurde das Baby geboren, und es sah aus wie Ike. In diesem Augenblick reichte es Lorraine endgültig, und sie beschloß, ihn zu verlassen. Nun, wir holten dann die Kinder zusammen und begannen, miteinander zu leben. Aber die ganze Sache war ein öffentlicher Skandal, schrecklich unangenehm.

Ich hatte aber auch noch andere Sorgen, als ich drei Tage später aus dem Krankenhaus entlassen wurde. Weil Ike nämlich diesen wichtigen Termin in Oakland hatte. Bis dahin waren es nur noch zwei Tage, und er meinte, ich müßte dann fit sein. Aber ich war richtig schwach, doch ich ruhte mich in den zwei Tagen aus, und dann machte ich die Show. Ike ließ natürlich keinen Trick aus. Während ich im Krankenhaus gelegen hatte, hatte er ein Girl gefunden, das genauso aussah wie ich, und das hatte er zu einigen Terminen mitgenommen und allen Leuten weisgemacht, es wäre Tina. In Wirklichkeit war es eine Nutte, und sie hatte einige Freier gehabt – und natürlich glaubten die Männer, mit denen sie es getrieben hatte, sie hätten mit mir geschlafen. Ist das zu fassen? Und diese Typen riefen nun auf meinem Zimmer an und sagten Dinge wie: »Du warst letzte Nacht mit mir zusammen und hast mir versprochen, dich mit mir zu treffen« –, und ich antwortete: »Wovon reden Sie?«

Ike war nicht da, daher ließ ich das Girl auf mein Zimmer kommen, und ich erklärte ihm: »Baby, so geht das nicht. Laß das!« Die Frau fing an, mich zu beschimpfen, und ich weiß nicht, woher ich die Kraft nahm, aber ich packte sie und warf sie in die Badewanne! Ich wollte sie umbringen. Ich dachte, es würde mir nie wieder gelingen, meinen Namen reinzuwaschen. Dann zog ich mich an und ging auf die Bühne und machte die Show. Es war gar nicht so schlecht. Ich brachte nur zwei Songs, und die sang ich im Sitzen. Ich blutete ziemlich stark bei den hohen Tönen. Danach hatte ich zwei Wochen Zeit, mich gründlich zu erholen.

Ein wichtiges Ereignis fand in dieser Zeit in Washington, D.C., statt, wo die Revue im Howard Theatre auftreten sollte. Ike war nach St. Louis zurückgeflogen, um sich wegen eines Banküberfalls vor Gericht zu verantworten, an dem er angeblich beteiligt gewesen war, und Tina, die nun etwas mehr Freiraum hatte, beschloß, sich die Haare aufhellen zu lassen.

Tina: Das war damals der letzte Schrei, aber sie nahmen ein zu scharfes Bleichmittel und ließen die Trockenhaube zu lange auf meinem Kopf – und all meine Haare fielen aus. Es blieben nur ein paar Stoppeln übrig. Ich dachte, ich würde sterben. Meine Haare! Nun, die würden wieder nachwachsen, aber verdammt langsam. Und das war der Zeitpunkt, an dem ich anfing, Perücken zu tragen.

Ike: Ich kam nach Washington zurück, und Tinas Haare waren plötzlich unheimlich lang. Und wir mußten eine Show spielen. Tina heulte, Herrgott. Nun, ich hätte auch in Washington eine Perücke kaufen können, aber statt dessen flog ich den weiten Weg nach St. Louis zurück, kaufte dort eine und kehrte gleich wieder um. Ich hab' keine Ahnung, was damals in meinem Kopf vorging.

Tina: Ich fand Gefallen daran, Perücken zu tragen. Weil ich die Bewegung der Haare liebte, vor allem auf der Bühne, und ich mir immer vorstellte, wie ich und die Ikettes sangen und tanzten und wie unsere Haare im Takt der Musik hin und her wehten und schwangen. Es war aufregend, es sah richtig toll aus, es hatte irgendwie Klasse. Wenig später hatten wir auch den Ikettes Perücken verpaßt, und das war der Beginn von dem, was wir den »Look« nannten. Mir gefiel es.

Tinas Stimme und ihre langen, wehenden Perücken lieferten ein zusätzliches typisches Merkmal. Das waren nicht mehr nur noch die Kings of Rhythm, eine ständig wechselnde Truppe von R-&-B-Musikern; nun war es eine erstklassige Band, total abgestimmt auf einen aufblühenden Star.

6

LOS ANGELES

Im Jahre 1961 wurde die Nation von einer neuen Tanzmode überschwemmt. Natürlich waren eigenwillige Tänze nichts Neues – im Laufe der Jahre hatte es den Lindy, den Jitterbug, den Bunny Hop, den Cha-cha gegeben. Aber der Twist war etwas anderes. Nicht weil es sich um ein schwarzes musikalisches Phänomen handelte, das den aufmerksamen weißen Unternehmen massenweise Einnahmen bescherte – das war im Musikbusiness eine alte Geschichte. Der Twist war insofern einmalig, als er jenen kulturellen Wendepunkt markierte, von dem an die Teenager-Kicks – ein Symbol für alles Schicke und Aufregende und vor allem Jugendliche – auch vom sozialen Mainstream leidenschaftlich begehrt und übernommen wurden. Im Grunde war dies der Beginn der »Sechziger«.

Der Twist entfesselte einen ganzen Strom von freien Tanzformen, die sich durch ein Fehlen jeglichen Körperkontakts zwischen den Tänzern auszeichnete. Erst kam der Pony (Chubby Checkers »Pony Time« lag im März 1961 auf Platz

Eins der Pop-Charts), dann der Fly, der Slop, der Bristol Stomp, der Mashed Potatoes, der Hully Gully. Die Nation, nun geführt von John F. Kennedy, dem jüngsten Präsidenten ihrer Geschichte, wurde tanzverrückt. Und der originale Twist wehrte sich gegen den Untergang. In New York versammelten sich Mainstream-Prominente – von Norman Mailer über Jackie Kennedy bis hin zu, angeblich, Greta Garbo – in einem schäbigen Tanzclub in der West Forty-fifth Street namens Peppermint Lounge, wo Joey Dee und die Starliters nonstop Twistmusik ins Tanzvolk pumpten. Im Januar 1962 führte Chubby Checkers Twist-Version erneut die Pop Charts an, während »Peppermint Twist« von Joey Dee und den Starliters sich auf Platz zwei häuslich einrichtete.

Dieser Tanzrausch lieferte der Ike-and-Tina-Turner-Revue das perfekte Umfeld, da sie sowohl optisch das Publikum ansprach wie auch mit ihrem Sound. Sobald ein neuer, auf dem Twist basierender Tanz auftauchte, bauten Tina und die Ikettes, nachdem sie hinter der Bühne und nach den Shows zahllose Stunden geprobt hatten, diese Schritte und Bewegungen in ihre Show ein.

Ike stand dieser Entwicklung mit gemischten Gefühlen gegenüber. »Tina und ich waren uns in bezug auf die Show niemals einig«, erzählt er. »Sie wollte auf der Bühne immer viel und schnelle Bewegung. Aber ich glaube, es gibt unten im Saal immer ein paar Leute, die überhaupt nicht tanzen wollen; sie kommen nur wegen der Musik, auf die sie abfahren.«

Aber es war Tina, die die Attraktion der Bühnenshow war – und es war die Bühnenshow, die Ike durch die Saure-Gurken-Zeit hindurchbrachte, wenn es in den Charts für ihn mal nicht so günstig aussah. Es war jedoch keine Saure-Gurken-Zeit. In der Folge seines zweiten großen Hits »It's Gonna Work Out Fine« hatte Ike – von Anfang an ein typischer »Do-it-yourself«-Mensch und noch immer ohne teure Geschäftspartner wie Manager oder Produzenten – Bargeld in Hülle und Fülle. 1962 entschied er, daß die Zeit reif war, endlich nach Kalifornien umzuziehen. Die Szene in St. Louis hatte es mit ihm immer gut gemeint, doch nun, mit zwei Pop-Hits unter den Top thirty in der Tasche, war er ihr entwachsen.

In L. A. konnte Ike sein Glück bei den ganz Großen versuchen. Sicher, ihm fehlte als Bühnenpersönlichkeit immer noch eine Menge Charisma, und das würde er wohl auch nie bekommen – am glücklichsten war Ike auf der Bühne, wenn er mit dem Rücken zum Publikum die Songs ansagen und das Tempo mit dem Schlagzeuger absprechen konnte. Aber Tina, mit ihrer kraftvollen Stimme, dem Herzensbrechergesicht und ihren phantastischen Beinen – Tina hatte Starqualitäten en masse. Und Ike hatte Tina – und nahm sie immer mehr in Beschlag.

Tina: Ich glaube, Ike wollte mich zu einer seiner »Ladies« machen, sobald unsere erste Schallplatte ein Hit war. Doch in dem Jahr nach »A Fool in Love« begann ich zu erkennen, wie unglücklich mein Leben war. Ich glaube, ich hatte einigen Erfolg gehabt, doch in Wahrheit gab es nur harte Arbeit. Wenn wir nicht auf der Bühne standen, dann waren wir auf der Straße unterwegs zum nächsten Auftritt; waren wir nicht auf der Straße, dann saßen wir im Studio – in jeder Stadt, egal, wo wir waren, fand er ein Studio, in dem sich arbeiten ließ. Wenn wir keine Aufnahmen machten, dann probten wir – gingen neue Songs durch, übten neue Tanzschritte. Siebenhundert Meilen von einer Show zur nächsten waren nichts. Ike saß mit seiner Gitarre auf dem Rücksitz, ich und ein oder zwei Ikettes neben ihm, und den ganzen Weg sangen und übten wir neue Songs. Es hörte niemals auf. Und die Musik – einige

Leute meinen, diese alten Platten sind jetzt richtige Klassiker –, aber ich haßte sie. Und auf der Bühne war die Musik laut, so lärmend, und die Noten waren viel zu hoch. Ike ließ mich immer nur schreien und kreischen.

Am meisten litt ich unter meiner Beziehung zu Ike. Anfangs war ich richtig in ihn verliebt gewesen. Man sehe sich nur an, was er alles für mich getan hat. Aber er war völlig unberechenbar. Man hörte ein seltsames Geräusch und blickte auf, und da saß er dann, trommelte mit den Fingern auf den Tisch, starrte einen an und murmelte: »Du verarscht mich die ganze Zeit.« Einfach so. Ohne irgendeinen Grund. Und dann wußte man, daß es mal wieder soweit war und einen einiges erwartete. Man wußte nie, was als nächstes kam. Wie aus heiterem Himmel sprang er plötzlich von der Couch auf, kam auf einen zu und – *rrrummms!* Und man fragte: »Was ist los? Was hab' ich falsch gemacht?« Und wieder *rrrummms!* Es war der totale Wahnsinn. Es kam so weit, daß ich ständig ein blaues Auge und eine aufgeplatzte Lippe hatte – das war das mindeste an Prügeln, das einen erwartete. Er schlug mich mit Schuhen, Schuhspannern, mit allem, was ihm in die Hände fiel. Und anschließend wollte er immer Sex von mir. Es war die reinste Folter, nichts anderes. Ich hatte immer irgendeine Wunde am Kopf, immer einen Bluterguß.

Hinzu kam noch die seelische Folter. Wir saßen zum Beispiel hinten im Wagen, und plötzlich starrte er mich an und fragte: »Was ist los mit dir?« Und ich erstarrte – »Oh... nichts. Ike. Überhaupt nichts.« Aber ich mußte dann versuchen, zu ihm besonders nett zu sein; und dann saß ich da und überlegte, ob er mich wieder schlagen würde, und wenn ja, wann. Ich wartete regelrecht darauf. Und er sagte: »Was steckt in deinem verdammten Schädel?« – »Nichts, Ike.« – »Doch, da ist etwas. Du willst mich verarschen.« Und am

Ende *bam! Bam!* Und *whomp! Pow!* Und dann zog er den Schuh aus... und dann war da nur noch ich. Anschließend war er wieder nett, als wäre überhaupt nichts passiert. Wenig später stand ich dann auf der Bühne und versuchte, mit meiner aufgeplatzten Lippe zu singen.

Er konnte so gemein, so bösartig sein. Einmal mußte ich ein ganzes Pfund Kuchen essen. Wir hielten irgendwo vor einem Laden an, und er schickte jemanden los, etwas zu essen zu holen. Sie kamen dann mit diesem Pfund Kuchen an und behaupteten, ich hätte ihn bestellt. Ich sagte: »Das stimmt nicht.« Ike meinte dann: »Nun, du wirst ihn auf jeden Fall essen.« Und dann mußte ich das ganze Ding verschlingen, während er mir dabei zusah.

So kam es, daß in unserem ersten Tourneejahr die Angst in unsere Beziehung Einzug hielt, und daß sie nie mehr verflog. Und ich war wieder eine Einzelgängerin, war alleine auf mich gestellt.

Die Streite wurden schlimmer, als wir nach Los Angeles zogen. Ike war so scharf auf einen neuen Hit, daß er immer verrückter wurde. Und da begann ich über das Leben, das ich führte, nachzudenken und zu begreifen, wie unglücklich ich war. Einmal, noch ziemlich zu Anfang, war ich dumm genug, Ike zu erklären, wie ich mich fühlte. Ich dachte damals noch, er wäre mein Freund. Falsch – *pow!* Danach behielt ich meine Gefühle für mich. Ich beklagte mich nicht. Die Kinder – seine beiden, Ike Junior und Michael, mein Sohn, Craig und unser Sohn, Ronnie – die waren immer noch in St. Louis. Wir mieteten uns ein Heim und arbeiteten weiter. Das war unser Leben. Ich sagte nichts, jedenfalls nicht laut. Ich fing an, mir selbst klarzumachen: »Lange bleibst du nicht mehr bei Ike. Lange bestimmt nicht mehr...«

Ike hatte, als er nach L. A. zog, den größten Teil seiner ursprünglichen Band verloren – wegen Geldstreitigkeiten –, und er mußte neue Musiker anheuern. Auch die kamen und gingen im Laufe der Jahre. Wenigstens die Ikettes hatten sich etwas stabilisiert, nachdem vorher Venetta Fields, eine einundzwanzigjährige Gospelsängerin aus Buffalo, New York, zu der Truppe gestoßen war. Die Revue war nach Buffalo gekommen, um dort im Spätherbst 1961 in einem Eisstadion aufzutreten. Fields, eine mit einer mächtigen Stimme ausgestattete Angehörige der »Pfingstkirche Gottes in Christus«, hatte bis zu dieser Zeit in einer örtlichen Gruppe gesungen, die Corinthian Gospel Singers hießen. Aber sie hatte Tina Turner im Radio gehört und war beeindruckt. Und neugierig.

Venetta: Ich hörte immer ihren Schrei in der Einleitung zu »A Fool in Love«, und ich konnte mir einfach nicht vorstellen, was für eine Frau das wohl sein mochte. Daher ging ich zu diesem Tanzabend in der Eishalle, und es gab da einen Diskjockey namens Eddie O'Jay, den ich kannte. Er erzählte mir, daß die Ikettes ein neues Girl brauchten, und ob ich nicht wüßte, wo ein bestimmtes Mädchen aus meiner Gospelgruppe abgeblieben sei. Ich erklärte ihm, daß es sich in New York aufhalte und dort Rock 'n' Roll singe. Aber ich sagte auch: »O Eddie, ich singe vor!« und er sagte: »Und? Venetta, du weißt, daß du nirgendwohin gehen kannst.« Und ich fragte nur: »Wirklich?«

Ich hatte niemals zuvor daran gedacht, solche Art Musik zu singen. Ich meine, ich komme aus einer sehr religiösen Familie, und die Ikettes trugen Make-up und diese kurzen trägerlosen Kleider – so etwas hatte ich noch nie angehabt. Und bei dem Tournee-Ensemble waren auch Jungen! Aber Eddie kam während der Pause heraus und holte mich, und ich ging in die

Garderobe, und da war Ike. Er sagte: »Du bist Sängerin?« Ich bejahte, und er meinte: »Nun, dann sing mal.« Damals hatte Barbara George gerade einen Song aufgenommen, den ich schon im Radio gehört hatte und der »I Know« hieß, und den begann ich zu singen. Aber etwa auf halbem Wege stellte ich fest, daß ich nicht den vollständigen Text kannte, deshalb mußte ich abbrechen. Ich sagte: »Na schön, in Wirklichkeit bin ich eine Gospelsängerin.« Also sagte Ike: »Dann sing mal einen Gospel.« Und das tat ich – es war Aretha Franklins »Never Grow Old«. Dann sang Tina für mich die Harmoniefolge von »Down in the Valley«; das war damals einer ihrer Songs. Und ich folgte ihr, und ich schätze, Ike gefiel, was er hörte, denn er gab mir das Geld für's Taxi und sagte mir, ich solle nach Hause fahren und meine Kleider holen. Ich erzählte meiner Familie nichts; ich stahl mich nur in der Nacht davon. Es war wie eine Aschenputtel-Geschichte. Am nächsten Tag wachte ich in Boston auf, trug eine dieser Perücken und eines dieser winzigen Kleider.

Etwa zu dieser Zeit heuerte Ike seine erste – und letzte – weiße Ikette an, die kleine Bonnie Lynn O'Farrell, eine seiner Verehrerinnen aus der Club-Szene in St. Louis. Später in den sechziger Jahren sollte sie als die eine Hälfte des Rockduos Delaney und Bonnie bekannt werden.

Bonnie Bramlett: Ich arbeitete damals schon – ich hatte mit vierzehn angefangen, in Clubs zu singen, denn ich war für mein Alter schon ziemlich groß. Ich arbeitete in St. Louis und Umgebung mit Leuten wie Albert King und Little Milton, und immer wenn Ike und die Revue durch die Stadt kamen, dann ging ich nach meinem Job rüber nach East St. Louis und sah sie mir an. Nun, Ike feuerte seinen Bassisten, Sam Rhodes, und als Sam ging, nahm er seine Freundin, Jessie Smith – die Ikette – mit. Daher brauchte Ike jemanden – er hatte nämlich gleich am darauffolgenden Abend einen Auftritt. Ich kannte die Stücke, also fragte er mich: »Willst du mitkommen?« Ich meinte: »Aber erst mußt du meine Mutter fragen.« Und das tat er auch. Er fuhr vor unserem Haus in seinem silbernen Cadillac vor, er und sein Neffe Jessie, der den Fahrer mimte. Es war wirklich sehr riskant, denn in Granite City hatten Schwarze nach Einbruch der Dunkelheit auf der Straße nichts zu suchen. Aber Ike scherte sich nicht um die Vorschriften. Er kam rein und fragte meine Mom, ob ich mit ihm auf Tournee gehen dürfte, und sie nahm ihm das Versprechen ab, auf mich aufzupassen – was er auch tat. Meine Mutter ist eine sehr mißtrauische Frau – daraus macht sie auch keinen Hehl –, aber Ike gab ihr sein Wort, und sie akzeptierte das. Sie wußte sowieso, wenn sie nein gesagt hätte, dann wäre ich von zu Hause weggelaufen. So sehnsüchtig wünschte ich mir, in dieser Band zu singen. Ich wollte niemals eine zweite Tina sein – selbst in meinen wildesten Träumen hätte ich mir nicht zugetraut, jemals so gut zu sein. Aber ich wollte wenigstens zu den Ikettes gehören.

Nun, wir fuhren noch am gleichen Abend los. Tina hatte unglaublich viele Kleider, ich konnte es nicht fassen. Ich konnte es kaum glauben, daß ich sie jetzt tragen sollte, denn Jessies waren zu klein. Tinas Sachen waren mir hinten herum zu weit – nicht daß sie einen fetten Hintern hatte; er war nur viel hübscher als meiner. Ich hatte überhaupt keinen Arsch; den hatte sie dafür. Ich trug auch ihre Schuhe; mußte sie allerdings mit Toilettenpapier ausstopfen.

Wir fuhren runter nach Kentucky, deshalb mußten sie dafür sorgen, daß ich aussah wie eine Schwarze. Das war schwierig, weil ich nämlich blonde Haare hatte. Wir benutzten dazu Man-Tan, ein Bräunungsmittel – und das gab mir eine grelle, orange gefleckte Hauttönung. Ich sah furchtbar aus! Aber ich setzte eine von diesen Perücken auf und ging trotzdem raus auf die Bühne.

Alle wußten natürlich, daß ich keine Farbige war, und irgendwo in Kentucky bekamen wir Schwierigkeiten. Wir rollten gerade über irgendeine Schnellstraße, als plötzlich ein zerbeulter alter Plymouth voller weißer Kids neben uns auftauchte und versuchte, uns von der Straße abzudrängen. Sie beschimpften mich, nannten mich ein Niggerflittchen und noch schlimmere Sachen. Nun, Ike sagte zu Jimmy Thomas, der am Steuer saß: »Warum nimmst du nicht gleich die nächste Ausfahrt?« Die Straße war nur für einen einzigen Wagen breit genug, und diese weißen Kids, diese Idioten, folgten uns. Dann sagte Ike: »Halt an, Jimmy.« Und er holte die Pistole aus dem Handschuhfach und stieg aus. Die Kids versuchten, mit dem Wagen zu wenden, aber sie kamen nicht heraus. Sie kurbelten schnell die Fenster hoch und verriegelten die Türen – sie hatten schreckliche Angst. Und Ike richtete die Pistole auf die Windschutzscheibe und sagte: »Ich werde für euch heute nicht den dummen Nigger spielen, Jungs, also seht zu, daß ihr eure dämlichen Ärsche von hier wegbewegt, sonst blase ich euch das Gehirn aus dem Schädel.« Sie heulten und flehten: »O bitte, lieber Gott, o Gott, o Gott...« Und dann machten sie sich aus dem Staub.

Ich mußte mich natürlich von der Truppe trennen und nach St. Louis zurückkehren. Es brach mir das Herz.

Unterdessen verschwanden Ike und Tina allmählich aus den Charts. »Poor Fool«, erschienen Ende 1961, war ein fader Aufguß von »A Fool in Love«. Elf Wochen hielt sich der Song in den Pop-Charts und schaffte es immerhin bis Platz achtunddreißig. »Tra La La La La« war noch weniger erfolgreich. Eine neue Version von »Prancing«, Ikes altem Erkennungsstück, kam überhaupt nicht hoch; desgleichen die am wenigsten charakteristische Single des Duos mit »You Shoulda Treated Me Right« – ein mit Bläsern unterlegter Song, der Ikes Wurzeln bei Ray Charles verriet, gleichsam eine Art R-&-B-Swing – auf der einen und einen qualvoll langsamen Blues mit dem Titel »Sleepless« auf der anderen Seite.

Eine Ausnahme war das total bizarre und wunderschöne »I'm Blue (The Gong-Gong Song)«, den Ike schon früher mit der ehemaligen Ikette Dolores Johnson aufgenommen hatte, und wo Tina zum Backgroundgesang der anderen Ikettes ihr unverwechselbares Geheul beisteuerte. Indem er »I'm Blue« als die Debüt-Single der Ikettes ankündigte, konnte Ike die Schallplatte an Juggy Murray vorbeischmuggeln und sie einer anderen Schallplattengesellschaft verkaufen, wodurch er seinen Gewinn erheblich steigerte. Als eines der völlig unverständlichen Rock-'n'-Roll-Wunder erreichte der Titel in der zweiten Februarwoche des Jahres 1962 den neunzehnten Platz in der Pop-Charts.

Die frühen Songs waren lebendig und erdverbunden, sie waren eine kommerziell erfolgreiche Umsetzung des Straßenblues aus Ikes Jugend im Delta. Aber sie entlarvten auch die Grenzen von Ikes Fähigkeiten als Komponist, Grenzen, die Tina zunehmend als hinderlich empfand. Ohne ihre Stimme war das meiste von seiner Musik ohne besondere interessante Merkmale. Tinas Präsenz sowohl auf der Schallplatte wie auch auf der Bühne war geradezu unersetzlich. Ike beschloß, sie zu heiraten – eine Strategie, die sich in der Vergangenheit immer dann als sehr wirkungsvoll erwiesen hatte, wenn er sich der Dienste besonders nützlicher Frauen versichern wollte.

Ike: Eigentlich war es keine richtige Ehe. Wir hatten uns für einige Zeit frei genommen und waren unten in Mexiko, in Tijuana – ich und Tina, Bobby John, Duke Thornton, unser Busfahrer, ein paar andere aus der Band. Wir waren hingefahren, um uns anzusehen, was die da unten alles bieten – Sex-Shows und Nutten. Wir saßen eines Tages in einer Bar an der Hauptstraße, unsere ganze Mannschaft, ich hatte so einen alten spanischen Hut auf dem Kopf, und da tauchte so ein Typ auf. Er hatte einen Fotoapparat und fragte: »Wollen Sie heiraten?« Wir sagten klar, also »verheiratete« er uns, wenn man es unbedingt so nennen will. Teufel, ich war doch noch immer mit einer anderen Frau verheiratet; und von der ließ ich mich erst 1974 scheiden.

Tina: Ich will mal von meiner Trauung erzählen. Eines Abends fragte Ike: »Willst du mich heiraten?« Das war während eines dieser gefühlsseligen, romantischen Augenblicke, und ich sagte »Ja«. Zu dieser Zeit sagte ich zu allem ja, was Ike wollte, denn wenn man nein sagte, dann wurde man ein paar Tage später verprügelt. Ich wußte, daß ich ihn nicht heiraten wollte, ich wollte nicht Teil seines Lebens sein, ich wollte nicht zu den fünfhundert Frauen gehören, die damals um ihn herumschwirrten. Aber ich... nun, ich hatte Angst. Und außerdem, das *war* nun mal mein Leben – wo sollte ich sonst hingehen? Zwei Tage später sagte er dann: »Zieh dich an, wir fahren nach Tijuana.« Ich war vorher noch nie in Mexiko gewesen, ich wußte nicht, was mich erwartete. Wir fuhren also nach Tijuana und suchten den Friedensrichter, damit der uns traute – es sah nicht so aus, als hätte Ike irgendwelche ernsthaften Pläne gemacht. Wir fuhren eine Weile herum – und dann gelangten wir in eine winzige, enge, finstere Straße, und dort hing ein Schild, darauf stand TRAUUNGEN. In dem Haus war es staubig und dreckig, und ich erinnere mich nur noch an so einen seltsamen Typen, der mir ein Stück Papier vor die Nase hielt und meinte, ich solle unterschreiben. Und dabei dachte ich: »So sieht also deine Hochzeit aus.«

Am nächsten Tag schien die Sonne wieder, und ich rief meine Mutter in St. Louis an: »Oh, Ike und ich, wir haben geheiratet.« Ich versuchte es, im besten Licht zu sehen. Und sie antwortete: »Oh, ich bin ja so glücklich!« Ich wollte sagen: »Ma, vergiß es, es ist keine richtige Ehe.« Aber dazu war es zu spät. Ich war nun Mrs. Ike Turner. Oder was auch immer.

7

TOURNEELEBEN

Im Jahr 1964 – als die Beatles die britische Invasion anführten, die sehr schnell die amerikanische Musikszene zu verändern begann – gelangten Ike und Tina nur ein einziges Mal in die Pop-Charts, nämlich im Herbst mit »I Can't Believe What You Say«, einem wuchtigen, gesangsbetonten Rocksong.

Ikes Schallplattenvertrag mit Sue Records war abgelaufen, aber Juggy Murray machte ihm schon bald das Angebot, zu verlängern.

Joe Bihari: Ike und ich waren die ganze Zeit befreundet geblieben. Als Juggy Murray ihn nun wegen einer Vertragserneuerung ansprach, rief er mich an und bat um Rat. Wir trafen uns an der Ecke La Cienega und Sunset und gingen in ein Café. Er hatte den neuen Vertrag bei sich, und ich las ihn. Juggy erklärte sich darin bereit, ihm bei Unterzeichnung eine ganze Menge Geld zu geben, in dem Vertrag stand nur nicht wann genau. Daher setzte ich nur ein Wort ein: *sofort.* Und ein paar andere Worte wie *nur in Form eines Barschecks*. Und dann sagte ich: »Unterschreib den Vertrag, sobald er mit der Schreibmaschine diese Worte eingesetzt hat.«

Juggy Murray: Es waren vierzigtausend Dollar, und Ike trickste mich aus. Ich gab ihm die vierzig Riesen, und dieser Hurensohn tat nichts mehr, was ich von ihm verlangte. Er nahm die Schallplatten selbst auf und schickte mir die Mutterbänder. Und die waren nicht schlecht. So wollte er aus dem Vertrag raus. Er nahm die vierzigtausend, kaufte sich ein Haus und bohrte von da ab nur noch mit dem Finger in der Nase.

Juggys Vorauszahlung versetzte Ike in die Lage, endlich sein Traumhaus zu kaufen, ein einstöckiges Ranchhaus mit drei Schlafzimmern, unweit der La Brea in den View Park Hills am südlichen Stadtrand von L. A. Dieses neue Wohngebiet stieß an die schwarzen Enklaven Inglewood und Baldwin Hills, aber obgleich Ray Charles und die Sängerin Nancy Wilson sich dort niedergelassen hatten, war View Park damals vorwiegend weiß. Ike Turner, der Landjunge aus Clarksdale, Mississippi, hatte es nun wirklich geschafft.

Tina: Ike kaufte das Haus mit allem, was dazugehörte, dann nahm er mich dorthin mit, damit ich es mir ansehen konnte. Ich glaube, ich hätte wohl glücklich sein sollen. Dabei reichte es nur zu »Oh, wie hübsch«. Was hätte ich auch sonst sagen sollen? Dann holten wir die Kinder von St. Louis herüber – eine Frau hatte dort meine beiden betreut, und seine hatten bei Lorraine gewohnt. Wir steckten sie zusammen, engagierten in St. Louis eine Haushälterin, die sie versorgen sollte, während wir unterwegs waren, und dann gingen wir wieder unserer Arbeit nach.

Die Tourneen, die für Ike lebenswichtig waren, wenn die Hits wieder einmal ausblieben, hörten praktisch niemals auf. Der jährliche Terminplan der Revue sah praktisch immer gleich aus. Da waren zuerst neunzig Engagements in und um Los Angeles in örtlichen weißen Clubs wie dem Cinnamon Cinder und schwarzen Etablissements wie dem 5-4 Ballroom. Hinzu kamen einige Ausflüge nach San Diego und El Monte und im Norden nach Bakersfield und San Francisco. Dann kamen neunzig Tage harter Tagesengagements überall im ganzen Land – mit Start irgendwo in Arizona, dann hinunter nach Neu-Mexiko, Texas und weiter in den tiefen Süden, dann an der Küste entlang durch Nord- und Süd-Carolina in weitem Bogen um New York und Pennsylvanien herum nach Ohio hinein, dann Michigan und Illinois, dann wieder zurück nach Tennessee, Missouri, Kansas und Oklahoma und schließlich nach Norden, um Denver noch mitzunehmen, ehe man sich wieder auf die Heimreise machte – und dort warteten schon die nächsten neunzig Tage mit örtlichen Engagements. Am Ende jedes Jahres gab es vielleicht eine arbeitsfreie Woche in Los Angeles – eine Woche, in der die Mitglieder der Revue sich natürlich für eventuelle Proben oder Aufnahmen bereithalten mußten.

Für Tina boten diese landesweiten Rundreisen wenig Glamour. Jeder Auftritt auswärts war ein Alptraum voller heißer, verrauchter Clubs, in denen ihr die Augen tränten und ihre Kehle heiser wurde, voller »Garderoben« – gewöhnlich war es nicht mehr als ein etwas geräumigerer Spind oder eine Rumpelkammer –, in denen die Büros aus aufeinandergestapelten Bierkästen bestanden und wo als Beleuchtung eine einzelne Handwerkerlampe diente, die man an einen Nagel in der Wand hängen konnte.

Es gab keine Roadies, daher mußten die Bandmitglieder

ihre Verstärker und Instrumente selbst auf die Bühne wuchteten und dann wieder hinein in den Bus nach jeder Show. Da es auch keine Technikercrew gab, wurde von Duke, dem Busfahrer erwartet – nachdem er schon einige hundert Meilen zu dem Auftrittsort gefahren war –, daß er wach blieb und die Spotlights bediente, sich dann wieder hinter das Lenkrad setzte und die paar hundert Meilen zum nächsten Club fuhr. Manchmal, wenn der Bus eine lange gerade Strecke vor sich hatte, schlang Duke ein Seil um das Lenkrad, befestigte es am Fensterrahmen, stand auf und vertrat sich die Füße, um sich wachzuhalten. Gelegentlich kam es zu Unfällen.

Dieses ständige Herumtouren machte eine umfangreiche Organisation notwendig – mit genauen Angaben gebuchter Termine, vorbestellter Hotelzimmer (oft ein Problem für eine im Süden auf Tournee befindliche schwarze Band) und eine geradezu luchsäugige Wachsamkeit in bezug auf finanzielle Betrügereien, die immer wieder von den Clubbesitzern versucht wurden. Normalerweise hätte eine Inlandstournee von außen logistische Unterstützung anheuern müssen – für Vertragsentwürfe und Terminabsprachen und anderes – zum Beispiel Gesellschaften wie die Queens-Konzertagentur in Chicago oder die Buffalo-Agentur aus Houston. Aber Ike, der stets darauf bedacht war, Mittelsleute nach Möglichkeit einzusparen, war entschlossen, solche Funktionen innerhalb seiner eigenen Organisation zu verteilen. Er hatte das in St. Louis mit Hilfe der geschäftstüchtigen Annie Mae Wilson gemacht, und er würde es wieder tun, nur diesmal in größerem Rahmen in L. A. Wo immer er spielte, hielt er die Augen offen bei der Suche nach nützlichen Leuten, vor allem Frauen.

Das mit den Frauen fing schon früh an – oder es ging weiter, da Ike ja bereits in St. Louis ein recht offener und enthusiastischer Schürzenjäger gewesen war. Unter den ersten Liaisons an der Westküste war Gloria Garcia, eine Spanierin, die schon frühzeitig bei den Engagements der Revue in Kalifornien auftauchte. Die Garcia war etwas mehr als nur ein vorübergehendes Zwischenspiel: Es hatte Ike ernsthaft erwischt. (»Fast hätte ich das Girl geheiratet«, sagt er.) Es dauerte nicht lange, da fiel sein Auge auch auf Ann Thomas, die atemberaubend hübsche Tochter einer Schullehrerin aus Bakersfield, Kalifornien. Ike fühlte sich zu der Thomas hingezogen, seit er sie das erste Mal unter den Gästen im Cotton Club in Bakersfield gesehen hatte, und sie sollte am Ende die Garcia überdauern – und sogar Tina. Natürlich waren da noch viele andere; Ike schätzte später, daß er in der Zeit mit Tina über hundert Freundinnen gehabt hatte.

Tina: Manchmal konnte ich beobachten, wie er mit einer der Ikettes herumschäkerte oder sich Frauen aus dem Publikum holte – und mich dann immer schon früh nach Hause schickte. Er ging auch dazu über, in den Hotels, in denen wir wohnten, Zimmer für Partys zu mieten, nur für ihn und die Band und die Frauen, die sie von den Auftritten mitbrachten. Später wurden aus den Partyräumen ganze Partysuiten. Ich war eifersüchtig und verletzt. Aber ich konnte nichts sagen – niemand konnte Ike irgend etwas sagen. Weil man nie wußte, wie er darauf reagierte.

Manchmal konnte er losziehen und einkaufen, und dann kam er mit unzähligen Kartons und Schachteln zurück: Diamanten, Pelzmäntel, allen möglichen Geschenke – es war wie Weihnachten. Aber wenig später sah ich dann eine der Ikettes oder eine seiner anderen Frauen mit dem gleichen Ding herumlaufen, das er mir gerade erst geschenkt hatte. Und dann wußte ich Bescheid. Ich hatte schon gewußt, wie es mit ihm war, als ich ihn kennenlernte – immer diese Frauengeschichten – doch nun begriff ich, daß er sich niemals ändern würde. Daß ich ihm nie genug sein würde. Daß das keine Frau je sein könnte.

Eine der nützlichsten Frauen, die Ike je für sich entdeckt hatte, war Ann Cain.

Die Cain war jung, im gleichen Jahr geboren wie Tina, und genau wie sie hatte sie ihre Wurzeln im Baumwolland (in Louisiana) und verschiedene Rassen unter ihren Vorfahren (Schwarze, Weiße europäischer Herkunft und Cherokee-Indianer). Sie war auch sehr hübsch, was wahrscheinlich das erste war, das Ike aufgefallen war, als er sie in einem Schallplattenladen unweit der La Brea Avenue in Los Angeles irgendwann im Jahr 1963 kennenlernte.

Die Cain war während des Krieges von ihren Eltern nach Pasadena gebracht worden, kurz nachdem ihre Mutter Zeuge gewesen war, wie ein Schwarzer in den Straßen von Shreveport, Louisiana, kastriert worden war. Sie war clever, ehrgeizig und musikbesessen. Ihr Gesangsquartett an der HighSchool, die Shells, hatte eine kleine Single mit dem Titel »Dirty Dishes« Ende der fünfziger Jahre aufgenommen und hatte dann James Brown und Little Willie John auf einer Tournee entlang der Westküste begleitet. Seitdem hatte Ann engen Kontakt mit Musikern in Nachtgaststätten wie der Red Hut, einem Grillokal, und dem originalen Fatburger, beide an der Western Avenue. Und sie suchte natürlich auch örtliche Lokale und R-&-B-Paläste auf wie das Oasis, den California Club und speziell den 5-4 Ballroom an der Ecke Fifty-fourth und Broadway im Osten von L. A.

Als nun Ike Turner in dem Schallplattenladen auftauchte, wußte Ann Cain, wer er war. Ike erkannte sofort, wenn er sich billigen Nachwuchs für seine Truppe an Land ziehen konnte.

Die Turners hatten soeben ihre Haushälterin verloren, daher wurde Ann – die ordentlich, sauber, fleißig, wohlerzogen war und vorwiegend weiße katholische Schulen besucht hatte – in ihr Heim geholt, um nach den vier Kindern zu sehen, die etwa zwischen drei und fünf Jahren alt waren. Sie stellten eine ernstzunehmende Herausforderung dar.

Ann Cain: Ike und Tina waren immer unterwegs, und die Haushälterin, die sie engagiert hatten, hatte mit den Jungen nichts im Sinn. Einer war völlig verzogen, einer glaubte, er sei reich – er zerriß immer seine Kleider, so daß er am nächsten Tag mit neuen zur Schule gehen konnte – und einer machte immer ins Bett, weil er irgendwelche seelischen Probleme hatte. Sie kannten nicht mal ihre Adresse, ihre Telefonnummer, sie wußten nicht, wie man sich wusch, konnten nicht mit Besteck essen. Ich brachte ihnen Manieren, Benimm bei; ich erklärte ihnen, wie man die Uhrzeit las; ich half ihnen auch bei den Hausaufgaben. Ich zog praktisch zu ihnen, und ich hielt sie unter Kontrolle, denn, wenn es nötig war, dann prügelte ich sie von der Straße bis ins Haus. Die Kids liebten mich nicht, aber sie hatten Respekt vor mir.

Tina: Damals bekamen die Jungen endlich ihre erste richtige Erziehung, als Ann Cain zu uns kam. Davor hatten wir andere Haushälterinnen gehabt, die zwar ganz okay waren, aber nicht so streng und genau wie Ann. Und ich konnte mich immer auf meine Schwester Alline verlassen, die in unserer Nähe wohnte – sie war für die Jungen, wenn ich unterwegs war, eine Mischung aus Tante und Mutter. Und ich war häufig nicht da, denn Ike hielt uns immer in Bewegung. Ich konnte daran nichts ändern, hatte keinen Einfluß darauf. Aber wenn ich zu Hause war, dann achtete ich darauf, daß sie sich wohl fühlten, und ich redete mit ihnen und fragte sie, ob sie irgendwelche Probleme hätten. Craig äußerte schon früh den Wunsch, aufs College zu gehen, doch die anderen waren wie Ike und ich – sie wollten schnellstens die Schule hinter sich bringen und dann etwas anderes machen. Ich glaube, es war für die Kinder kein normales Leben, mit Eltern, die so selten zu Hause waren. Aber ich glaube, sie waren trotzdem recht glücklich. Zum einen waren sie die ganze Zeit zusammen – ich glaube, daß dieses Familiengefühl sehr viel ausgemacht hat. Und dann waren es Jungen. Bei Mädchen hätte ich mir sehr viel mehr Sorgen gemacht. Wenn sie ein bißchen wild waren, nun, als Ann Cain zu uns kam, da sorgte sie für Ruhe und anständiges Benehmen.

Ike erkannte sehr schnell, daß Ann Cain mit ihrem scharfem Verstand und ihren Manieren (am Telefon klang sie wie eine Weiße) für Spudnick, die Buchungsagentur, die er im Haus am Olympia Drive eingerichtet hatte, sehr viel nützlicher wäre. Neben der Buchung der Revue arrangierte Spudnick auch Engagements für auswärtige Musiker, die nach Los Angeles kamen, um im Fernsehen aufzutreten, und die darauf erpicht waren, durch Kurzzeitjobs ihren Aufenthalt in L. A. zu finanzieren. So war die Agentur eine weitere Einnahmequelle für Ike, doch solange er sie persönlich leitete, verlieh ihm dies das Flair eines Kleinkrämers. Ann Cain übernahm daher die Rolle seiner Vermittlerin. Er richtete ihr im Haus neben der Garage ein Zimmer ein und fing an, ihr das Business zu erklären.

Ann Cain: Ike kannte jeden Kniff des Musikgeschäfts: Komponieren, Aufnehmen, Plattenpressen, Verkaufen, Werben,

Buchen – er wußte alles. Und ich glaube, er war damals der einzige Schwarze im Business, der nichts mit der Mafia zu tun hatte. Insofern wurde ich von einem der Meister dieses Business unterwiesen.

Sie erwies sich als so clever, daß Ike sie sogar auf Tourneen mitnahm. Sie stand dann entweder am Eingang und achtete darauf, daß die Clubmanager nicht bei den Gästezahlen schwindelten, oder sie holte zwischen den Zweistunden-Sets der Band jeweils die Gage in bar von den Managern ab. In dieser Funktion lernte sie natürlich die wahre Natur von Ikes und Tinas Beziehung kennen.

Ann Cain: Niemals sollte ein Mensch einen anderen so behandeln, wie Ike es mit Tina tat. Er war schrecklich. Einmal, in Dallas, beobachtete ich, wie er ihr eine brennende Zigarette in ein Nasenloch stopfte. Und dann verprügelte er sie mit Kleiderbügeln – ohne einen besonderen Grund. Ike konnte sich praktisch über alles aufregen. Bei einer anderen Gelegenheit, in Valdosta, Georgia, hatte er mit einem Girl herumgeschäkert, und dabei hatte er sich über irgend etwas geärgert. Als er nun von der Bühne kam, mußte Tina es ausbaden. Ich konnte hören, wie er sie in der Garderobe verprügelte, und ich betrat den Raum, kurz nachdem ihr Kampf beendet war. Tina war voller Blut, und Ike hatte ihr ein paar Rippen gebrochen.

Aber Tina blieb bei ihm – sie blieb wegen der Kinder. Bei den Phototerminen mußte sie jede Menge Make-up auflegen, um die Spuren ihrer Auseinandersetzungen mit Ike zu verdecken, so schlimm war es.

Nichtsdestoweniger geriet auch Ann Cain unter Ikes erotischen Bann, eine Entwicklung, die Tina während der ersten

Tournee, die Cain zusammen mit der Revue machte, gewahr wurde.

Robbie Montgomery: Wir waren in Phoenix, und Ann hatte sich ziemlich offen an Ike herangemacht. Es ging so weit, daß sie mit ihm in seinem Wagen fuhr, während Tina zur Band in den Bus verbannt wurde. Dann... es gab diese T-Shirts mit den Aufdrucken »His« und »Hers«. Eines Tages erschien Ann in einem T-Shirt mit der Aufschrift »His«, und Tina prophezeite: »Die schnappe ich mir!« Und als Ann das nächste Mal Tina über den Weg lief, da verprügelte sie sie.

Tina: Ann Cain stellte Ike regelrecht nach, und das mochte ich nicht an ihr. Im Laufe der Jahre hatte Ike es mit anderen Frauen getrieben, die bei uns gearbeitet hatten, doch keine hatte offen versucht, ihn in ihr Bett zu zerren. Ann war da anders – sie war aktiv hinter Ike her. Sie übernahm fast das Regiment in unserem Haus, kochte für ihn und machte andere Dinge im Haushalt. Das ging mir mehr und mehr auf die Nerven. Aber ich konnte überhaupt nichts tun, denn wenn ich wirklich etwas gesagt hätte, hätte Ike gemeint, ich mische mich in seine Angelegenheiten, und ich wäre nur verprügelt worden. Aber Ann machte mich wütend, und ich blieb wütend – und ich wartete nur auf eine Gelegenheit, es ihr heimzuzahlen.

Ann Cain: Ich hatte wieder einmal die Gage abgeholt und kam zurück in die Garderobe, und da war Tina. Und sie hob einen Tisch hoch – wie King Kong persönlich – und warf ihn auf mich. Ich muß so um die achthundert Dollar in der Hand gehabt haben, und die flogen durch den Raum. Und dann schlug sie auf mich ein; sie wollte mich fertigmachen, und ich ver-

suchte die ganze Zeit, mit ihr zu reden. »Ich bin nicht so ...
ich möchte deine Freundin sein.« Aber sie haßte mich. Denn
ich war in ihr Leben eingedrungen und zerstörte es.

1964, Ann Cain war als Businessmanagerin und Konkubine
fest etabliert, suchte Ike wieder einmal eine Haushälterin für
die Kinder. Die geeigneteste Kandidatin war, so entschied er,
Rhonda Graam. 1944 in Texas geboren, war Rhonda mit sieben Jahren nach Kalifornien gezogen und lebte mit ihren Eltern draußen in Reseda, in den langweiligen Vororten im San
Fernando Valley. Rhonda war eine Weiße, aber verrückt nach
R & B, und es war im Reseda-Ableger der Cinnamon Cin-
ders, einer Nachtclubkette für Teenager gewesen, wo sie zum
erstenmal Ike und Tina Turner gesehen hatte. Das war im
Jahr 1962 gewesen. Seitdem folgte sie der Revue zu den
schwarzen Clubs, in denen sie auftrat, lernte dabei Ike kennen
und saß nach den Auftritten in den frühen Morgenstunden
oft mit der Band am Frühstückstisch. Gelegentlich lud Ike
Rhonda sogar ein – sie arbeitete damals bei der Prudential-Le-
bensversicherungsgesellschaft in L. A. –, im Haus am Olympia Drive zu übernachten, anstatt den weiten Weg nach
Hause ins San Fernando Valley zu fahren. Schließlich wurde
die Revue in ihrem Leben so wichtig, daß sie ihren Job bei
Prudential verlor. Bei dieser Gelegenheit heuerte Ike sie als
Kindeserzieherin an, nachdem Ann Cain zur Businessmanagerin befördert worden war.

Die Cain war ziemlich ungehalten über dieses neue Aus-
stellungsstück in Ikes Frauen-Kollektion.

Ann Cain: Damals haßte ich Rhonda aufrichtig; ich wollte
nicht, daß sie zu uns kam. Denn ich erkannte sofort: »Das ist
die Neue.« Es war eine ganz natürliche Eifersucht. Aber Ike

hatte mir in den langen Nächten, die wir in seinem Büro verbrachten und in denen wir endlose Gespräche führten, von seiner Besessenheit erzählt, eine weiße Frau zu haben, sie überallhin mitnehmen zu können, um den weißen Männern so etwas zu beweisen. Und als er das erste Mal mit ihr schlief, hatte er sich selbst in den Arm kneifen müssen, ob es auch Wirklichkeit war, was er erlebte – dieser schwarze Typ vom Mississippi mit einem weißen jungen Mädchen. Ich bin sicher, daß jede seiner Beziehungen etwas damit zu tun hatte, daß er damit irgend etwas beweisen wollte – daß er nicht alt wurde, daß er clever genug war, diese Frauen so weit zu bringen, daß sie seine Geschäfte führten. Denn er umgab sich ausschließlich mit Frauen. Sie waren seine Vermittlerinnen, Botinnen, so daß niemand wegen irgendwelcher geschäftlichen Dinge direkt zu ihm gelangen konnte. Ike teilte sich immer über jemand anderen mit. Der Mann war ein Genie, aber er spürte, daß die Leute ihn auslachten, denn er war nicht gebildet und konnte nicht mal fehlerfrei reden. Dafür hatte er uns.

Es dauerte nicht lange, da ging auch Rhonda mit der Revue auf Tournee und wechselte sich mit Ann Caine als Roadmanagerin ab. Für ein weißes Girl aus der Vorstadt waren diese Ausflüge – vor allem hinunter in den tiefen Süden – eine überaus ungewöhnliche Erfahrung.

Rhonda Graam: Man mußte sich die Gage in den Pausen vor dem nächsten Auftritt von den Clubeignern auszahlen lassen, sonst bekam man sein Geld möglicherweise überhaupt nicht zu sehen. Und dann mußte man es gut verstecken, sonst nahmen sie es einem wieder ab. Im Süden spielten wir nur in schwarzen Läden – in dieser Zeit durfte eine schwarze Gruppe nicht in einem weißen Club auftreten –, dort wurde immer viel getrunken, und es gab häufige Streitereien. Ich erinnere mich noch, wie einem Typen mal ein Ohr abgeschnitten wurde, während ich gerade an der Tür stand und nachzählte, wieviel Gäste gekommen waren. Es gab da einen Club in Waco, Texas, an dessen Eingang ein massiger Bulle und eine Polizistin standen: Er machte Leibesvisitationen bei den Typen, sie machte es bei den Frauen. Und was sie alles fanden! Die Girls hatten Messer in ihren Büstenhaltern versteckt oder in ihren Handtaschen; es war der totale Wahnsinn. Ich saß auf einem Hocker und zählte die Gäste, und unter dem Hocker stand eine große Schüssel, und die beiden Cops warfen Dolche und Rasiermesser und anderes Zeug hinein. Wenn der Abend zu Ende war, dann hatten wir immer eine erstaunliche Waffensammlung zusammen. Und wenn wir durch Alabama fuhren, wurden wir des öfteren von Lastwagen von der Straße gedrängt, die mit Typen mit Gewehren besetzt waren. Also wirklich, ich hab' da unten einfach alles erlebt.

Rhondas intimes Verhältnis mit Ike – dieses unausweichliche Element der meisten seiner Beziehungen mit weiblichen Angestellten – war »ein großer Fehler«, sagt sie.

Rhonda Graam: Die Arbeit und das Reisen, das war eine großartige Erfahrung. Die möchte ich gegen nichts eintauschen. Aber das andere, das mit Ike, war das Schlimmste, was mir je zugestoßen ist. Vieles davon geschah unter Zwang. Entweder man machte mit, oder man wurde geschlagen. Einmal telefonierte ich gerade, als er hereinkam und anfing, mich zu beschimpfen. Er riß mir den Hörer aus der Hand und schlug mir damit fast den Schädel ein. Die Narbe habe ich heute noch.

Man lebte ständig in Angst. Man wollte raus, aber man wagte es einfach nicht. Es ging mir wie Tina. Und falls jemand sich wirklich absetzte, dann verfolgte Ike die betreffende Person. Dann hieß es meistens: »Nun, es tut mir leid«, und alles schien wieder okay zu sein, wie weggewischt, aber man sollte sich den Wunsch aus dem Kopf schlagen, von dort zu verschwinden. Ich glaube, es war die darin enthaltene Zurückweisung – Ike konnte es einfach nicht vertragen, von irgend jemandem abgewiesen zu werden.

Ich glaube, man sollte auch nicht vergessen, daß er unten im Süden geboren und aufgezogen wurde und daß das Leben da unten völlig anders ist als sonstwo. Ich erinnere mich, daß es in den armen schwarzen Siedlungen, die ich kennenlernte, damals üblich zu sein schien, Frauen zu verprügeln. Wir waren mal in Mississippi, und ich beobachtete einen Typen, der seine Freundin mit einem Bleirohr übel zurichtete. Sie sah furchtbar aus. Wir versuchten sie von der Straße zu holen, wollten ihr Schutz geben, aber sie meinte nur: »Laßt mich in Ruhe – er wird noch wütender.« Am nächsten Abend traten wir wieder im selben Club auf, und die beiden waren ebenfalls da – Arm in Arm.

Offensichtlich begann Ike – der sich bisher stets nur mit Zigaretten und Kaffee aufgeputscht hatte – sich damals auch für Drogen zu interessieren. Es war bekannt, daß die Ikettes ab und zu einen Joint rauchten, doch als Ike davon erfuhr, warf er sie nicht hinaus.

Venetta: Er fragte: »Wie ist das eigentlich, wenn man high ist?« Er wollte es wissen. Nun, wir sagten, er solle uns das Zeug besorgen, und wir würden es ihm zeigen. Nun, als er irgendwann wieder zurückkam – ich glaube, wir waren damals in Tennessee –, hatte er haufenweise Stoff bei sich. Und in der ersten Show spielten wir regelrecht verrückt – Jessie ging auf die Bühne und sollte die erste Textzeile ihres Solos singen, doch sie stand vor dem Mikrofon, schwieg und grinste die ganze Nummer hindurch. Wir benahmen uns so albern. Dann, später am gleichen Abend, gingen wir alle in Ikes Zimmer und legten das Sam-Cooke-Album *Live at the Copa* auf, das gerade erschienen war, und rauchten mehr Pot. Er fragte: »Ist das alles?« Wir sagten: »Klar, das ist alles.« Er brachte auch Tina dazu, einen Joint zu rauchen, und wenig später drehten wir alle etwas durch. Danach bekamen wir einen furchtbaren Hunger.

Tina: Ich lachte hysterisch über alles, was irgend jemand sagte. Also ich lachte laut und wie entfesselt, dann kriegte ich einen Mordshunger. Ike war gerade auf irgendeiner Party, also zog ich meinen Pelzmantel an, und ich und die Ikettes gingen in das Restaurant auf der anderen Straßenseite. Das erste, was wir draußen sahen, war ein Streifenwagen. Ich wäre fast ohnmächtig geworden; ich dachte schon, ich müßte ins Gefängnis. Aber wir gingen hinein, und ich aß – also es war mehr schon ein Fressen –, und als ich fertig war, ging ich mit dem Teller in die Küche und bat um einen Nachschlag. Nachschlag! Ich gab den bereits benutzten Teller zurück und fragte: »Kann ich das gleiche noch mal haben?« Dann begriff ich, was ich da tat, und wir sahen zu, daß wir wieder rauskamen, wir kehrten ins Hotel zurück, und sie brachten mich auf mein Zimmer. Ich saß in einem Sessel, und der schien in der Luft zu schweben, schien vom Fußboden abzuheben. Ich dachte: »O Gott, ist das unheimlich, ich fliege.« Dann rannte ich ins Bad, um mir die Zähne zu putzen, und ich hatte das Gefühl, sie stundenlang zu schrubben. Schließlich legte ich mich ins Bett und ließ mich noch ein wenig treiben. Ich wußte nicht, was für ein Zeug sie mir zu rauchen gegeben hatten, aber ich sagte: »Das tue ich nie mehr, ich habe nämlich keine Kontrolle darüber.« Und das war das erste und letzte Mal, daß ich Marihuana rauchte.

Damals wurde auch viel gelacht, gab es auch schöne Zeiten. Aber man wußte nie, wann Ike es wieder mal auf einen abgesehen hatte. Daher kam ich mir meistens vor wie in einer Falle gefangen. Ich glaube, in meiner Situation hätten sicherlich viele Leute zu Drogen gegriffen oder zu Alkohol, aber das habe ich nie getan. Ich mochte die Vorstellung nicht, daß ich diese Gifte in meinen Körper stopfte; und es gefiel mir nicht, wie die Leute aussahen und sich benahmen, wenn sie high oder vom Alkohol berauscht waren – vor allem Frauen. Deshalb hatte ich an solchen Dingen niemals ein Interesse. Natürlich gab es da noch das Benzedrin: Ike gab mir immer Bennies, wenn wir mal eine lange Aufnahmesession hatten und meine Stimme heiser wurde. »Schluck das da, und du kannst wieder singen.« Dann sang ich trotz der Heiserkeit, und am nächsten Tag hatte ich überhaupt keine Stimme mehr, und mein Kiefer schmerzte von der Anstrengung und den Verkrampfungen der Muskeln. Aber wenn Ike Aufnahmen machte, dann mußte ich singen, heiser oder nicht, deshalb mußte ich eben die Bennies nehmen. Aber ich schluckte sie nie, weil ich es wünschte oder weil ich es genoß. Ich wußte, daß ich etwas brauchte, um mit meinem Leben zurechtzukommen, etwas, das mir half, einen Ausweg zu finden; aber ich wußte auch, daß ich das mit den Drogen niemals schaffen würde.

Während die Singles von Ike und Tina weiterhin erfolglos blieben, waren die Ikettes plötzlich auf dem Weg nach oben. Als eigene Gruppe wiederbelebt, schafften sie mit »Peaches 'n' Cream« im April 1965 einen Platz in den Top forty der

Pop-Charts. Dabei sang Jessie Smith die Solostimme. Im Herbst gelangte auch ihr Nachfolgetitel »I'm So Thankful« in die Charts. Plötzlich waren die Ikettes eine ganze heiße Nummer und traten in fahrenden Rockshows wie Dick Clarks *Caravan of Stars* auf. Ike ließ jedoch nicht zu, daß die Ikettes sich von der Revue trennten. Er heuerte verschiedene Gesangsgruppen mit schwarzen Sängerinnen an – vorwiegend arbeitslose Sessionsängerinnen aus L. A. – und schickte sie als die Ikettes auf Tour und behielt die originale Formation jedoch in seiner Revue. Für Jessie, Robbie und Venetta war das der Tropfen, der das Faß zum Überlaufen brachte. Sie hatten bisher von den Einnahmen aus den Schallplattenverkäufen der Ikettes keinen Cent gesehen – Ike zahlte ihnen nur ein Angestelltengehalt für ihre Mitwirkung in der Revue –, und nun verdarb er ihnen nicht nur eine Starkarriere, sondern er brachte sie auch um die Chance, einmal selbst im Rampenlicht zu stehen. Und außerdem zahlte er diesen falschen Ikettes sogar noch mehr als ihnen, den echten.

Venetta: Er war so mächtig, und wir wußten, daß wir ihm niemals schaden könnten, wenn wir uns nacheinander von ihm trennten. Denn irgendwann ging jeder von ihm weg, und das ließ ihn gewöhnlich kalt. Manchmal drohte er, uns zu feuern, und er holte sich zwei oder drei Girls pro Abend auf die Bühne, die uns zuschauen sollten, damit sie in Zukunft unsere Auftritte übernehmen könnten. Nun, nach »Peaches 'n' Cream«, als alle die Ikettes engagieren wollten und er diese Girl-Truppen losschickte, beschlossen wir, daß es Zeit war, uns von ihm zu trennen. In gewisser Weise war dies die glücklichste Zeit meines Lebens gewesen – ich hatte in einer Band gesungen und dabei Tina kennengelernt. Sie hat mir beigebracht, eine Frau zu sein und mich wie eine Dame zu benehmen. Sie hat mir immer gepredigt: »Du kannst nicht gleichzeitig arbeiten und dich auf Partys herumtreiben.« Und nach der Maxime lebte sie – sie trank nicht, rauchte nicht und ging nach jeder Show sehr früh zu Bett. Sie war sehr stark – was sie bei Ike sicherlich auch sein mußte. Wenn er sich mit ihr anlegen wollte, dann machte er es einfach; er versuchte gar nicht erst, seine Ausbrüche geheimzuhalten. Ich liebte Tina. Aber nach dem, was Ike uns mit »Peaches 'n' Cream« angetan hatte, sagte ich mir, genug ist genug.

Im September 1965, »I'm So Thankful« war gerade auf dem Weg in die Pop-Charts, verabschiedeten die Ikettes sich. Rhonda Graam wurde sofort losgeschickt, um ihnen die Maracás abzunehmen.

Tinas Schwester, Alline, die während der vergangenen drei Jahre im organisatorischen Bereich von Ikes Unternehmungen gearbeitet hatte, begleitete die erbosten Ikettes und beabsichtigte, sie bei ihrer neuen Karriere zu managen. Im Nu war eine 60-Tage-Tournee unter Dach und Fach. Bis zum Starruhm war es nur noch ein winziger Schritt. Doch diese Hoffnungen vernichtete Ike sehr schnell und gründlich.

Alline: Es waren die echten Ikettes, aber wir mußten erfahren, daß wir den Namen nicht verwenden konnten, weil er Ike gehörte. Er alarmierte die örtliche Polizei – erwirkte Einstweilige Verfügungen und Verbote –, um unsere Auftritte zu verhindern. Dann versuchten wir es mit »The Marietts, formerly the Ikettes«, aber das ließ er auch nicht zu. Danach ließen wir unsere Pläne einfach fallen.

8

»RIVER DEEP«

Im Sommer 1965 unterschrieben Ike und Tina Turner bei Loma Records, einem kleinen R-&-B-Label, das kurz vorher von Warner Bros. gegründet worden war und von Bob Krasnow geleitet wurde. Krasnow, ein hochgewachsener, liebenswürdiger Bewunderer und Förderer schwarzer Musik in all ihren Ausdrucksformen, hatte die Turners während eines früheren Besuchs in San Francisco kennengelernt, wo er damals für ein anderes Label tätig gewesen war. In der Zwischenzeit hatte der von New York an die Westküste verschlagene mit James Brown zu tun gehabt, doch als die Rassenunruhen in Watts ausbrachen, hatte Brown es für politisch unklug gehalten, geschäftlich so eng mit einem Weißen zusammenzuarbeiten, und Krasnow war gerade auf der Suche nach einer schwarzen Zugnummer ähnlichen Kalibers, als er erfuhr, daß Ike und Tina zu haben waren.

»Sie waren dreihundertfünfundsechzig Tage im Jahr auf Achse«, erzählt Krasnow, »und absolvierten dabei bis zu sieben Auftritte pro Abend – es war der reine Wahnsinn. Soweit es Ike betraf, war die Revue die reinste Geldmaschine. Es war wie bei James Brown, nur um einiges kleiner. Außerdem hatte Tina schönere Beine.«

Krasnow nahm mit den Turners ein halbes Dutzend Singles auf, aber keine schaffte es bis in die Pop-Charts. Eines Tages erhielt Krasnow einen Telefonanruf.

Bob Krasnow: Es war Phil Spector. Er sagte: »Ihr habt doch Ike und Tina, nicht wahr?« Ich antwortete: »Ja, haben wir.« Er sagte: »Nun, hmmm... ich möchte eine Schallplatte machen... mit Tina.«

Wie die meisten Schallplattenproduzenten – zumindest jene, deren Urteilsfähigkeit nicht durch ihren Konkurrenzneid getrübt wurde – bewunderte Krasnow Phil Spector. Spector war bekannt als der König des Teen-Pops der sechziger Jahre, als der Mann, der den jungen Rock 'n' Roll mit seinen phantastischen »wall-of-sound«-Produktionen von Grund auf verändert hatte. Noch keine fünfundzwanzig Jahre alt, konnte Spector bereits eine eindrucksvolle Karriere vorweisen, in der er die Crystals, die Ronettes, Darlene Love und, Ende 1964, die Righteous Brothers produziert hatte.

Spector hatte erstmals mit dem wilden, klanglich bizarren Walt-Disney-Soundtrack-Titel »Zip-A-Dee-Doo-Dah«, der im Januar 1963 die Top ten erreichte, begonnen, für seine Produktion eine aufgeblähte Studioband einzusetzen: drei Gitarren, zwei Bässe und zwei Schlagzeuge. Seine Absicht war, all diese Instrumente zu einem majestätischen Rock-'n'-Roll-Gewitter zusammenzumischen. Diese Aufnahmetechnik – die »wall of sound«, das »Klanggebirge« – wurde Spectors Markenzeichen.

Spector hatte mit den Righteous Brothers vier Top-ten-

Hits, doch Ende 1965, wahrscheinlich weil sie Spectors nerv-
tötendes und autokratisches Verhalten im Studio leid waren,
trennte das Duo sich von ihm und unterschrieb bei Verve.
Was jetzt? fragte sich die Industrie. Spector begab sich auf die
Suche nach einer neuen Stimme, nach etwas Besonderem. In
einem Club namens Galaxy auf dem Sunset Boulevard in
L. A. hörte er Tina Turner. »Jemand empfahl mir, sie und Ike
mir anzuhören«, erzählte er später, »und ihr Live-Auftritt
haute mich total um. Sie waren einfach sensationell.« Spector
verpflichtete die Revue für *The Big TNT Show*, ein Teenager-
Spektakel, das im Moulin Rouge, einem Club in Los Angeles,
aufgenommen wurde. Spector persönlich dirigierte das Orchester auf der Bühne, und in der Show gab es Auftritte von
den Byrds, den Lovin' Spoonful, Ray Charles, Petula Clark
und Donovan – eine bunte Mischung.

Und dann waren da Ike und Tina Turner. Vor einer Band,
die in langen Tourneejahren geschärfte, knallharte Riffs her-
aushaute, und einem Ike, der zum Rhythmus einen Veitstanz
aufführte, eroberte Tina sich die Bühne und schickte sich an,
Saal und Publikum mit ihrer Präsenz zu erschlagen. In einem
kurzen engen Rock, weißen Go-go-Stiefeln und einem seltsamen Kopfschmuck – das Ding sah aus wie eine Schlafmütze –
raste sie durch »Think It's Gonna Work Out Fine« und gab
den Anwesenden mit einer ausgewalzten Version von »Please,
Please, Please« sozusagen den Fangschuß. Nachdem er sich
diese aufregende Darbietung angesehen hatte, erkannte Phil,
daß er seine neue Stimme gefunden hatte. Nun brauchte er
nur noch einen Song.

Eines Tages Anfang 1966 kehrte Spector aus New York zurück und hatte bei sich einen Titel, der soeben erst von dem
außerordentlich erfolgreichen Pop-Team Brill Building (Jeff
Barry und Ellie Greenwich) geschrieben worden war.

Darlene Love: Damals hatte ich mit Phils Schallplatten nicht allzuviel im Sinn – wir betrachteten sie als Bubble-Gum-Musik. Dieser neue Song, den er hatte, war der einzige, der mir je etwas bedeutet hatte. Ich wollte so gerne die Schallplatte machen. Aber er sagte: »Nein, nein, der ist nicht für dich.« Es war »River Deep – Mountain High«.

Bob Krasnow führte die Verhandlungen wegen Tinas Mitwirkung. Er vermittelte zwischen Ike, der alle geschäftlichen Entscheidungen für die Turners traf, und Spector, der in einem festungsähnlichen Gebäude über dem Sunset Boulevard hauste. Spector war geradezu winzig – mit knapp einssechzig ebenso groß wie Tina – und bevorzugte bei seinen Auftritten in der Öffentlichkeit ausschließlich modische Kleidung. Trotz seines auffälligen Äußeren und seiner geheimnisvollen Gewohnheiten war Spector kein Windmacher – wenn es um die Produktion von Schallplatten ging, wußte er genau, was er wollte. Er bot angeblich fünfundzwanzigtausend Dollar für Tinas Stimme. Ganz gleich, wie hoch die Summe wirklich war, wie Krasnow sich erinnert, war es für »die damalige Zeit eine Menge Geld. Es gab nur eine Bedingung, nämlich daß Ike das Studio nicht betreten durfte.«

Der Handel wurde perfekt, und während der nächsten Wochen durfte Tina selbst jeden Tag in dem schwarzen Lincoln, den Ike ihr gekauft hatte, zu Spectors Haus fahren. Dort vertiefte sie sich dann in Phils Konzeption von »River Deep – Mountain High«, eine Aufnahme, mit der er sogar die Erfolge, die er mit den Righteous Brothers gehabt hatte, noch überflügeln wollte.

Tina: Ich hatte überhaupt nicht gewußt, wer Phil Spector ist, als ich ihn hinter der Bühne im Galaxy kennenlernte. Die

Dinge, die er machte, kamen mir sehr seltsam vor. Er nahm zum Beispiel das Kerngehäuse eines Apfels aus dem Aschenbecher und aß es auf – ich fand das ekelhaft! Er war sehr klein und extrem blaß – er sah irgendwie krank aus –, und dann hatte er diese seltsamen Haare, und er trug dauernd eine kleine Mütze auf dem Kopf. Jedenfalls war Phil nach der *TNT Show* geradezu außer sich. Er sagte, er wolle mich produzieren, und so arbeiteten Ike und er die Einzelheiten aus – ich hatte mit dem ganzen Geschäft überhaupt nichts zu tun. Und ich wußte damals auch nicht, was ein »Produzent« überhaupt machte. Dann erklärte man mir, daß zwei Wochen lang geprobt würde, täglich von zwölf bis zwei Uhr Nachmittags. Ike würde nicht dabei sein. Das gefiel mir. Zum erstenmal fühlte ich mich wirklich wie ein Profi.

Phils Haus war eine Villa – hohe Decken, geschwungene Treppen. Er ließ mich über die Gegensprechanlage und den Türöffner ein, und im Haus gleich neben der Tür hockte ein Hirtenstar – sonst war niemand zu sehen. Ich stand nun da und unterhielt mich für eine Weile mit dem Vogel, dann ging ich in dem riesigen Wohnraum umher und wartete auf Phil. Es gab keine Angestellten, die einem Tee oder Kaffee anboten; wenn man irgend etwas wollte, dann holte Phil es persönlich. Er war sehr schüchtern und zurückhaltend. Dies war das erste Mal, daß ich alleine irgendwohin gehen durfte. Ansonsten durfte ich nur zum Studio oder zum Flughafen. Jedenfalls, an diesem ersten Tag kam Phil in Jeans und T-Shirt herunter und sagte nur: »Hi!« Dann meinte er: »Das ist der Song«, und er setzte sich ans Klavier und wanderte von Tonart zu Tonart, um festzustellen, welche für meine Stimme die beste wäre. Er sang mir die Melodie vor, und ich mußte innerlich lachen – er lispelte ein bißchen, und dann waren da immer diese Speichelbläschen in seinen Mundwinkeln. Er sah ein wenig aus wie ein kleiner Junge, der ein Kinderlied singt. Seine Stimme ähnelte der von Sonny Bono. Aber der Song war schon beachtlich. Während der ersten Woche arbeiteten wir nur daran, die Melodie genau auf den Text abzustimmen, mehr nicht – immer und immer wieder. Es war so, als würde man eine Figur schnitzen.

Ich mochte den Song. Denn zum erstenmal in meinem Leben war es nicht R & B – er hatte eine gewisse Struktur und eine Melodie. Ike ließ mich in seinen Songs immer schreien und kreischen – als wollte ich sie auf dem Wochenmarkt verkaufen. Denn viel war an diesen Titeln nicht dran: Ich mußte dauernd improvisieren, und das bis zur letzten Note. Aber was Phil anging. nun, eines Tages, die Proben in seinem Haus waren fast beendet, da begann ich den Song richtig zu spüren und gewohnheitsmäßig wieder in mein altes »Whoaaaahhhh« zu verfallen, so wie Ike es mir beigebracht hatte. Aber Phil sagte: »Nein, nein – du sollst dich nur an die Melodie halten.« Und ich fand das wirklich prima: Er wollte, daß ich den Song *singe*. Es war meine Stimme, die er mochte, und nicht mein Geschrei. Er sagte mir, ich hätte eine sehr ungewöhnliche Stimme, daß er noch nie eine Frauenstimme wie meine gehört habe und daß dies der Grund sei, warum er mich aufnehmen wolle. Das alles war für mich so anders, es tat mir so gut. Wenn ich nach Hause kam und Ike mich fragte: »Wie geht der Song denn?«, konnte ich es ihm nicht sagen. Mir fehlten die Worte, und ich schwieg.

Ich ging nur ein einziges Mal ins Studio, als Phil die Musikbänder aufnahm. Für mich war es wie ein Wunder, denn ich wußte überhaupt nichts von Phil und von seiner Arbeitsweise. Um die fünfundsiebzig Musiker müssen dort gewesen sein und etwa fünfundzwanzig Sänger, und Phil ging hin und zerriß sämtliche Notenblätter im Studio, weil alles falsch aufgeschrieben war. Er mußte wieder ganz von vorne anfangen. Schließlich war alles richtig, und ich machte eine schnelle Gesangsaufnahme und kehrte nach Hause zurück. Etwa eine Woche lang ließ ich mich nicht mehr dort blicken.

Ike hatte mich immer wieder gefragt, wie der Song sei, und ich konnte ihn nicht vorsingen, konnte ihn noch nicht einmal beschreiben. Aber dann, eines Abends, ehe ich zu Gold Star fuhr, um die Gesangspartie endgültig aufzunehmen, fuhren Ike und ich zu einer Show nach Oakland, und plötzlich war der Song da. Ich begann im Wagen zu singen: »When I was a little Girl, I had a rag doll...« Und als er die Melodie so ohne Begleitung und nur von mir gesungen hörte, war Ike aufrichtig beeindruckt.

Ein paar Tage danach, gegen zwei Uhr nachmittags, machte ich dann die endgültige Aufnahme. Niemand war im Studio außer Phil und der Tontechniker Larry Levine. Ich fühlte mich in Phils Nähe sehr wohl, und er hatte mit mir unendlich viel Geduld. Aber er verlangte unheimlich viel von mir. Dieses Intro – »When I was a little girl...« – ich hab' das sicherlich fünfhunderttausendmal gesungen, und ich weiß heute noch nicht, ob ich es wirklich so hinbekommen habe, wie er es sich vorstellte. Ich sang, und er sagte: »Das ist schon fast richtig, es fehlt nicht mehr viel. Wir versuchen es noch einmal.« Ich kann mich nicht daran erinnern, daß er einmal sagte: »Das ist es! Jetzt haben wir's.« Sehr bald war ich in Schweiß gebadet. Ich mußte mein Hemd ausziehen und sang dann nur im Büstenhalter, so angestrengt arbeitete ich an dem Song. Es wurde tiefe Nacht, ehe ich endlich das Studio verlassen konnte.

Larry Levine: Was mir von der Session noch am lebendigsten in Erinnerung ist, das ist Tina. Als sie hereinkam, war sie regelrecht elektrisierend. Wir schalteten die Lampen aus, ließen nur zwei Wandlampen brennen. Und sie konnte den Song nicht in all ihren Kleidern bringen, deshalb zog sie die Bluse aus und sang dann nur noch mit einem Büstenhalter bekleidet. Was für ein Körper! Es war unglaublich, wie sie sich bewegte. Elektrisierend!

Bob Krasnow: Ich verfolgte das Entstehen dieses Songs Augenblick für Augenblick. Bei den früheren Sessions hatte Phil einige berühmte Studiomusiker aus Hollywood im Studio – Glen Campbell, Sonny Bono, Hal Blaine. Ich glaube, Barney Kessel war einer der Gitarristen – es waren insgesamt fünf anwesend. Und Leon Russell am Piano – es gab auch jede Menge Pianisten. Rund fünfzig Leute waren im Studio – in dem Raum wimmelte es von Musikern. Und so ging das wochenlang. Will sagen, wer weiß, was diese Schallplatte kostete – vielleicht zwanzig Riesen. In jener Zeit konnte man fünf Alben für fünfundzwanzigtausend Dollar produzieren. Und das war nur eine Single – eine Seite einer Single.

Okay, es ist endlich soweit, daß ich Tina für die Gesangsstimme hinbringe. Und sie kommt herein und hört die komplette Begleitung – und sie sagt: »Ist das ein Witz?« Es ist genauso, als hörte man zum erstenmal in seinem Leben Bach; oder Wagner. Die Aufnahmen sind überwältigend, wer soll dazu denn noch singen? Außer Tina, oder? Sie gehen das ganze ein paarmal durch, und Tina arbeitet – sie ist voll da, sie schwitzt, sie malocht regelrecht. Und sie gehen es immer wieder durch, und irgendwie schafft Tina es nicht. Schließlich sagt sie: »Okay, Phil, noch einmal.« Und sie reißt sich die Bluse vom Leib und schnappt sich das Mikrophon, und sie bringt den Titel... nun, die Haare stellten sich einem auf. Es war, als würde der Raum explodieren. Solange ich lebe, werde ich das nicht vergessen, Mann. Es war ein magischer Augenblick.

Nach der letzten Gesangssession am 7. März begann Spector mit der mühseligen Aufgabe des Zusammenmischens. Für eine dieser Sessions erlaubt er Tina, Ike mitzubringen. Larry Levine erinnert sich: »Man spürte bei Ike sehr viel Feindseligkeit. Ich glaube, es paßte ihm nicht, daß Phil Tina ganz allein produzierte. Aber was hätte er mit Ike anfangen können? Er brauchte den Künstler, nicht den Bandleader. Ich bin sicher, daß Ike das ganze als einen Affront bis an die Grenzen seiner Erträglichkeit empfunden hat.«

Dazu meint Tina: »Ike war völlig von den Socken. Er saß da und sagte nur, ›Herrgott, ist das phantastisch‹. Man erkannte sofort, das war genau das, was er am liebsten auch gemacht hätte.«

Als die Schallplatte nahezu vollständig abgemischt und bereit zur Veröffentlichung war, lud Spector einige Kollegen ein, um sie ihnen vorzuspielen.

Bob Krasnow: Ich hatte zwei Freunde, Tommy LiPuma, ein Schallplattenproduzent, und Johnny Hayes, Diskjockey bei KRLA, damals die wichtigste Rundfunkstation in Los Angeles. Ich sagte zu Phil: »Du mußt mir erlauben, diese beiden Jungs mitzubringen, du mußt es, bitte.« Nun, Phil kannte Tommy, daher war er am Ende einverstanden. Ich brachte sie mit und versprach ihnen: »Ihr erlebt jetzt etwas ganz Einmaliges. So etwas habt ihr noch nie gehört.« Und ich bringe sie ins Studio, und Phil läuft geschäftig herum, bereitet alles vor, und Tommy und Johnny stehen herum, mitten im Raum, und warten. Dann dröhnen die ersten Töne aus den Boxen: *Da-da-da-da-dum! Da-da-da-da-dum!* Dann erklingt der Titel – unglaublich. Und als die Schallplatte zuende ist, drehe ich mich um, und Tommy und Johnny sind bis zur Wand zurückgewichen, und dort knien sie, Mann – und weinen!

»River Deep – Mountain High« war in der Tat ein Meisterstück Spectors. Der Sound war so unnatürlich tief und farbig, daß man sich fast in Gefahr fühlte, hineinzustürzen und darin zu versinken. Vor einem riesigen Studioorchester, das die Riffs herunterdonnerte, einer schneidenden Streichergruppe und einem, wie man meinen konnte, Bataillon von Background-Sängern mit ihrem *Doot-do-doot* gab Tina die Vorstellung ihres Lebens. Während einige von Spectors frühen Arbeiten über die Jahre etwas Staub angesetzt haben, kann »River Deep« einen auch noch nach nunmehr zwanzig Jahren fast um den Verstand bringen.

Spector verwendete Wochen darauf, die Mater so zu pressen, wie er es sich vorstellte. »Er holte mich in sein Büro«, erinnert Krasnow sich, »und spielte mir sechzehn verschiedene Testpressungen vor, bei denen allenfalls ein Hund irgendwelche Unterschiede hätte wahrnehmen können.« Endlich, im Spätfrühling 1966, war »River Deep« bereit zur Veröffentlichung.

Tina: Hinter der Schallplatte steckte ungeheuer viel Energie. Alle waren ganz aufgeregt. Alle waren voller Erwartung. Es hieß: »Das haut die Öffentlichkeit um« und »Mit dem Titel hast du deine erste Nummer eins.« Ha!

»River Deep – Mountain High« war – zur Verblüffung aller, die daran beteiligt waren – eine Katastrophe.

Bob Krasnow: Kurz bevor die Schallplatte auf den Markt kam, ließ ich Johnny Hayes bei KRLA ein Exemplar zukommen, und sie kündigten den Titel wie folgt an: »Um neun Uhr hören Sie die neue von Phil Spector produzierte Ike-and-Tina-Turner-Aufnahme.« – »In vier Stunden hören Sie die neue

Phil-Spector-Produktion.« Und so weiter. Nun, wie ich schon sagte, KRLA war die wichtigste Rundfunkstation in Los Angeles. Aber auf nationaler Ebene war das wichtigste Drake-Chenault, eine Kette, die eine ganze Reihe von Sendern im Land mit Programmen versorgte. Und Bill Drake, der Drake-Chenault betrieb, wohnte in L. A., wo er den Sender KHJ hatte. Vielleicht weil KRLA »River Deep« noch vor KHJ oder allen anderen Stationen sendete, waren die Drake-Chenault-Sender von der Schallplatte nicht ganz so begeistert. Vielleicht haben sie deshalb nicht ihr volles Potential erkannt.

Larry Levine: Die Fachpresse bedachte »River Deep« mit mittelmäßigen Kritiken. Alle hatten sich auf Phil eingeschossen. Er hatte bisher, nun, rund sechsundzwanzig Schallplatten nacheinander in den Charts gehabt. Daher nutzte jeder die Gelegenheit, ihn in den Boden zu stampfen. Als die Kritiken erschienen, kam er zu mir und fragte mich: »Begreifst du das?«

»River Deep« stellte Phils Abschied aus dem Schallplattengeschäft dar. Man bedenke, Phil war die Personifikation des Jungen, der geschworen hat, es einmal zu etwas Großem zu bringen, nur weil jeder ihn auf der High-School ausgelacht hatte. Und er schaffte es. Aber damit lassen solche Probleme sich nicht lösen. Obgleich er es nach außen hin mit einer gewissen Lässigkeit zu überspielen versuchte, war er innerlich sehr leicht verletzbar. Und nachdem die Kritiken von »River Deep« herauskamen, zog Phil sich in sich selbst zurück. Er wurde zum Einsiedler, wollte überhaupt nichts mehr machen. Er versteckte sich hinter seiner Sonnenbrille.

»River Deep – Mountain High« kletterte in der ersten Juni-woche bis auf Platz achtundachtzig in den Pop-Charts, dann stürzte die Platte wieder ab. Tina war enttäuscht, aber sie er-kannte, was geschehen war.

Tina: Der Titel hatte ganz einfach keine Heimat gefunden. Für die Pop-Sender war er zu schwarz, und für die schwarzen Sta-tionen war er zu viel Pop. Niemand gab ihm eine Chance. Aber ich hatte bei der Schallplatte dennoch ein gutes Gefühl, ich spürte, daß die Aufnahme etwas war, worauf ich stolz sein konnte. Denn »River Deep« war für mich der Beweis, daß ich auch noch etwas anderes zu tun in der Lage war als das, was Ike von mir verlangte. Damit will ich Ikes Arbeit nicht herab-würdigen; aber das war eben anders. Ich war eine Sängerin und wußte nun, daß ich auch noch andere Dinge tun konnte; ich hatte bisher nur nie die Gelegenheit dazu bekommen. »River Deep« zeigte den Leuten, was in mir steckte.

Während »River Deep« in den Staaten einging, entfesselte es jenseits des Atlantik eine Sensation, sprang der Titel doch Mitte Juni bereits auf Platz drei der britischen Charts und blieb insgesamt dreizehn Wochen lang unter den Top fifty. Der Beatle George Harrison soll gesagt haben, daß der Titel »eine perfekte Aufnahme von Anfang bis Ende ist – es läßt sich nichts mehr daran verbessern.« Amerika hatte die Single verschmäht, und hier waren die Briten und gerieten darüber aus dem Häuschen.

Die Begeisterung für »River Deep« in England – angesta-chelt durch einen amerikanischen Live-Film, der in der Fern-sehshow *Top of the Pops* gesendet wurde – war jedoch kein Wunder. Die neue Generation britischer Rock-Bands, die die Charts bevölkerten, war von schwarzer amerikanischer Musik begeistert. Da sie nicht über ein eigenes Äquivalent zu Blues und R & B verfügten, hatten die britischen Gruppen und ihr Publikum sich zu begeisterten Konsumenten der amerikanischen Szene entwickelt. Popformationen wie die Beatles und Manfred Mann oder Herman's Hermits fanden Gefallen daran, die Hits schwarzer Girl-Gruppen zu kopieren. Rauherer Stoff wurde zur Domäne der eher bluesorientierten Yardbirds, Animals und vor allem der Rolling Stones, die damals mit »Paint It Black« einen Riesenhit hatten.

Die Stones waren mit der Arbeit Ike und Tina Turners zum Zeitpunkt, als »River Deep« erschien, wohlvertraut. Zufälligerweise bereiteten sie gerade eine Herbsttournee durch das Britische Königreich vor. Warum, sagten sie sich, sollen wir dazu nicht auch die Ike-and-Tina-Turner-Revue einladen?

Bill Wyman: Uns war klar, daß sie visuell eine Menge rüberbrachten, und das war das Phantastische bei ihnen. Und das bewunderten wir bei den Leuten, wenn sie auf der Bühne genauso gut waren wie auf der Schallplatte – was wir auch zu leisten versuchten. Ich meine, viele Leute machen hervorragende Schallplatten, und wenn man sie dann auf der Bühne sah, dann blieb von dem Glanz nicht allzuviel übrig. Bei Ike und Tina war die visuelle Seite genauso wichtig wie alles andere an ihnen. Deshalb holten wir sie rüber.

Als die Stones-Tournee zur Sprache kam, arbeitete die Revue bereits mit einer zweiten Formation nach den originalen Ikettes. Nachdem Robbie, Jessie und Venetta sich abgemeldet hatten, hatte Ike schnell zwei unerfahrene Girls aus L. A., Maxine Smith und Pat »P. P.« Arnold, und eine junge Clubsängerin aus Palo Alto namens Gloria Scott engagiert. Wie vorauszusehen war, hatte Ike dabei die attraktive Arnold besonders im Auge. Diese Formation bestand nur ein paar Wochen.

Maxine Smith: Wir kamen in ihr Haus, um vorzusingen. Wir sangen nur ein paar Takte, und dann sagte Tina: »Okay, fangen wir mit der Probe an.« Und wir probten von elf Uhr vormittags bis drei Uhr in der Frühe, und das für drei volle Tage. Am vierten Tag waren wir schon unterwegs, und am gleichen Abend standen wir auf der Bühne. Mann, ich hatte solche Angst. Und von da an ging es immer weiter, von Bühne zu Bühne, und immer nur für einen einzigen Abend.

Mit Ike war es sehr schwierig auszukommen. Er hatte die Angewohnheit, Leute wegen aller möglichen Dinge zu bestrafen, zum Beispiel wenn man seine Schuhe nicht geputzt hatte oder wenn am Bühnenkostüm ein Knopf fehlte oder sich eine Tresse gelockert hatte. Er kam auf der Bühne auf einen zu und sagte: »Ich bestrafe dich mit zehn Dollar, weil dein Kostüm nicht richtig sitzt.« Als wir wieder in Los Angeles eintrafen, schuldete ich ihm sogar Geld.

Aber er hat mich sexuell nie belästigt. Ich glaube, er hatte es auf Pat Arnold abgesehen. Deshalb wollte Tina sie rauswerfen – sie sagte, die Arnold sänge auf der Bühne zu tief. Nun, wir sagten uns, da wir drei gemeinsam bei der Revue angefangen hatten, würden wir alle gehen, wenn Pat gefeuert würde. Aber an dem Abend, an dem niemand von uns zur Arbeit erscheinen wollte – war Pat die einzige, die kam.

Während die Arnold noch an Bord war, holte Ike sich sofort eine andere Sängerin, Rose Smith. Um die Ikettes zu vervollständigen, fügte er sein Pflegekind aus Bakersfield, Ann Thomas, hinzu, die gerade zwanzig geworden war. Die Tatsache, daß die Thomas nicht singen konnte, störte ihn wenig: Einer der Backgroundsänger der Band, Bobby John oder Jimmy Thomas vielleicht, konnte immer ihren Part übernehmen. Tina jedoch wurde zunehmend ungehalten über die unverfrorene Untreue Ikes.

Tina: Damals hörte ich endgültig auf, Ike zu lieben. Es kam so weit, daß ich ihm erklärte: »Sei nur so nett, und hol keine andere in unser Bett.« Das war das einzige, worum ich ihn bat. Dann kam eine kurze Tournee, die ohne Ike stattfand – er blieb zu Hause, um eine seiner kleinen Schallplattengesellschaften zu gründen, deshalb startete ich mit der Band und den Girls. Und als ich zurückkam, erfuhr ich von der Affäre mit Gloria Garcia und daß er sich regelmäßig mit ihr getroffen hatte. Es geschah so offen, daß Ike mir eines Tages sogar ein Bild von ihr zeigte – was ich von ihr hielte, und so weiter? Nun, als ich das Bild sah, war ich regelrecht geschockt – das Girl sah aus wie Sophia Loren. Ich dachte: »Gegen die habe ich keine Chance.« Ich betrachtete nun das Bild, versuchte mir jede Einzelheit einzuprägen, und dann erkannte ich den Sessel, in dem sie saß, und die Holztäfelung im Hintergrund... sie saß bei uns zu Hause! Dann erfuhr ich von einem der Kinder, daß Gloria während meiner Abwesenheit dort gewohnt hatte. Und in meinem Bett geschlafen hatte! Das fand ich so niederträchtig; ich war zutiefst verletzt, ich kann es kaum beschreiben. Und in diesem Augenblick beschloß ich: Okay, ich will diesen Mann nicht mehr.

Ann Thomas war eine andere. Ein sehr hübsches Girl. Eine Schönheit, konnte man schon sagen. Sie hatte orientalisches Blut in den Adern, aber sie sah aus wie mein Bühnenzwilling. Sie konnte überhaupt nicht singen, aber sie war eine Ikette. Nachdem ich mich innerlich von Ike losgesagt hatte – nach-

170

dem ich die Liebe, die ich am Anfang empfunden hatte, nicht mehr spürte –, wurde Ann meine Freundin. Das war das Seltsame in all den Jahren: Alle seine Freundinnen wurden auch meine. Weil sie stets in der gleichen Position waren wie ich: Sie hatten sich in Ike Turner verliebt. Aber sie erlebten gerade den Wechsel, den Übergang, ich hatte ihn bereits hinter mir. Daher hatten wir eine Menge gemeinsam. Und wen sonst hatte ich noch? Es gab für mich kein Leben außerhalb des Hauses und des Studios und außerhalb der Tourneen. Ich konnte noch nicht einmal alleine ins Kino gehen. Wenn ich zum Supermarkt wollte, mußte ich ihm vorher Bescheid sagen – und trotzdem war es möglich, daß er mir heimlich folgte, um zu überprüfen, ob ich ihn auch nicht belogen hatte. Ich war zu dieser Zeit schon richtig unglücklich. Mir war alles egal; auf den Touren absolvierte ich meinen Auftritt, fuhr anschließend ins Hotel und ging sofort zu Bett. Ich fühlte mich schrecklich mies.

Und dann wurde »River Deep« in England ein Hit, und plötzlich waren Ike und Tina Turner mit den Rolling Stones auf Tournee.

Die Stones-Tournee, insgesamt zwölf Konzerte, sollte vom 23. September bis zum 9. Oktober dauern. Außerdem sollte die Ike-and-Tina-Turner-Revue noch nebenbei zwölf weitere Auftritte haben, die meisten davon in den riesigen Mecca-Clubs, die damals von den britischen Jugendlichen stark frequentiert wurden.

Es war ein wildes Unternehmen. Die Rolling Stones begannen ihre Tournee in der Albert Hall und nahmen alles auf Band auf, um daraus einen geplanten Konzertmitschnitt auf Schallplatte zu machen, *Got Live if You Want It*. Bereits beim sechsten Song ihres Auftritts geriet das Haus außer Rand und

Band, Fans kletterten auf die Bühne, um ihre Idole zu berühren, und wurden brutal in die Menge der Nachdrängenden zurückgestoßen. Obwohl sie sich kampferfahrene Veteranen hielten, die glaubten, alles schon einmal erlebt zu haben, bot diese Premiere den Mitgliedern der Revue ganz neue Einblicke. Und für Ike und Tina kamen noch die neuen musikalischen Eindrücke hinzu.

Tina: Ich erinnere mich, daß ich in der Garderobe saß und jemanden Gitarre spielen hörte – und wie die spielten! Ich folgte den Klängen hinaus auf den Korridor und gelangte zu einer anderen Garderobe, und da saß Jeff Beck und spielte. Er war der Lead-Gitarrist der Yardbirds, die ebenfalls an der Tournee teilnahmen. Himmel, was ich da hörte! Es war einfach unglaublich.

Ike sagte: »Donnerwetter, diese Typen können aber spielen!« Er war völlig weg. Ike fühlte sich schon immer stark zu den Weißen hingezogen – er hatte eine Menge weißer Freundinnen, und es gab eine Menge Weißer, die seine musikalischen Fähigkeiten bewunderten. Und dann fiel mir auf, daß er diesen englischen Typen eine Reihe von Kniffen abgeschaut hatte – denn die brachten unheimlich viel. Ich denke, Ike hätte damals vielleicht nach England ziehen sollen, weil er mit diesen Leuten sehr gut zurechtgekommen wäre. Statt dessen...

Mick Jagger: Ich glaube, nachdem Ike und Tina mitmachten, strengten wir uns noch mehr an. Denn sie würden das Publikum wirklich aufheizen. Aber aus diesem Grund hatten wir sie auch mitgenommen. Es hat keinen Sinn, wenn irgendwelche Nichtskönner als Vorband auftreten – man braucht jemanden, der gut ist, so daß man selbst noch besser wird. Und Ike und Tina machten ihre Arbeit bewunderungswürdig. Tinas Stimme war ungemein kraftvoll und sehr typisch – man erkannte sie sofort. »River Deep – Mountain High« war eine hervorragende Aufnahme, denn sie hatte die Stimme, um sich gegen Phil Spectors sogenanntes »Klanggebirge« durchzusetzen.

Tina feierte nicht jede Nacht, aber sie war auch kein Partymuffel. Sie hing auch herum und hatte mit den Girls ein wenig Spaß – will sagen, bis zu einem gewissen Grad war sie mit Ike zusammen. Sie gab mir auch Tips, an welche Ikette ich mich ranmachen könnte, und ich war einige Zeit mit P. P. Arnold zusammen. Wir erfuhren, daß Ike bei den Howlin'-Wolf-Aufnahmen Klavier gespielt hatte, deshalb baten wir ihn, für uns noch einmal alles live zu spielen, woran er sich erinnern konnte. Das machten wir immer zwischen den Sets, ehe es auf der Bühne weiterging. Wir baten ihn zum Beispiel: »Okay, du sagst, du hättest auf ›How Many More Years‹ gespielt – na gut, dann spiel!« Und er machte es. Er war sehr gut. Und er war clever und hatte Einfühlungsvermögen.

Bill Wyman: Ike war ein brillanter Pianist, aber er redete nicht gerne über diese frühen Schallplatten, die er aufgenommen hatte. Er sagte, man hätte ihn damals immer übers Ohr gehauen, nirgendwo sei sein Name erwähnt, und er hätte auch kein Geld gesehen, was ihn noch heute furchtbar wütend machen würde. Wahrscheinlich war das der Grund, warum man später nur so schwer mit ihm auskommen konnte.

Mit den Ikettes verstanden wir uns bestens. Rose und die andere Kleine fuhren immer mit mir in meinem neuen Mercedes mit den schwarzen Fenstern. Auf dem Weg von Glasgow nach Newcastle hatten wir einen kleinen Unfall; niemand wurde dabei verletzt, aber danach beschlossen wir, lieber mit dem Bus zu fahren. Sie wurden sehr schlecht bezahlt.

Sie erzählten, sie bekämen rund fünfundzwanzig bis dreißig Dollar pro Woche, und wenn sie ihre Bühnenkostüme beschädigten – wenn die Nähte aufplatzten oder der Stoff riß – dann mußten sie selbst dafür aufkommen. Für uns war das ziemlich bizarr. Niemand verdiente damals viel Geld, aber das war wirklich die reinste Ausbeutung.

Tina: Ich hab' mir die Stones nie auf der Bühne angeschaut. Ich hatte dazu keine Zeit. Wir hatten immer jemanden, der sich während der Tourneen um die Kleider kümmerte, aber wenn die Betreffende mir zu lange half, nun, dann bekam ich wieder etwas zu hören. Deshalb sagte ich immer, sie solle sich nur um Ike kümmern, ich käme mit meinem Kram schon zurecht. Ich konnte nähen; ich konnte bügeln. Und so mußte ich zusehen, daß ich bei mir alles in Ordnung hielt. Ich hatte nicht die Zeit, mir die Rolling Stones anzusehen oder nach den Konzerten auszugehen und neue Leute kennenzulernen. In gewisser Weise war ich blind. Mir war nur alles gleichgültig, denn ich hatte mit meinem eigenen Leben genug zu tun. Tina Turner, die Frau, die auf der Bühne stand, war ein anderer Mensch. Ich war wie ein Schatten. Ich existierte kaum.

Nun, am ersten Abend der Stones-Tournee in der Albert Hall, war ich schrecklich nervös – wir waren noch nie in einem so großen Saal aufgetreten. Aber wir gingen raus und taten, was wir immer taten, und die Leute liebten es. Für »Please, Please, Please« hatten sie nicht viel übrig – das strichen wir sofort aus unserem Programm –, aber ansonsten akzeptierten sie uns. Und von da an fühlte ich mich etwas wohler.

Für das britische Publikum stellten wir damals etwas anderes dar, etwas Ungewöhnliches – vier wilde Frauen auf der Bühne. Ich erinnere mich, daß wir sogar auf der ersten Seite einer Zeitung landeten, und zwar mit einem Photo, das aus einer sehr tiefen Perspektive aufgenommen worden war. Wir machten gerade unsere übliche Schrittfolge, bei der wir jedesmal die Beine in die Höhe warfen, und ich glaube, mein Strumpfhalter war zu sehen. Ich dachte, »Ist das nicht ein hübsches Photo?« – richtig naiv, nicht wahr? Aber der Fotograf wußte genau, was er tat. Und ich glaube, das war der Beginn von dieser Sache mit dem Sex-Symbol – »Sexy Tina«, »Wilde Tina«, und all dem. Wenn die Leute gewußt hätten, wie es wirklich aussah.

Nach einer Weile fiel mir das Gesicht vor der Bühne auf, wenn die Girls und ich herauskamen. Ich sagte: »Mein Gott, wer ist der Junge mit den dicken Lippen?« Es ist sehr ungewöhnlich, wenn man einen Weißen sieht, der aussieht wie man selbst. Er stand dicht hinter den Lautsprechern, und man konnte von ihm nichts sehen außer seinem weißen Gesicht, seinen Augen und diesem Mund. Schließlich brachte Ike ihn zusammen mit anderen eines Abends in die Garderobe, und ich fragte: »Ike, wer ist der Boy dort bei dir?« Er sagte: »Oh, das ist Mick.« Und Mick sagte: »Heyyy«, und ich wunderte mich über die Art und Weise wie er sprach. Er hatte einen englischen Akzent, man konnte aber auch hören, daß er wirklich auf schwarze Musik und Schwarze allgemein abfuhr. Und dann hatte er plötzlich P. P. Arnold entdeckt, und er machte sich sofort an sie heran. Ich glaube, das war ganz in Ordnung. Ike schien nichts dagegen gehabt zu haben.

Danach kam Mick öfter in die Garderobe, und wir sangen viel. Er klopfte niemals an, deshalb mußte man immer darauf achten, daß man irgend etwas am Leibe trug, denn er hatte sich mit Ike so gut angefreundet, daß er einfach reinkam, wann immer er wollte. Aber wir sangen und redeten und lachten – damals war alles irgendwie fröhlich und unbeschwert, wenn Mick in der Nähe war. Er erzählte mir auch von Keith Richards – ich glaube, Keith hatte für mich eine Menge übrig – und es ging immer Keith hier, Keith da, und wir hatten noch mehr zu lachen.

Mick wollte den Pony lernen, eine bestimmte Tanzfigur. Er fragte: »Wie macht ihr das eigentlich?« Wir fingen also alle an zu tanzen – und schließlich sah ich, was er auf der Bühne gemacht hatte. Ich sagte: »Seht euch mal an, wieviel Rhythmus dieser Bursche hat! Gott, los Mick, come on!« Also, wir lachten. Denn Mick war so ernst – er wollte es lernen, wollte den Trick wissen. Es war ihm egal, wenn wir über ihn lachten. Und schließlich konnte er es, aber auf seine spezielle Weise.

England stellte für mich den Anfang von praktisch allem dar – den Anfang meiner Flucht vor Ike Turner, könnte man sicher sagen, und den Anfang davon, daß ich eine neue Lebensweise fand, einen neuen Stil, eine neue Perspektive. Während der Tournee, etwa zur Halbzeit, nahmen wir uns ein paar Stunden frei, um in der Fernsehshow *Ready! Steady! Go!* aufzutreten, und wir freundeten uns mit einer Frau, Vicki Wickham, an, die dort arbeitete. Nun, anfangs versuchten Vicki und ihre Freundinnen herauszubekommen, ob ich eine Lesbierin war. Ich glaube, viele Leute haben sich das in all den Jahren gefragt. Früher habe ich sehr oft anderen Frauen nachgeschaut, hab' sie mit mir verglichen und versucht, so viel wie möglich über Kleider und Make-up und Haltung zu erfahren. Weil ich damals haßte, wie ich auf den häßlichen Publicity-Photos von mir und Ike aussah. Deshalb beobachtete ich andere Frauen, um zu erfahren, wie sie sich anzogen, wie sie sich schminkten. Ich weiß nicht, ob Vicki und ihre Freundinnen das bemerkt hatten, aber sie erkannten wohl, daß meine Beziehung mit Ike nicht von Zärtlichkeit geprägt war, und ich glaube, sie sahen auch, daß ich häufig mit den Ikettes zusammen war, und deshalb glaubten sie wohl, ich wäre lesbisch. Nun, wir redeten darüber, und wir führten weitere Gespräche. Damals machte ich alle Freunde, die ich hatte, zu meinen Psychiatern – ich platzte einfach mit meinen intimsten Problemen heraus. Und dabei erfuhr Vicki dann, wie unglücklich ich war.

Schwer war das sicher nicht festzustellen. Eines Abends in London hatten wir einen heftigen Streit, ganz schlimm – Ike machte mich fertig und verpaßte mir eine schreckliche Tracht Prügel –, und am nächsten Tag war mein ganzes Gesicht geschwollen. Damals fing Vicki an, Mitleid mit mir zu haben. Sie sagte, sie kenne da eine ganz phantastische Frau, eine Hellseherin – die aus den Karten lesen könne. Seit meiner Kindheit, in der solche Frauen auf den Rummelplätzen saßen, war ich nicht mehr bei einer Hellseherin gewesen. Aber ich ging trotzdem hin. Heimlich natürlich – Ike erzählte ich, ich ginge einkaufen. Und Vicki brachte mich zu der Frau. Den Namen habe ich vergessen, aber nicht das, was sie mir gesagt hat. Sie sagte: »Du wirst eines Tages unter den größten aller Sterne sein... und dein Partner wird herunterfallen wie ein welkes Blatt im Herbst.« Sie sah auch irgend etwas im Zusammenhang mit der Zahl sechs.

Nun »unter den größten Sternen« – das gefiel mir! Was das andere anging, so fühlte ich mich nicht so wohl, »armer Ike«, das ging mir durch den Kopf. Ich fühlte mich ein wenig schuldig. Aber so war ich damals. Manchmal verprügelte Ike mich, und wenn er dann nachher durchdrehte, dann tat er mir immer leid – kann man sich so etwas vorstellen. Ich war völlig durcheinander. Aber ich hielt mich an dem fest, was die Wahrsagerin mir erzählt hatte. Sie hatte eine sechs gesehen, daher hielt ich sechs Monate lang durch, dann sechs Jahre, und danach glaubte ich weiter daran – ich besuchte andere

Wahrsagerinnen und wußte, daß meine Zeit irgendwann kommen würde, daß ich eines Tages von dem Leben, wie ich es führte, befreit sein würde. Bei all dem hatte ich immer die Stimme der Frau in London in den Ohren: »Du wirst unter den größten Sternen sein.« Und Ike würde herabfallen.

Als die Tournee mit den Rolling Stones beendet war, flogen wir nach Frankreich und nach Deutschland, um einige Presse- und Fernsehauftritte zu absolvieren. Dieser Ausflug veränderte mein ganzes Leben. Ich hatte das Gefühl, als sei ich nach Hause gekommen – als hätte ich mein wahres Zuhause nicht gekannt bis zu dieser Ankunft in Europa. Ich liebte Frankreich – liebte das Leben dort, liebte den Chic der Frauen und den französischen Akzent. Zum erstenmal hörte ich, wie mein Name wunderschön ausgesprochen wurde – dieser Name, den ich bis zu diesem Zeitpunkt gehaßt hatte. Bei Ike war es immer *Tee-nuh*. Also... irgendwie roh und primitiv. Aber die Franzosen sagten *Tee-nah*. Es klang hübsch, und danach verliebte ich mich darin. *Tee-nah*.

Natürlich konnte ich kein Wort Französisch und Ike auch nicht. Aber wo er sich mit niemandem verständigen konnte, da gelang es mir. Irgendwie konnte ich mich den Leuten verständlich machen. Und das war der Moment, in dem ich dachte, ich wäre früher schon einmal dort gewesen – daß dies vielleicht meine wahre Heimat war. Nein, nicht daß ein Mißverständnis aufkommt: ich bin schwarz. Ich meine, kein Haar ist krauser als meins. Aber ich betrachte mich als jemanden, dessen Blut gemischt ist. Außerdem bin ich von den weißen Familien beeinflußt, bei denen ich in Tennessee gearbeitet habe, und das half mir sicher, mich mit den Franzosen zu verständigen. Deshalb hatte ich auf dieser ersten Reise nach Frankreich damals zum erstenmal das Gefühl, daß auch ich vielleicht eine Französin sei. Oder gewesen war – damals wußte ich noch nichts von Reinkarnation. Und dann kam ich auf die Idee, daß sich in mir vielleicht so vieles gemischt hatte, daß ich weder weiß noch schwarz war, jenseits aller Kulturen sozusagen – daß ich einer universellen Rasse angehöre.

Vorher hatte ich noch nie solche Gefühle gehabt, aber sie waren da, und ich empfand sie als richtig. Natürlich sagte ich Ike nichts davon – so etwas hätte ihm nur Angst eingejagt, glaube ich. Er ließ mich in Europa allein einkaufen gehen. Das war eine neue Erfahrung, und ich nutzte sie voll aus. Man konnte sich alleine schon beim Einkaufen dort drüben in einen Rausch steigern, es gab so viele schöne Dinge, die ich noch nie zuvor gesehen hatte. Und von da an wurde das »Shopping« zu einer meiner liebsten Tätigkeiten. Ike liebte es, seine Frauen vorzuführen – er ließ sie gerne durch den Raum gehen, so daß alle Männer sehen konnten, wie gut sie gebaut waren. Deshalb gab er mir Geld, und ich ging los und gab es aus. Alleine oder vielleicht auch zusammen mit einer Freundin. Aber eben ohne Ike – das war die Hauptsache. Das Einkaufen stellte für mich die einzige Flucht vor Ike und aus seiner furchtbaren Welt dar.

9

AM TIEFPUNKT

Das Jahr 1967 war das psychedelische Jahr: die Beatles, die Stones, die Strawberry Alarm Clock – sie alle beherrschten die US-Pop-Charts mit lysergsäuregetränkten Singles. Sogar die Supremes hatten eine Nummer Eins mit dem voll im Trend liegenden Song »The Happening«. Für Ike und Tina Turner jedoch war 1967 ein weiteres Jahr ohne irgendeinen Hit.

Allerdings tourte die Revue weiterhin durch die Lande, und das Geld ging scheffelweise ein. Nichts änderte sich – außer Tinas Position bei der Presse. Nach »River Deep« wurde sie, zumindest von den Musikkennern, als die unersetzliche Hälfte der Ike-und-Tina-Formation angesehen. Darüber war Ike nicht so ganz glücklich, aber er hatte sich seine Position im Hintergrund selbst ausgesucht, und wenn Tina durch die unvermittelte Aufmerksamkeit, die man ihr schenkte, auf andere Gedanken kommen sollte – nun, Ike machte ihr klar, wie wichtig es war, erst einmal alles durchzudenken, ehe sie irgendwelche überstürzten Entscheidungen traf. Er jedenfalls trieb es weiter mit seinen Frauengeschichten und seinen wilden Parties und merkte nicht, daß er allmählich Tinas Toleranzgrenze zu überschreiten begann.

Tina: Ich hatte Ike immer gesagt, daß ich nur um eines bäte, nämlich daß er nicht seine Freundinnen zu uns nach Hause mitbringen solle. Nun, dieses Abkommen hatte er mit Gloria Garcia gebrochen; und seitdem hatte er Ann Cain dauernd bei sich, da er ihr im Haus ein eigenes Zimmer einrichtete. Dann schickte er mich eines Tages zum Supermarkt – aus irgendeinem ziemlich seltsamen Grund, wie es mir damals vorkam. Ich hatte schon immer eine recht gute Intuition gehabt, und ich wußte, daß irgend etwas in der Luft lag. Ich ging also los und besorgte das, was er haben wollte, so schnell wie möglich. Dann kam ich *sehr leise* wieder zurück. Ich schlich durch den Hintereingang ins Haus und ging sofort in unser Schlafzimmer – und da waren sie, Ike und Ann. *Aaaah!* Sie waren noch nicht einmal im Bett! Es war die reinste Porno-Show! Also wirklich, Ike war total geschockt. Ich glaube nicht, daß jemand ihn schon mal in einer solchen Situation erwischt hat. Ich sagte kein Wort. Ich machte nur »Tsk« und ging wieder und verkroch mich in einem anderen Teil des Hauses. Ike dachte, ich wäre hinausgerannt, deshalb zog er sich an und suchte vor dem Haus nach mir. Nachdem er wieder zurückgekommen war und ich das Wohnzimmer betrat, erklärte ich ihm, daß Ann nicht länger im Haus bleiben dürfe. Ich glaube, er sah ein, daß er sie wirklich lieber wegbringen sollte, denn kurz danach bezog sie ein paar Straßen weiter ihr eigenes Apartment.

Damals hatte ich Ann wirklich satt, und ich war ganz schön sauer auf sie. Eines Tages kam ich mal wieder nach Hause, sie war schon da und tat so, als wäre das völlig normal. Nun, ich explodiere sehr leicht, und ich schnappte mir einen Hammer und wollte diese Schlampe eigenhändig umbringen! Was mich daran hinderte, waren nur die Hausschuhe, die ich trug, und der verdammt glatte Fußboden: Ich packte das Girl, griff nach dem Hammer, aber ich rutschte aus und fand mich plötzlich auf dem Fußboden wieder. Dann tauchte Ike auf und beendete die ganze Sache.

Danach waren seine Frauengeschichten etwas Alltägliches. Ike schämte sich überhaupt nicht. Und die Frauen mochten ihn, denn was Geschenke und kleine Aufmerksamkeiten anging, da war er unheimlich großzügig. Er kaufte ihnen alles mögliche Zeugs und zahlte sogar die Miete für die Wohnungen. Dauernd stieg er den Weibern nach. Manchmal versammelten wir uns alle hinter der Bühne, und dann entdeckte ich ihn in einem Spiegel und sah ihn bei einer Frau eines unserer Musiker stehen und Dinge sagen wie: »Mit dir möchte ich es auch mal treiben.«

Nach einiger Zeit erfuhr ich dann, daß, wenn die Musikerfrauen vorbeikamen, um ihre Männer am Tourneeort mal zu besuchen, und sich anschließend wieder verabschiedeten – und die Typen glaubten, sie wären wieder auf dem Weg nach Hause –, Ike die Frauen irgendwo in einem Hotel untergebracht hatte, wo sie ihn erwarteten. Das muß man sich mal vorstellen – die Frauen seiner eigenen Musiker! Schließlich sah ich solche Sachen sogar mit eigenen Augen und hörte nicht nur davon. Es war schrecklich, dieses Leben, das ich führte. Zuerst hatte ich gedacht: »Schön, Ike ist mein Mann, und wir haben unsere Kinder, und ich sorge dafür, daß wir ein schönes und glückliches Leben führen.« Und nun saß ich hier, inmitten dieser sadistischen Hölle, schämte mich furchtbar und war völlig ohne Hoffnung, wie es schien. Am Ende erwischte ich eines Tages Ike und Ann Thomas zusammen im

Wohnzimmer; da gab ich es auf. Ich wußte, es würde nie aufhören. Ich war so trübsinnig, hatte alles so satt, war so total unglücklich.

Ich hatte schon mal versucht, Ike zu verlassen, und zwar ein paar Jahre vor dieser Zeit. Ich war ganz verrückt nach einer bestimmten Perücke gewesen, und Ike wollte sie mir nicht kaufen. Doch er hatte etwas für ein Girl von den Ikettes besorgt. Ich war beleidigt und ging hin und kaufte mir die Perücke selbst. Allein das war schon nicht ganz einfach, denn Ike wollte nicht, daß ich über eigenes Geld verfügte. Er gab Geld für mich aus – wenn er dazu Lust hatte, aber niemals durfte ich selbst Geld in der Tasche haben. Na ja, einmal hatte ich ihn um fünf Dollar pro Woche angebettelt, nur ein kleines Taschengeld – *fünf Dollar* –, und er hatte nein gesagt. So war ich richtig gut darin geworden, ihm Geld aus seinem dicken Bündel Scheine herauszufischen, das er immer mit sich herumschleppte, um damit vor den Leuten anzugeben – ich fingerte immer nur ein paar Scheine aus der Mitte der Rolle heraus, und er bemerkte davon nicht das geringste, klar? Ich verschaffte mir also auf diese Art und Weise das Geld und kaufte mir einfach die Perücke, die ich wollte. Eigentlich erwartete ich nicht, daß ihn das störte. Aber er verprügelte mich deswegen – und das war das erste Mal, daß ich ihn verließ. Ich borgte mir Geld von den Ikettes und von meiner Schwester und setzte mich in einen Bus nach St. Louis, um zu meiner Mutter zurückzufahren. Nun, Ike bekam heraus, welchen Bus ich genommen hatte und wo er überall anhielt – ich hätte eigentlich damit rechnen müssen, daß Ike zu so etwas fähig war. Ich war auf meinem Platz eingeschlafen, und dann hörte ich dieses Geräusch – jemand klopfte ans Fenster. Ich schreckte hoch, und – *aaah!* – da war er. Ich mußte aus dem Bus aussteigen und mit ihm kommen. O Boy, ich erinnere mich, daß dies das erste Mal war, daß ich eine Tracht mit dem Kleiderbügel bekam. Er sagte, ich wolle ihn ruinieren, ich sei genau wie alle anderen, alle hätten ihn verlassen. Und als wir wieder auf unserem Zimmer waren, verpaßte er mir mit dem zurechtgebogenen Drahtkleiderbügel eine weitere Tracht Prügel – und so fing es damit an. Es war der reinste Horror-film. Das war aus meinem Leben geworden: ein Horrorfilm, aber ohne Unterbrechungen.

Na schön, eine gab es vielleicht. Beinahe jedenfalls. Irgend-wann in dieser Zeit verließ uns unsere Band – sie packten ein-fach die Koffer und gingen. Weil Ike damals wirklich mit nie-mandem zurechtkam. Ich war der einzige Mensch, der zu ihm hielt, und ihm war das nicht mal bewußt. Wir mußten jeden-falls eine ganz neue Band zusammenstellen, und die Leute, die wir fanden, waren ganz anders als die Musiker, mit denen Ike bisher gearbeitet hatte. Gewöhnlich umgab er sich mit echten Typen, von der Straße sozusagen – guten Musikern, aber dazu auch Kerle, die genauso gelebt hatten und lebten wie Ike selbst. Aber diese neuen Burschen waren anders, sie hatten so etwas wie Klasse – gebildete Schwarze, Musiker, die tatsächlich Noten lesen konnten. Also das war etwas völlig Neues. Als Ike nun seine neue Band zusammenstellte, be-stellte er die Musiker zum Vorspielen in unser Haus. Und eines Tages, als ich wieder mal die Tür öffnete, um jemanden einzu-lassen, stand da ein richtig gutaussehender Mann vor mir. Nicht nur gutaussehend, nein, da war auch noch etwas anderes an ihm, etwas Besonderes. Und mein Herz begann so wild zu klopfen wie früher bei Harry Taylor. Mir gefiel einfach alles an diesem Mann: sein Gang, seine Hände, seine Füße, sein Sinn für schicke Kleidung! Innerhalb einer Sekunde hatte ich ihn von oben bis unten gemustert, und meine Hände wurden rich-tig feucht. Ich sagte nur: »Oh, kommen Sie rein.«

Er hieß Johnny Williams und spielte Baritonsaxophon. Zu dritt saßen wir dann am Tisch und unterhielten uns. Johnny las Bücher, machte Yoga und lebte sehr gesundheitsbewußt. Und er war ein Gentleman. Ich glaube, Ike hat damals am Tisch gleich gemerkt, daß es zwischen Johnny und mir irgendwie gefunkt hatte. Er war haargenau mein Typ: Er hatte gute Manieren, seine Haut war hellbraun – genau wie bei Harry Taylor und seinen Freunden damals in Brownsville. Nun, Johnny nahm den Job an, und ich hatte plötzlich etwas, worauf ich mich jeden Abend freuen konnte – jemanden in unserer Truppe, den ich wirklich mochte.

Zwischen mir und Johnny ist niemals irgend etwas passiert, doch sehr bald wußten alle, was ich für ihn empfand. Wir hörten immer, wenn er sich auf seinem Saxophon warmspielte – das ging dann *ba-duh-duhhh* – und sehr schnell fingen die Girls an, mich »Duh-Duh« zu rufen. Ich erzählte es einmal sogar Ike – mich muß der Teufel geritten haben –, ich sagte: »Jesus Christus, dieser Baritonspieler ist wirklich das Größte.« Ich erwartete nicht, daß Ike das etwas ausmachte, und anfangs war das auch nicht so. Doch nach einer Weile merkte er schon, daß ich diesen Typen richtig gern hatte: und dann geriet er mit mir öfters in Streit. Ich wurde verprügelt. Es war mir egal. Fast schien es mir, als wäre Johnny mir geschickt worden: als hätte Gott mir etwas gegeben, wofür ich leben konnte. Er war immer sehr höflich – »Guten Morgen, Tina, wie geht es dir heute?« Ganz ehrenwert, nichts Plattes, Aufdringliches. Aber es war schließlich Johnny, der mir half, mein Selbstvertrauen wiederaufzubauen. Immer sagte er Sachen wie »Tina, du siehst heute wieder bezaubernd aus.« Und wenn jemand eine spöttische Bemerkung machte – zum Beispiel über »Tinas Beine« oder etwas in der Richtung – dann war Johnny schon zur Stelle und meinte: »Tinas Beine? Ich hab' noch nie schönere Beine gesehen als Tinas.« Das war seine Art, mir Komplimente zu machen. Er meinte es wirklich ernst.

Ich war in Johnny sehr verliebt, aber ich bin nicht der Typ, der mit jedem in die Federn hüpft, daher kamen wir nie zusammen. Einmal jedoch ergab es sich, daß ich für einige Minuten mit ihm allein war, und lieber Gott, war das aufregend. Wir waren mal wieder auf Tournee und Ike war irgend etwas besorgen, daher nutzte ich die Gelegenheit und schlich mich zu Johnnys Zimmer. Ich trat ein und warf mich ihm sofort in die Arme. Es war das erste und letzte Mal, daß wir uns je berührten. Ich kam mir vor wie in einem seligen Traum. Wir saßen da und kicherten und schauten uns gegenseitig an und lachten. Natürlich konnte ich nicht bleiben. Ich hatte solche Angst, daß Ike jeden Augenblick zurückkommen konnte, daß ich sofort wieder in mein Zimmer lief. Aber diese eine Umarmung mit Johnny blieb mir noch jahrelang in Erinnerung.

Natürlich hielt er es nicht lange bei uns aus – ein Knabe wie er blieb nicht bei Ike Turner. Eines Abends hatten Ike und ich einen ganz besonders heftigen Streit – er hatte mal wieder mit Johnny und 1966 angefangen (als ich »River Deep« ohne ihn aufgenommen hatte). Als ich dann zur Arbeit kam, war mein Gesicht fast auf das Doppelte angeschwollen: Die Lippen waren aufgerissen, ein Auge war praktisch zu – es war wie immer. Und was dann kam, werde ich niemals vergessen: Johnny fing regelrecht an zu weinen, und zwar vor Ike. Und dann nahm er sein Saxophon und verließ die Bühne.

Danach lieferte er auch seine Begründung. Er sagte: »Niemals mehr werde ich für einen solchen Kerl arbeiten.« Und was meinte Ike dazu? Er hätte sich vorkommen müssen wie der letzte Abschaum, aber man kann darauf wetten, daß ihn das alles gar nicht kratzte.

Danach wurde es erst richtig schlimm, denn dann kamen die Drogen. Das erste Mal, als ich selbst beobachten konnte, wie Ike Kokain schnupfte, war in San Francisco. Er machte das mit einem zusammengerollten Hundert-Dollar-Schein – das sollte ganz besonders schick sein, was? Keine Ahnung. Ich fragte mich nur: »Möchte bloß wissen, warum sie das mit Geld machen.« Ich glaube, er hatte schon seit einiger Zeit heimlich Kokain genommen, aber nun machte er es ganz offen. Nicht lange, und er hatte immer kleine Behälter bei sich, und dann tauchten Leute auf, die ihm so kleine Schachteln zusteckten... nach einer Weile ging er damit um, wie mit einer Zigarettenschachtel. Kokain – das Zeug habe ich niemals ausprobiert. Ich hab' mir noch nie irgend etwas in die Nase stecken können. Zum Beispiel kann ich auch nicht schwimmen, weil einem schon mal Wasser in die Nase dringt, und dann tun meine Nebenhöhlen weh. Erst recht hatte ich Angst davor, irgendein Pulver mit der Nase hochzuziehen, aus Furcht, dann nicht mehr atmen zu können, glatt zu ersticken.

Ike hatte damit keine Probleme. Das Kokain machte ihn... nun, gewalttätig war er ja schon immer gewesen, aber mit dem Kokain wurde es noch schlimmer. Alles geschah viel schneller – die Wutausbrüche, die Prügeleien, seine Ungeduld, wenn es geschäftliche Probleme gab. Es kam so weit, daß man Angst hatte, ihn überhaupt anzusprechen, weil man nie wußte, wie er reagierte. Wenn ich glaubte, daß er vorher schon schlimm war, dann wurde er durch das Kokain zu einem richtigen Teufel.

Im darauffolgenden Jahr, 1968, verschlimmerte sich Tinas Unterdrückung. Im Frühjahr flog die Revue zu einer weiteren Tournee nach England, und dort erlebte Tina ihre nach eigener Aussage wohl schlimmste Erniedrigung. Ausgelöst wurde sie, zumindest indirekt, durch Ann Thomas, immer noch eine nicht singende Ikette und mehr als je zuvor das Objekt von Ikes hitzigen Nachstellungen.

Ann Cain: Ich nahm ebenfalls an der Tournee teil. Tina und Ann Thomas waren wie Zwillingsschwestern. Als wir in London ankamen, stellten beide fest, daß sie schwanger waren – und zwar von Ike, was sonst. Also sagte Tina zu Ann: »Ich will keins mehr von ihm haben – das kannst du vergessen, Honey. Wenn du es haben willst, dann bekomm's.« Tina ließ die Schwangerschaft abbrechen.

Tina: Als ich erfuhr, daß Ann von Ike schwanger war, verlor ich jegliches Gefühl für ihn als meinen Ehemann. Das war das Ende. Ich wünschte mir wirklich, daß Ike sie heiraten würde und daß wir dann wieder zueinander sein könnten wie Bruder und Schwester – alles nur rein geschäftlich. Aber er mußte beides haben – hier die Ehefrau und dort die Geliebte. Wenn wir unterwegs waren, war sie immer in einem Zimmer direkt neben unserem untergebracht. Er versuchte auch gar nicht mehr, die ganze Angelegenheit geheimzuhalten. Einmal stieg er aus unserem Bett, ging durch die Verbindungstür zwischen beiden Zimmern – er machte sie nicht einmal hinter sich zu – und kroch zu ihr ins Bett, schlief mit ihr und kam dann wieder zurück in unser gemeinsames Bett.

Was die Sache noch unerträglicher machte, war die Tatsache, daß Ann und ich die besten Freundinnen waren. Wir hockten immer zusammen und hatten stets etwas zu lachen. Wir hatten außer uns niemanden bei der Truppe. Sie war noch ein so junges Mädchen, anfangs nur ein Fan, die sich mit diesem Typen niemals hätte einlassen dürfen. Doch nun war es zu spät, und sie befand sich in der gleichen Lage wie ich.

Wenn wir reisten... nun, Ike flog nicht gerne, und Erster Klasse schon gar nicht, es war ihm zu teuer. Wenn wir also flogen, dann nur Economy, und zwar wir drei. Er buchte dann immer drei Plätze nebeneinander, und ich saß auf einer Seite und Ann auf der anderen, und Ike war in der Mitte. Sobald die Maschine dann gestartet war, streckte er sich aus, um zu schlafen – sein Kopf in Anns Schoß und seine Füße in meinem. Und so mußten wir dann die ganze Zeit sitzen bleiben.

Auch sie bekam ihr Fett weg, Ann Thomas, meine ich. Niemand, der mit Ike enger zu tun hatte, führte ein einfaches Leben. Genauso wie ich in der ersten Zeit hatte Ann Angst, ihm zu widersprechen. Ich allerdings kam allmählich zu dem Punkt, wo ich bereit war, mich zu wehren – denn ich war es endgültig satt, mich vor ihm zu fürchten, ich war es satt, geschlagen und gequält zu werden, mir reichte einfach alles. In jener Zeit führte die Tournee uns quer durch Europa, und ich erinnere mich an eine Gelegenheit, in der Schweiz, als wir in seinem Wagen unterwegs waren – ich und Ann auf dem Rücksitz, Ike zwischen uns und natürlich schlafend – und ein großer roter Ferrari neben uns auftauchte und uns überholen wollte. Und der Typ am Steuer sah zu uns herüber und entdeckte Ann, doch anstatt weiter Gas zu geben, blieb er neben uns und starrte sie an – das war Liebe auf den ersten Blick, glaube ich. Nun, das Hotel, in dem wir absteigen sollten, war nicht mehr allzu weit entfernt. Als wir dort eintrafen, erfuhren wir, daß der Typ in dem roten Ferrari sich an der Rezeption erkundigt hatte, ob dort irgendwelche Showleute angemeldet seien, und er hatte gehört, daß es sich um Ike und Tina Turner handelte. Daraufhin hatte er für das Girl, das »mit Ike und Tina Turner im Wagen sitzt« eine Nachricht hinterlassen.

Nun, Ike bekam Wind davon, er verstand sofort, was los

war. Wir dachten uns überhaupt nichts dabei. Einige von unseren Mädchen machten Witze über diesen Knaben, der hinter Ann her war, doch wir wußten auch, daß Ann viel zu clever war, einen anderen Mann auch nur anzusehen. Spät am Abend jedoch, als ich in meinem Zimmer lag und schlief, weckte mich ein furchtbarer Lärm. Ich hörte nur verzweifelte Schreie und dieses »Au! Au!« Ich hatte keine Ahnung, was im Gange war. Ich klopfte an Anns Tür, um sie zu fragen, ob alles in Ordnung sei, aber sie war nicht in ihrem Zimmer. Also lauschte ich genauer – es war richtig gespenstisch, dieses Geschrei; man konnte es überall hören. Dann erkannte ich, daß Ann diese Schreie ausstieß – und ich geriet in Rage. Sie hatte überhaupt nichts getan; warum wurde sie dann verprügelt? Ich öffnete meine Zimmertür und sah eines der anderen Mädchen auf dem Korridor. Sie machte »Pssst!« Dann erzählte sie mir, was passiert war. Offenbar war der Typ mit dem roten Ferrari in Ikes Party-Raum aufgetaucht und hatte Ann gesucht. Ike hatte sie geholt. Er bedrohte sie und zwang sie, sich vor dem Fremden auszuziehen. Danach zerrte er sie aus dem Zimmer, halbnackt, und weiter ins Treppenhaus, und dort verprügelte er sie. Na ja, ich lief los und riß die Treppenhaustür auf, und da war Ann, zerschunden und weinend und sich schämend. Ich sah sie nur an, dann sah ich ihn an, und ich sagte: »Ike, du solltest dich schämen.« Und in diesem Moment, so glaube ich, tat er das wirklich, denn er begriff, daß alle hören konnten, was er mit ihr anstellte. Ich sollte lieber sagen, es war ihm peinlich. Denn für Ike schien Scham so etwas wie ein Fremdwort zu sein.

Ann Cain zog sich kurz danach aus Ikes Umgebung zurück, als bekannt wurde, daß Ann Thomas von ihm ein Baby bekam. Die Cain zumindest hatte endlich genug.

Ann Cain: In all den Jahren, die ich mit ihm zusammen war, hat Ike mich niemals geschlagen. Weil ich jemand bin, den man erst ins Gefängnis stecken muß, um ihn zu verprügeln, und Ike wußte das. Und dann kam diese Tournee durch die Südstaaten, dabei begriff ich, daß Ike wohl nicht mehr ganz beieinander war. Wir waren in Atlanta und saßen im Restaurant des Hotels, in dem wir abgestiegen waren, und er sagte etwas, das mir nicht paßte. Ike legte sich immer mit Leuten an und wollte mit ihnen einen Streit vom Zaun brechen. Ich gab ihm die passende Antwort, stand auf und ging hinauf auf mein Zimmer. Ich wußte, daß ich ihn auf hundertachtzig gebracht hatte und daß er gleich nachkommen würde, deshalb ließ ich die Tür gleich offen. Tatsächlich, da kommt er schon. Und er sagt: »Was hast du da gesagt? Du hältst dich wohl für besonders schlau, was, du Nutte?« Er hatte eine akustische Gitarre unterm Arm, und er trieb mich im Badezimmer in die Enge und schlug mit dem Instrument auf mich ein. Ich hielt die Arme hoch, um meinen Kopf zu schützen, und schließlich zerbrach die Gitarre auf meinem Ellbogen. Daraufhin geriet er erst richtig in Wut. Er fluchte: »Du hast meine Gitarre ruiniert!« Und ich dachte mir: »Dieser Mann hat sich total verändert, er wird allmählich wahnsinnig.«

Wir mußten Atlanta noch am gleichen Abend verlassen und in den nächsten Tourneeort fahren. Ich hatte unter einem Auge ein richtig dunkles Veilchen. Tina sah mich an und meinte: »Ike hat dich geschlagen, nicht wahr?« Ich nickte und antwortete: »Ja, woher weißt du das?« Sie gab keine Antwort. Dann: »Du solltest zu einem Arzt gehen. Vielleicht hast du eine Gehirnerschütterung.«

Tina war immer um andere Menschen besorgt, unglaublich!

Ann Cain wurde als Businessmanagerin durch Rhonda Graam ersetzt. Tina war jetzt achtundzwanzig Jahre alt, fast schon neunundzwanzig, und es schien für sie keinen Ausweg aus diesem endlosen Kreislauf aus zuviel Arbeit und Erniedrigung zu geben, in den sie eingespannt war. Die Tourneen hörten nicht auf. Die Proben – nach den Auftritten, im Auto, im Haus am Olympia Drive, wo Ike sich im Wohnzimmer ein kleines Demo-Studio eingerichtet hatte – waren eine qualvolle Routine. Und in der wenigen Freizeit, die sie zur Verfügung hatte, wurde Tina in den Krankenhäusern in der näheren Umgebung zu einem vertrauten, stets lädierten Gast. Nathan Schulsinger, ein Krankenpfleger in der Notaufnahme des in der Nähe gelegenen Daniel Freeman Hospitals in Inglewood, kann sich an die Tina dieser Zeit noch sehr gut erinnern.

Nathan Schulsinger: Sie tauchte immer in ziemlich kritischem Zustand bei uns auf, mit zerschlagenen Knochen und voller Prellungen, das Gesicht verquollen, die Nase blutend, Blutergüsse unter den Augen, geschwollen und pechschwarz. Einmal wurde sie mit dem Wagen gebracht, von einem Fahrer. Ich säuberte nur ihre Wunden und wartete bei ihr auf den Arzt, der sie untersuchen sollte. Sie wollte nie im Krankenhaus bleiben – nur ein Mal, als ich sie wegen einer Überdosis behandelte. Mit einer Überdosis muß man im Krankenhaus bleiben.

Tina: Ja, schließlich kam es so weit, daß ich bereit war, zu sterben. Ike schlug mich mit Telefonhörern, mit Schuhen, mit Kleiderbügeln. Er würgte mich, boxte mich – das waren schon keine Klapse mehr. Einmal, kurz vor einem Auftritt, boxte er mich ins Gesicht und brach mir einen Kiefer – und ich mußte

In der Fernsehshow Playboy After Dark, *1968,*
Von links: Pat Powdrill, Ike Turner an der Gitarre, ich und Claudia Lennear.

RHONDA GRAAM

Publicity-Foto 1969
auf dem Bahnhof
von Los Angeles.
Von links:
Claudia Lennear, Edna
Lejeune Richardson
Woods, Esther Burton
Jones, Ike und ich.

BOB GRUEN

Die Ikettes und ich im Fillmore West
in San Francisco.
Von links: Esther Burton Jones, ich,
Edna Lejeune Richardson Woods,
Jean Brown und Ike (rechts außen)
an der Gitarre.

BOB GRUEN

BOB GRUEN

Ende der sechziger Jahre.

Mit Ike auf der Bühne,
Ende der sechziger Jahre.

BOB GRUEN

*Ende der
sechziger Jahre.*

*Kurz vor dem Bruch mit Ike,
Ende 1973.*

BOB GRUEN

Wieder eine Geburtstagsparty, diesmal während einer Tournee
in Deutschland, 1970. Vordere Reihe, von links: Ann Thomas,
Charlotte Lewis, ich. Hintere Reihe, von links:
Rhonda Graam (Sekretärin des Tourneemanagements),
Debbie Wilson und Linda Sims.

BOB GRUEN

*Anfang der siebziger
Jahre mit den
Kindern. Von links:
Ike Junior, Michael,
Ronnie und Craig.*

*Ike Turner in
der Garderobe, 1973.*

BOB GRUEN

◁

*Linke Seite unten:
Das Foto zeigt mich 1970
in Las Vegas mit einem
Jaguar XJ6, den ich von
Sammy Davis Jr. als
Dankeschön erhalten
hatte, daß ich in seiner
Fernsehshow aufgetreten war.*

BOB GRUEN

Ike schlafend im Flugzeug. Rechts außerhalb des Fotos ist Ann Thomas.
Ike benutzte uns gerne als Polster, wenn er unterwegs schlief.

Die Eröffnung der Bolic Sound Recording Studios in Los Angeles.
Von links: Hellseher Peter Hurkos, die Ikettes Jean Brown und Ester Jones,
die Sekretärin Linda Kraus, Ike und ich.

GLOBE PHOTOS

BOB GRUEN

Der Wohnraum von Ikes Apartment in den Bolic Sound Studios in Los Angeles. »Versandhauseleganz«.

Das Büro von Ike »Scarface« (Narbengesicht) in den Bolic Sound Studios.

GLOBE PHOTOS

BOB GRUEN

Küche und Speiseraum von Ikes Bolic Sound Studios sowie ein Wandgemälde von einem Paar beim Liebesspiel. Der Mann auf dem Bild ist der frühere Footballstar Jim Brown, ein damaliger Freund Ikes.

Ein Gemälde von einem Fan, das bei uns zu Hause hing.

raus auf die Bühne und singen, während mir das Blut aus dem Mund schoß. Ich dachte, ich könnte das alles nicht mehr länger ertragen.

Daher schmiedete ich einen Plan. Ich suchte meinen Hausarzt auf und jammerte ihm vor, ich könne überhaupt nicht mehr schlafen und bräuchte Tabletten – starke natürlich. Nun, der Arzt wußte selbst, daß ich Beruhigungsmittel nötig hatte, um mich etwas entspannen zu können. Ich war schon mal bei ihm gewesen und hatte mich über Kokain erkundigt – wie es wirkte und was es mit Ike anstellte. Er gab mir eine Flasche mit den stärksten Valiumtabletten, die es gibt. Fünfzig Stück!

An diesem Abend hatten wir einen Auftritt in L.A. in einem neuen Farbigen-Club namens Apartment auf dem Crenshaw Boulevard. Wir waren kurz vorher von einer Tournee aus Europa zurückgekehrt, und die Girls rannten in ihren Minikleidern herum – die waren damals in –, und ihre Perükken sahen richtig scharf aus: die gleiche Schau wie früher, was? Ich packte gerade meine Sachen zusammen, um in den Club zu fahren, und ich schaute mich um und dachte: »Goodbye, scheiß was drauf – ich hab' mit euch nichts mehr im Sinn.« Dann ging ich ins Badezimmer und ließ mir ein Glas Wasser einlaufen und holte die Flasche mit den Valiumtabletten hervor – ich schluckte alle fünfzig. Dann fuhren wir los zu unserem Auftritt.

Rhonda Graam: Ich war draußen am Eingang und sah mir an, wie die Leute hereinströmten, und jemand kam aus der Garderobe und sagte: »Du solltest lieber mal nach Tina sehen, sie scheint nicht ganz in Ordnung zu sein.« Ike war noch nicht da, also ging ich nach hinten. Tina war gerade damit beschäftigt, sich die Augen zu schminken, und die Wimperntusche lief ihr die Wangen hinunter. Ich fragte: »Duh-Duh, was ist los mit dir?« Ich bekam von ihr keine richtige Antwort – es war ein undeutliches Gemurmel, von dem ich nur soviel wie »Schlaaafftablettten« verstand. Sie dachte, wenn sie es bis auf die Bühne schaffte und dann dort erst zusammenbrach, dann würde Ike noch immer die volle Gage für die Show kassieren können – so pflichtbewußt war sie; ich konnte es einfach nicht fassen. Dann kam Ike herein, und er drehte durch. Er versuchte sie dazu zu bringen, daß sie sich erbrach; dann meinte er: »Hol den Wagen, wir bringen sie ins Krankenhaus.« Also packten wir sie in den Cadillac, und ich setzte mich ans Steuer. Ich überfuhr sämtliche roten Ampeln und Verkehrsschilder und alles, ich flog fast, denn Tina lag sterbend auf dem Rücksitz. Und Ike schlug ihr mit der flachen Hand ins Gesicht, versuchte sie wach zu halten und steckte ihr den Finger in den Hals. Wir erreichten das Krankenhaus – es lag am Ende der La Brea – und dort sagten sie uns: »Wir können keine Notfälle aufnehmen.« Ich erwiderte: »Was soll das heißen? Diese Frau stirbt, und Sie können keinen Notfall aufnehmen?« Sie meinte nur: »Tut uns leid. Fahren Sie zum Daniel Freeman.« Nun, das Daniel Freeman Hospital stand draußen beim Forum, in Richtung Flughafen – fünfzehn, zwanzig Minuten entfernt. Aber was sollten wir tun? Wir luden Tina wieder in den Wagen und jagten nach Inglewood. Von dem Verkehr um mich herum säh ich überhaupt nichts – wenn hinter uns ein Cop aufgetaucht wäre, dann hätte er Jagd auf mich machen müssen, denn ich hätte ganz bestimmt nicht angehalten.

Wir brachten sie also ins Daniel Freeman, schafften sie in die Notaufnahme, und sie pumpten ihr den Magen aus. Ike ging hinaus, um mit dem Arzt zu reden, und er sagte: »Bleib du bei ihr.« Es war ein unheimliches Gefühl. Der Raum war riesengroß, und darin war niemand außer mir und Tina, die auf einer Bahre lag. Keine Krankenschwester, niemand. Ich versuchte die ganze Zeit, sie wieder in die Gegenwart zurückzuholen, doch sie murmelte in einem fort: »Ich will nur sterben. Ich will nur sterben...«

Tina: Als ich im Club ankam, begannen die Tabletten bereits zu wirken. Eigentlich wollte ich mein Kostüm anziehen, auf die Bühne gehen und dort umkippen. Ich wußte nämlich, daß in dem Vertrag eine Klausel war, die besagte, daß Ike kein Geld bekäme, wenn die Band nicht vollzählig auf der Bühne erschiene; doch wenn wir anfingen und ich erst dann zusammenbrach, mußte die Clubleitung ihn trotzdem auszahlen. Es war so, daß Ike mir tatsächlich die fixe Idee in den Kopf gehämmert hatte, daß ich ihn nur Geld koste. Deshalb wollte ich nichts anderes als auf die Bühne – doch das schaffte ich nicht mehr. Denn als ich die Garderobe betrat, da benahm ich mich schon ein wenig seltsam, und die Girls ahnten sofort, daß etwas nicht stimmte, denn sie wußten, daß ich nicht trank oder Gras rauchte oder sonst irgendwelche Sachen nahm.

Sie erkundigten sich: »Was ist mit dir los, Tina?« Ich sagte nichts. Ich fing an, mein Gesicht zu schminken, es war furchtbar – meine Augenbrauen schienen über meine ganze Stirn zu wuchern und waren ein Gewirr von dicken schwarzen Strichen. Eines der Mädchen sah mich nur an und machte »Ohhh!«

Als Ike endlich eintraf, konnte ich schon nicht mehr stehen. Er drehte durch. Er brüllte: »Warum hast du das getan?« Ich sagte nichts. Konnte ich auch schon nicht mehr.

Nun, sie brachten mich ins Krankenhaus, und dort pumpten sie mir den Magen aus – aber danach konnten sie bei mir keinen Puls mehr feststellen. Nichts. Der Arzt glaubte schon, ich wäre endgültig abgetreten. Er ging hinaus und informierte Ike, und Ike erwiderte – mein Arzt erzählte es mir später – Ike sagte: »Ich will mit ihr reden.« Er kam rein und fing an zu sprechen, der Arzt riet ihm, nicht aufzuhören, und dann fanden sie auch meinen Pulsschlag wieder. Später machten wir Witze darüber und erzählten uns, Ike habe gesagt: »Du dämliche Pißnelke, stirb lieber nicht, sonst bringe ich dich um.« Eine solche wahnsinnige Angst hatte ich vor diesem Mann.

Allmählich kam ich dann wieder zu mir. Ich weiß nicht, wie lange es dauerte. Als ich allmählich wach wurde, bemerkte ich als erstes, daß meine Perücke weg war – ich hatte nur noch meine richtigen Haare auf dem Kopf, die ich zu kurzen Zöpfen geflochten hatte und an denen ich mit Haarklammern meine Perücke zu befestigten pflegte. Ich dachte: »O nein.« Dann schlug ich die Augen einen Spalt breit auf, und als erstes sah ich die weißen Krankenhausvorhänge. Ich dachte: »Oh, vielleicht bin ich im Himmel. Im Himmel ohne meine Perücke.« Dann, es war das zweite, was ich sah, schaute ich mich um und entdeckte Ike. Und ich dachte: »Mist, dann ist das hier ganz bestimmt nicht der Himmel.« Ich sah sein Gesicht und sagte: »Oh, nooo« – richtig laut –, und ich drehte den Kopf und blickte in die andere Richtung. Lieber Junge, danach machte er mich aber richtig fertig. »Du dämliche Schlampe, du versuchst, mein Leben zu ruinieren ...« Ich konnte kaum glauben, daß ich nach wie vor auf der Erde war und mir immer noch diesen Mist anhören mußte.

Kaum war ich aus dem Krankenhaus entlassen, da trieb Ike mich wieder zur Arbeit an. Mein Magen war zwar noch nicht ganz in Ordnung, aber das war ihm egal. Er zwang mich einfach. Ich ging auf die Bühne und versuchte zu singen, es tat schrecklich weh, und als ich wieder herunter kam, da hustete ich in einem fort und mußte mich übergeben. Ich schaffte es noch nicht einmal bis in die Garderobe; ich stand auf dem Gang, mir war todschlecht, und ich würgte. Ike kam heran und meinte nur: »Das geschieht dir recht. Du willst sterben? Dann stirb!«

Ich glaube, in diesem Moment fragten sich sogar seine Freundinnen – die Sekretärinnen, die zahlreichen Ikettes, alle Frauen, die so verrückt waren nach ihm – sogar sie fingen an sich zu fragen, was für ein Mensch das überhaupt war, mit dem sie sich da eingelassen hatten.

Das war auch der Moment, in dem ich Ike Turner zu hassen begann. Zuerst hatte ich ihn gemocht – als Freund! Ich war ein kleines Mädchen, frisch von der High-School, und er war derjenige, der mich ins Geschäft einführen konnte und mir half, meine Träume zu verwirklichen. Daraus wurde dann Liebe – oder was man so für Liebe hält, denn was wußte ich damals schon von der Liebe. Dann, bei den Frauen und den Prügeleien, war diese Liebe zu Ike immer weniger geworden, bis ich sie ganz verloren hatte. Und nun, nach den Schlaftabletten und dem Krankenhaus, begann ich ihn zu *hassen*.

10

»LOVING YOU TOO LONG«

Das Jahr 1969 markierte für die Revue und für Tina selbst den großen Umbruch. Im Jahr zuvor hatten sie in Las Vegas ihre ersten großen Auftritte gehabt – zum Beispiel im Salon des International Hotels, wo der Superstar Elvis Presley nach einem sensationellen Fernsehspecial, in dem er sich auf seine Ursprünge besann, sein Comeback im großen Saal feierte. Vegas! Der Strip! Ike fühlte sich wohl – er liebte das Luxusleben in einer der prachtvoll ausgestatteten Millionärssuiten im dreiunddreißigsten Stock; genauso liebte er es, an den Spieltischen kleine Vermögen einzustreichen (und oft genug auch wieder zu verlieren). Er genoß den Umgang mit dem Las-Vegas-Adel. Sammy Davis jr.!

Tina fand Las Vegas ganz okay – bestimmt hatte es mehr Klasse als die winzigen Nester, in denen sie in früheren Zeiten gespielt hatte. Die Leute waren nett. Ann-Margret zum Beispiel – das war eine fleißige Frau nach Tinas Herz. Und, ja, Sammy Davis war auch prima.

Tina fing außerdem an, sich für Hit-Schallplatten zu interessieren. Ihr Leben mit Ike war so gestört wie eh und je, doch nun erwartete sie nicht mehr, daß es sich besserte. Zu diesem Zeitpunkt beschränkte sich ihre Beziehung ausschließlich auf das Geschäftliche. Doch die Geschäfte – zumindest in bezug auf Schallplattenumsätze – waren nicht allzu rosig gewesen.

Und wieder erschien Bob Krasnow. Seit dem kurzen Zwischenspiel mit den Turners in der Mitte der sechziger Jahre hatte Krasnow als Produzent bei Buddah Records gearbeitet und war nun im Begriff, ein eigenes Unternehmen zu starten. Da er Zugnummern brauchte, die er aufnehmen wollte, wandte Krasnow sich an seinen alten Kumpel Ike Turner.

Bob Krasnow: Ich hatte die grandiose Idee, mit Tina Turner den Otis-Redding-Song »I've Been Loving You Too Long« aufzunehmen. Ike sagte: »Das will ich nicht.« Ich entgegnete: »Hey, du mußt – Otis Redding ist heutzutage der beste Songschreiber, den man kriegen kann.« Ike sagte: »So gut ist er gar nicht.« Ich widersprach: »Glaub mir nur, er ist wirklich so gut!«

Daß Krasnow recht hatte, erwies sich, als Ike und Tina Turners Version von »I've Been Loving You Too Long« ihr erfolgreichster Hit seit Jahren wurde und im Mai 1969 bis auf Platz achtundsechzig der Charts vordrang. Die Single war eine Auskoppelung aus einem Album, *Outta Seasons*, auf dem kraftvolle Arrangements von Blues- und R-&-B-Standards von Lowell Fulson, Jimmy Reed, Elmore James, Little Walter und B. B. King versammelt waren. Außerdem zeigte es Fotos von Ike und Tina Turner mit weißem Make-up, wie sie gerade auf Wassermelonenstücken herumkauen. Viele schwarze Betrachter fanden diese Bildidee nicht besonders amüsant. Dazu meint Krasnow, dessen Idee das ganze war:

»Es war doch eine Parodie. Alle Weißen nahmen damals Bluesplatten auf, deshalb dachte ich mir: ›Schwarze können heute den Blues nur dann erfolgreich bringen, wenn sie zumindest weiße Gesichter haben, oder?‹ Wir hatten mit diesem Cover eine Menge Probleme. Es gab sogar Leute, die mich offen bedrohten.«

Abgesehen von den musikalischen Tugenden, fand sich bei *Outta Season* auf der Innenseite des Covers auch ein interessanter Produktionshinweis. Denn dort, unter einem Foto von Tina – die den Begriff *heiß* in einem kurzen schwarzen Minirock darstellte –, stand kleingedruckt: »Produziert von Tina Turner und Bob Krasnow.«

Sie trat auch – wie aufmerksame Schallplattenkäufer schnell erkannten – als Komponistin des letzten Titels auf der ersten Albumseite in Erscheinung, dieser ein düsterer Gitarrenblues mit dem Titel »I Am a Motherless Child«. Es war unverkennbar, Tina Turner fing an, die Dinge in die Hand zu nehmen.

Die Turners ließen *Outta Season* ein weiteres erfolgreiches Album für Krasnow folgen, *The Hunter*, welches mit dem Titelsong und mit »Bold Soul Sister« zwei weitere Singles unter dem Top hundred plazieren konnte. Zu Beginn ihres zweiten gemeinsamen Jahrzehnts schienen die Dinge für das Duo endlich in Bewegung zu geraten. Für Tina war jedoch die Musik, die sie mit Ike aufnahm, immer noch zu sehr mit dem R & B verbunden, mit den alten Gewohnheiten und der alten Welt, aus der sie sich gerne gelöst hätte. Sie begann, den Pop-Charts mehr Beachtung zu schenken – was sie nie zuvor getan hatte –, und was sie hörte, versetzte sie gelegentlich in Aufregung. Im August 1969 erreichten die Rolling Stones, ihre alten Tournee-Kollegen, mit »Honky Tonk Woman« Platz Eins der Charts. Im Herbst erschien eine außergewöhnliche Single von den Beatles, »Come Together«, die ebenfalls kurz darauf die Charts anführte. Tina zeigte ein zunehmendes Interesse an dieser neuen Rockmusik.

Tina: Früher hatte ich eigentlich niemals richtig Zeit gehabt, mir Musik anzuhören, denn ich mußte dauernd arbeiten – im Studio, auf Tourneen, praktisch nonstop. Ike hatte es fast geschafft, daß ich Musik haßte, denn etwas anderes gab es nicht für ihn: »Komm, wir gehen Schallplatten kaufen.« – »Machen wir eine Jam-Session.« – »Laß uns einen Song schreiben.« Immer nur Musik, Musik, Musik und nichts sonst. Nun, wir waren eines Tages in Seattle, und er ging mit mir in einen Schallplattenladen, und dort hörte ich zum erstenmal »Come Together«. Ich sagte: »Heh, was ist das?« Der Typ in dem Laden meinte, das seien die Beatles. Ich glaube nicht, daß ich bis dahin schon mal von ihnen gehört hatte. Aber dieser Song gefiel mir. Ich sagte zu Ike: »Bitte, laß mich den auch auf der Bühne singen.« Ich bettelte ihn an. Dann hörte ich »Honky Tonk Woman«, und auch darauf war ich scharf. Nun, wir hatten eigentlich schon immer Coverversionen gebracht, daher meinte Ike, das sei schon in Ordnung. Dann kam »Proud Mary«. Am Anfang haßte Ike den Creedence-Clearwater-Revival-Song, doch dann hörte er die Version von den Checkmates und überdachte seine Entscheidung noch mal. Wir fingen mit der Arbeit daran auf dem Rücksitz des Autos an und machten dann intensiv weiter, ehe wir ihn in unser Bühnenrepertoire aufnahmen.

Damals fing ich an, meine Liebe zur Rockmusik zu entdecken. Es war nicht so, daß wir in dieser Richtung irgend etwas geplant hatten, nicht nach dem Motto: »Jetzt fangen wir an, weißen Rock zu spielen.« Aber diese Gruppen interpretierten die schwarze Musik. In irgendeiner Weise landeten sie dabei auch beim R & B, doch das war nicht auf Anhieb offensichtlich. Will sagen, es war nicht so wie bei den alten Sachen. Es war »Honky Tonk Woman« – wow! Das machte mich richtig an.

Die Revue erhielt bald Gelegenheit, ihr neues schwarzes Rock-Material vor einem idealen Publikum zu testen. Im September wurde verkündet, daß die Rolling Stones, mit ihrem neuen Gitarristen, Mick Taylor, der den verstorbenen Brian Jones ersetzte, im November eine Tournee durch die USA planten, die sie bei achtzehn Konzerten durch dreizehn Städte führen würde. Diese Reise sollte gefilmt werden, und der Film sollte später in die Kinos kommen. Begleitet würden die derzeit die Szene regierenden bösen Buben des englischen Rock von dem britischen Gitarristen Terry Reid und, wie üblich, von den Lieblingsbegleitsängern der Stones: B. B. King und Ike und Tina Turner.

Die Stones-Tournee, die auch als Werbefeldzug für ihr neues Album *Let It Bleed* geplant war, weckte kritische Stimmen, da sie in bezug auf Eintrittspreise einen neuen Maßstab setzte: $ 12.50 pro Karte. Die Fans beklagten sich hingegen überhaupt nicht. Die Premiere im Forum in Los Angeles am 8. November war ein überwältigender Erfolg. Das Konzert am darauffolgenden Abend, im Coliseum in Oakland, weckte ähnlich enthusiastische Reaktionen. Ralph Gleasen, der angesehene Jazz- und Popkritiker des *San Francisco Chronicle* und Mitgründer des neuen *Rolling-Stone*-Magazins, schrieb, daß der Auftritt in Oakland »wahrscheinlich die beste Rock-Show war, die je präsentiert wurde«. Diesen Erfolg schrieb er nicht nur den Rolling Stones zu und ganz sicher nicht Terry Reid, den er einen Langweiler nannte. Nachdem er B. B. King gelobt hatte – der, unter anderem, einen zwanzig Jahre alten Titel von Louis Jordan gebracht hatte –, schrieb Gleason: »Nach B. B. Kings Auftritt brach der Dritte Weltkrieg aus. Oder genauer, Ike und Tina Turner. Betrachtet man das heutige Showbusiness, so dürfte Tina Turner die sensationellste weibliche Bühnenpersönlichkeit sein... sie rauscht herein wie ein Tornado... Sie tanzt und springt und windet sich und singt, der Eindruck ist sofort da und total... Sie brachte natürlich den Blues, aber die Nummer, die das Haus völlig außer Rand und Band geraten ließ, war ihre Version von »Come Together«, dem John-Lennon-Titel auf dem Abbey-Road-Album. Es war eine überraschende und wirkungsvolle Vorstellung. Und eines steht fest... Jagger sollte für seinen Mut ausgezeichnet werden, B. B. King und Tina Turner in seinem Vorprogramm auftreten zu lassen.«

Nebenbei schrieb Gleason auch zu Tinas Auftreten, daß »der Höhepunkt ihres Auftritts die wohl unverblümteste sexuelle Anspielung war, die ich je bei einem Konzert erlebt habe. Tina Turner liebkoste das Mikrofon, als wäre es ein besonders empfindlicher erogener Gegenstand, derweil sie sich wie in Krämpfen wand und dabei Laute von sich gab, die den Vergleich mit einem sexuellen Klimax näherlegten, als jede andere Schallplatte es vermocht hätte, die bis heute aus den Programmen der Rundfunksender verbannt worden ist.«

Hierbei handelte es sich natürlich um die aufwühlende, leidenschaftliche Version von »I've Been Loving You Too Long«, Ikes und Tinas Hit des vergangenen Frühjahrs. Später zur Unsterblichkeit erhoben in *Gimme Shelter*, dem Film von ihrer Tournee mit den Rolling Stones, war dies eine Nummer, die Tina in den folgenden Jahren geradezu zu verfolgen schien.

Tina: Als wir auf der Bühne mit »I've Been Loving You Too Long« anfingen, hatte Jimmy Thomas gesungen. Und er setzte immer ein mit »*Oh, baby, oh, ah…*« Als Jimmy uns dann verließ, übernahm ich den Song, denn er paßte sehr gut in unsere Show und war publikumswirksam. Ich begann, Jimmy zu imitieren, brachte jedoch auch noch einige weibliche Elemente mit ein. Am Anfang hatte der Song mir wirklich viel bedeutet. Dann wurde er mir langweilig, aber Ike drängte mich, ihn auch weiterhin zu singen. Er ging dazu über, im Hintergrund solche eindeutigen Geräusche zu machen, und das Ganze wurde richtig pornographisch. Peinlich, peinlich. Aber die Leute liebten das.

Die Rolling-Stones-Tournee endete am 30. November beim *West Palm Beach Pop Festival*. Die Ike-and-Tina-Turner-Revue nahm wieder ihre übliche Routine auf – und fehlte zufällig bei einem freien Konzert, das die Stones auf dem Altamont Speedway außerhalb von San Francisco am 6. Dezember organisiert hatten. Dabei kamen vier Menschen ums Leben (einer wurde erstochen); eine Ära des Friedens und der Liebe, die drei Monate vorher anläßlich des Festivals in Woodstock ausgerufen worden war, ging damit unwiederbringlich zu Ende.

Zu Beginn des neuen Jahrzehnts steckte der Revue immer noch die Stones-Tournee im Bewußtsein, durch die Turners einem umfangreichen weißen Rockpublikum vorgestellt worden waren.

»Bold Soul Sister« stand im Januar 1970 auf Platz neunundfünfzig in den Pop-Charts und kündigte ein Schallplattenjahr mit deutlicher Aufwärtstendenz an. Ike unterschrieb bei Minit Records, einem R-&-B-Label, welches zu Liberty/ United Artists gehörte. Letztere hatten damit die Turners während ihrer folgenden Karriere fest unter Vertrag. Im April erreichte Tinas eindringliche Darbietung von »Come Together«, kombiniert mit »Honky Tonk Woman« von den Stones auf der B-Seite, Platz siebenundfünfzig. Das Album gleichen Namens blieb neunzehn Wochen lang in den LP-Charts, ein ansehnlicher Erfolg, aber es schaffte doch nicht die Top hundred. Erfolgreicher war da eine wilde Version des Hits »I Want to Take You Higher« von Sly and the Family Stone. Dieser Titel kletterte im August bis auf Platz vierunddreißig der Single-Charts. Glückliche Zeiten. Ike schwamm in einem Geldmeer – Einnahmen aus dem überaus lukrativen Plattenvertrag mit Liberty/UA; aus den ständigen Tourneen, welche nach den Shows mit Geld vollgestopfte Brieftaschen brachten. Mitten in diesem Aufwärtsschwung der Turners brach Tina, früher mit einer widerstandsfähigen Konstitution begnadet, plötzlich zusammen.

Tina: Ich hatte eine Erkältung, und die verschlimmerte sich zu einer Bronchitis. Mein Arzt riet mir: »Hören Sie auf zu arbeiten.« Ike meinte, das könne ich mir aus dem Kopf schlagen. Also arbeitete ich weiter, und es wurde eine Lungenentzündung daraus. Dann, als ich eines Abends wieder auf der Bühne stand, mit schrecklich hohem Fieber, blickte ich ins Publikum – und mir kam es vor, als hätte niemand ein richtiges Gesicht – da war nur ein Meer aus Köpfen. Ich dachte: »Lieber Gott, ich bin wirklich krank.« Aber ich mußte noch zwei Wochen mit diesem Fieber auf der Bühne durchhalten. Jeden Abend vor der Show nahm ich Aspirin, weil ich zudem furchtbare Kopfschmerzen hatte, und ich glaube, das alles muß in mir eine ganze Menge Dinge verbrannt haben. Eines Nachts wachte ich auf und sagte zu Ike: »Ich muß wohl ins Krankenhaus.« Er wollte davon nichts wissen, denn ihm war klar, daß er in einem solchen Fall einige Auftritte hätte absagen müssen. Er wußte aber auch, daß es mich das Leben kosten konnte, wenn ich nicht in anständige ärztliche Behandlung kam. So ging ich dann ins Krankenhaus. Natürlich mußte ich selbst hinfahren, mit dem Auto. Ich hatte vorher noch nie ein Auto gesteuert, aber ich dachte mir: »Ich lasse mich von diesem Kerl ganz bestimmt nicht umbringen.«

Im Krankenhaus wurde ich aufgenommen, aber es ging mir immer schlechter. Jeden Abend mußten sie mich in Eisumschläge einpacken, um das Fieber zu senken. Schließlich ließ ich meinen Hausarzt kommen. Er untersuchte mich und meinte am Ende, es wäre keine Lungenentzündung mehr – sondern Tuberkulose. Er machte einige Biopsien und auch eine Untersuchung der Rückenmarksflüssigkeit – Herrgott, tat das weh. Er stellte am ganzen Körper Infektionsherde fest, ich hatte sogar schon Knoten in den Beinen. Meine rechte Lunge war schwer in Mitleidenschaft gezogen. Ich war halbtot – damit im Leibe war ich auf Tournee gewesen.

Eines Tages, als ich immer noch ernstlich krank war, wachte ich in meinem Krankenhausbett auf und sah, daß das ganze Zimmer voller Blumen war. Aber ein Strauß stach aus den anderen hervor. Auf der Grußkarte stand: »Von Mick Jagger und den Rolling Stones.« Das war der glücklichste Augenblick für mich. Ich begann darüber nachzudenken, wer ich war, und zu spüren, wie und was ich darstellte. Dann kamen immer mehr Blumen, von Freunden, von Fans. Und mir wurde allmählich klar, daß die Leute an meinem Schicksal wirklich Anteil nahmen.

Von Ike kamen natürlich keine Blumen. Was war auch sonst zu erwarten gewesen?

Jahre später spürte ich immer noch die Nachwirkungen der Krankheit und erlitt kleinere Rückschläge. In jedem Hotel, in dem ich abstieg, fragte ich sofort nach dem nächsten Arzt, weil ich ständig Medikamente brauchte. Ich dachte, es wäre nur eine besondere Anfälligkeit für Erkältungen, und mir wurde nie bewußt, daß ich von der Tuberkulose überhaupt nicht richtig geheilt war; ich hatte die Krankheit noch immer. Schließlich, auf einer Reise nach London, riet mir meine Freundin Judy Cheeks, ich solle doch mal ihren Arzt, den Homöopathen Dr. Chandra Sharma, aufsuchen.

Dieser eröffnete mir, daß die Medikamente die Krankheit eher im Körper festhielten, als ihn davon zu befreien. Ich ging ins Krankenhaus und lebte drei Tage lang nach einer strengen Diät. Sharma erklärte mir, daß ich wohl drei Jahre lang nach seiner speziellen Diät und mit seinen homöopathischen Medikamenten leben müsse, ehe ich wieder ganz gesund wäre.

Erst 1980 hatte ich dann endlich das Gefühl, die Krankheit endgültig überwunden zu haben, acht Jahre nachdem ich mich damit angesteckt hatte. Dr. Sharma wurde in der Zeit ein wunderbarer Freund, obgleich es manchmal recht schwierig war, in Los Angeles zu leben und seinen Hausarzt in London zu haben. Dr. Sharma starb im Jahr 1986, und ich kann nicht ausdrücken, wie sehr ich ihn vermisse. Glücklicherweise war sein Sohn, Rajandra, schon frühzeitig auch sein Assistent, so daß er heute die Arbeit seines Vaters fortsetzen kann.

Nach ein paar Wochen kehrte Tina aus der Klinik heim und mußte feststellen, daß Ike das Haus am Olympia Drive während ihrer Abwesenheit völlig neu eingerichtet hatte. Fast hätte Tina der Schlag getroffen. Es sah jetzt dort aus wie in einem Freudenhaus des Teufels, ein Las-Vegas-Alptraum aus tiefen roten Teppichen, Stofftapeten und einigen der bizarrsten Einrichtungsgegenstände, die sie jemals gesehen hatte:

eine eigens gebaute Samtcouch mit Armlehnen, die sich zu Tentakeln verlängerten, ein Rauchtisch in Form einer Baßgitarre, ein Wasserfall im Wohnzimmer. Fernsehapparate waren in Gehäusen installiert, die aussahen wie riesige Schnekkenhäuser, und im großen Schlafzimmer hing ein Spiegel an der Decke. Spiegel waren sowieso überall zu sehen, und viel farbiges Glas, roter und goldener Samt, eierschalenfarbenes Holz, Plastikpflanzen, gluckernde Aquarien – alles in gleißendster Pracht.

Ike hatte seine sündhaft teuren Anschaffungen bereits seinem alten Kumpel Bob Krasnow gezeigt, und der war tief beeindruckt gewesen. »Heißt das, man kann tatsächlich siebzigtausend Dollar bei Woolworth ausgeben?« hatte er gefragt. Tinas Reaktion sahen etwas unauffälliger aus. Sie gingen mehr nach innen.

Tina: Ike hatte einen Innenarchitekten, der ihm behilflich war, und ich glaube, all dieses Zeug reflektierte auch dessen Geschmack. Die Farben stürmten von allen Seiten auf einen ein. Ein Zimmer war blau. Die Küche war grün. Er dachte, ich wäre glücklich, weil, nun, weil ich grün mochte. Aber nicht unbedingt in der Küche. Und so war alles erstklassig ausgeführt und erst im Haus zusammengebaut worden – ich will sagen, das alles hat ein Vermögen gekostet. Aber es bewies schlechten Geschmack. Ich kam aus dem Krankenhaus wieder heim und warf einen Blick auf die Pracht und sagte nur: »O mein Gott.« Mehr nicht. Ike war darüber furchtbar wütend, aber er konnte sich nicht mit mir prügeln, weil ich noch immer krank war. Deshalb ging er einfach hinaus – das war das einzige Mal, daß das geschehen ist. Danach habe ich über die Einrichtung nie mehr ein Wort verloren. Ich war ja nur das Hausmädchen, wenn man es genau betrachtete.

Tinas Schwächezustand, durch die Tuberkulose hervorgerufen, dauerte an, doch sie kehrte schon bald wieder in den Tourneezirkus zurück, vollgepumpt mit Antibiotika. Den einen Abend waren sie in Las Vegas, am nächsten dann in irgendeinem verrauchten Kleinstadtschuppen, die Auftritte lagen zum Teil mehrere hundert Meilen auseinander. Wenn Ike es schaffte, dann gab es unterwegs noch kurzfristig anberaumte Sondervorstellungen. Das Tempo war brutal. Vegas war am besten: Die alljährlichen Aufenthalte der Turners im International und im Hilton gestatteten ihnen, die Kinder mitzunehmen. Manchmal, wenn sie als Vorprogramm bei Elvis Presley im International auftraten, nahmen sie alle vier Jungen in den Saal mit, um sich das Elvis-Programm anzusehen, und Elvis sprach dann die Familie an und ließ sie aufstehen, damit alle applaudierten. Und als die Revue in einer Episode der Fernsehserie *The Name of the Game* auftrat, die in Las Vegas gefilmt wurde, erwies Sammy Davis jr. sich als übermäßig großzügig.

Rhonda Graam: Die Episode enthielt zwar nur ein paar Aufnahmen von Ike und Tina auf der Bühne, aber als Belohnung dafür wollte Sammy Tina einen Mercedes kaufen. Ich sagte: »Tina möchte keinen Mercedes. Sie hätte am liebsten einen Jaguar.« Er meinte, er wüßte nicht, ob in der Gegend ein Jaguar zu bekommen sei. Ich erzählte ihm, daß ich bereits einen gesehen hätte im Ausstellungsraum eines Autohändlers – einen weißen XJ 6 mit vier Türen. Sammy meint okay, was kostet er? Ich glaube, es waren damals sechstausend Dollar.

Tina hatte von all dem keine Ahnung. Also organisierten Sammy und ich die Sache gemeinsam, und er besorgte den Wagen, brachte ihn abends zum Hotel und parkte ihn genau vor dem Eingang. Dann, nach der Show, bat er Tina nach draußen, er wolle ihr etwas zeigen. Sie trat aus der Tür, und da war er – dieser prachtvolle weiße 1970er Jaguar. Tina rannte hin und sprang auf die Motorhaube, hüpfte darauf herum, so aufgeregt war sie. Dann machte sie mit einigen von uns eine Spazierfahrt und ließ jeden auf dem Parkplatz einmal ans Lenkrad. Sie war so glücklich.

Tina: Das war wirklich ein Höhepunkt, denn seitdem konnte ich abends manchmal das Hotel verlassen und ein wenig spazierenfahren. Es war wundervoll, ein kleines bißchen Freiheit.

Ike hat es in Las Vegas auch gefallen.

Ike: Beim Würfeln habe ich immer Glück, und in Vegas hatte ich schon *verdammtes* Glück. Mann, im Hilton gewann ich an einem Abend über hundertsiebzigtausend Dollar. Und woanders waren es mal hundertzwanzigtausend.

Rhonda Graam: Es war schon eine große Sache, nach Vegas zu gehen und vor einem völlig anderen Publikum aufzutreten. Aber es war eine Knochenmühle. An den Wochenenden mußte man fünf Shows pro Abend und Nacht absolvieren – die letzte begann um fünf Uhr morgens. Und wir mußten uns mit Händen und Füßen dagegen wehren, auch unter der Woche fünf Shows bringen zu müssen. Wir arbeiteten im Salon mit Wayne Cochran, diesem weißen Soulstar, der um die neunzig Bläser in seiner Band hatte. Er war phantastisch.

Ike bekam natürlich eine der Suiten im dreißigsten Stock – eine von denen, die man nicht mieten kann –, sie sind für die ganz reichen und wichtigen Leute reserviert. Ike setzte am Spieltisch nur schwarze Chips – die Chips, die hundert Dollar wert waren. Und manchmal hatte er sogar Glück: Ich kam ins

Kasino, und sein Tischende war mit diesen schwarzen Chips überladen. Einmal, nachdem er gerade seinen neuen Wagen abgeholt hatte, einen Langusta di Tomaso, ließ er Tina und mich im Café zurück, um spielen zu gehen. Er sagte, er wäre gleich wieder zurück. Wir warteten etwa eine Stunde, aber von Ike keine Spur. Endlich tauchte er mit den Händen voller Chips wieder auf und schleuderte sie in die Luft – es müssen so um die fünfzehntausend Dollar gewesen sein. Er sagte: »Los, geh den Tomaso bezahlen.«

Doch manchmal hatte er auch nicht so viel Glück. Bisweilen mußte ich nach Los Angeles zurückfliegen und an den Safe gehen und Geld herausholen. Ich erinnere mich, daß der Koordinator des Unterhaltungsprogramms Ike mochte und versuchte, ihn vom Spielen abzubringen. Er sagte: »Ich besorg' dir ein Klavier, ich stell's dir in deiner Suite auf, wenn du willst. Nur bleib bitte aus dem Kasino heraus.« Er prophezeite Ike: »Du endest genau wie alle anderen und mußt nur noch Schulden abarbeiten.« Aber Ike verlor niemals die Kontrolle über sich.

Die wahrscheinlich wichtigste Verbindung, die Tina in Las Vegas schloß, war die mit Ann-Margret, einer ähnlich hart arbeitenden Sängerin.

Rhonda Graam: Ich bat Tina, mich mitzunehmen zu der Ann-Margret-Show, abends im Tropicana. Wir mußten uns wirklich beeilen, denn Tina hatte ihre Show etwa zum gleichen Zeitpunkt beendet, an dem Ann-Margret mit ihrer begann. Wir bekamen nur die letzten fünf Minuten mit. Anschließend gingen wir hinter die Bühne; Ann-Margrets Ehemann, Roger Smith, war da. Er sagte: »Oh, kommt nur herein. Ann-Margret ist einer Ihrer größten Fans.«

Nun, das waren doch gute Neuigkeiten für Tina, oder nicht? Sie steht also da, hat sich ein Handtuch wie einen Turban um den Kopf gebunden, ist immer noch triefend naß von ihrem Auftritt, und dann kommt Ann-Margret heraus, und auch sie trägt einen Turban und ist völlig verschwitzt. Roger sagt: »Du wirst es nicht glauben – Ann, hol die Schallplatten.« Und sie ging hinter die Bar in ihren Wohnraum, und sie kam mit allen Schallplatten wieder zurück, die Tina je gemacht hatte. Und sie wußten noch nicht einmal, daß sie an diesem Abend hatte kommen wollen, um sich die Show anzusehen. Ann-Margret erzählte, daß sie und Roger Smith ihr erstes Rendezvous bei einem Konzert von Ike und Tina Turner hatten.

Auf der Fahrt durch Florida gegen Ende 1970 ging Ike mit Tina in ein Studio, um die Version von »Proud Mary« aufzunehmen, die sie während der letzten beiden Jahre auf der Bühne aufpoliert hatten. Es war eine radikale Überarbeitung des Originalhits von Creedence Clearwater Revival. »Wir machten ihn zu unserem Song«, erzählt Tina. »Mir gefiel die Originalversion, aber unsere gefiel mir noch besser, nachdem wir sie im Kasten hatten. Meiner Meinung nach war sie viel rockiger.«

Veröffentlicht im Januar 1971, wurde Ikes und Tinas »Proud Mary« schnell ihr größter USA-Hit. Mitte März stand er auf Platz vier der Pop-Charts – die Platte mit der besten Notierung, die sie je haben sollten –, und im Mai waren davon schon eine Million Stück verkauft worden. (Am Ende sollte Tina für diese Schallplatte ihren ersten Grammy Award für die beste R-&-B-Gesangsdarbietung erhalten.)

Ike hatte Geld in Hülle und Fülle, daher beschloß er, sich einen lange gehegten Traum zu erfüllen: ein eigenes Aufnahmestudio. Keine Proben mehr im Wohnraum des Hauses am Olympia Drive. Keine gehetzten Sessions mehr in Studios, für deren Benutzung man hundert Dollar Miete pro Stunde zahlen mußte. Ike würde seine eigene Hit-Fabrik haben, und dort könnte sein Genie sich endlich ungehindert entfalten. Er kaufte ein mittelmäßig großes einstöckiges Gebäude, die Nummer 1310 in der La Brea Avenue – eine kurvenreiche Fahrt von fünf Minuten den Berg von View Park Hills hinunter. Dann riß er das Gebäude regelrecht auseinander, machte es schalldicht und schleppte anschließend tonnenweise modernste Aufnahmetechnik hinein. Da die Entwicklungen auf diesem Gebiet sich überschlugen, wurde das eine ziemlich teure Angelegenheit. (Ein Steuerpult kostete zum Beispiel neunzigtausend Dollar.) Aber Ike war davon überzeugt, daß diese Investition sich für ihn auszahlen würde. Er hatte in dem Gebäude zwei vollständige Studios eingerichtet: ein kleines, das Ike für sich reservierte, und ein großes, das er vermieten konnte. Während andere Gruppen und Künstler ihn für die Benutzung des großen Studios bezahlten, argumentierte Ike, würde er mit seinen Musikern im kleinen sitzen und neue Dinge austüfteln können. Im hinteren Teil des Gebäudes, hinter einer einbruchssicheren Schutztür, richtete er Räumlichkeiten für private Partys ein sowie ein Apartment mit Liebesnest, das ähnlich ausgestattet war wie das Haus am Olympia Drive. (Ein besonders imposantes Detail dieses luxuriösen Zufluchtsortes war ein wandhohes Gemälde von einem schwarzen Paar, beide nackt, das sich leidenschaftlich umarmte.) Hier war wenigstens das Königreich, das Ike als sein persönliches, eigenes bezeichnen durfte – ein Ort, an dem er Tag und Nacht komponieren und aufnehmen konnte, Tag und Nacht, und wo er sich nachher mit einer der Dutzenden von Frauen entspannen und zerstreuen konnte, die stets verfügbar zu sein schienen, um seinen faunischen Hunger zu stillen. Er taufte das Studio Bolic Sound – ein Name, der eindeutig an den Namen Bullock erinnerte.

Im Bolic hatte Ike alles unter Kontrolle. Er installierte ein Monitorsystem, um jeden Winkel vom Schlafzimmer im hinteren Teil bis zur vorderen Eingangstür überwachen zu können. (Ein ähnliches System gab es auch im Haus am Olympia Drive.) Zurückgezogen in seinem Kontrollraum konnte Ike jeden Punkt seines Königreiches schnell erreichen. Sollte es Schwierigkeiten geben, so war er darauf vorbereitet. In dem Anwesen befanden sich eine Reihe von Pistolen, eine gleich neben dem Telefon, und eine Maschinenpistole – ein Geschenk eines Verehrers – war unter einer Kontrolltafel versteckt. Das einzige, was in dem Anwesen fehlte, war Tina. Aber sie hielt sich ganz in der Nähe auf, und man konnte sie sofort herbeirufen, wenn ihre Anwesenheit erforderlich war, um den Gesangspart für einen der Titel einzuspielen, an denen Ike und seine Band ständig herumbastelten. Diese Anrufe konnten zu jeder Tages- und Nachtzeit kommen. Denn nun, befreit von Einschränkungen durch Zeit und Geld, fühlte Ike sich ebenfalls befreit vom Schlafbedürfnis, von der Suche nach Ruhe. Nun war da das Kokain. Mengen davon.

Ikes erste Versuche mit Kokain hatten offensichtlich irgendwann Ende der sechziger Jahre stattgefunden. Laut Ann Cain war er damit von Larry Williams, einem Pianisten in New Orleans, in Berührung gebracht worden. Williams hatte in den fünfziger Jahren einige klassische Rock-Hits landen können: »Short Fat Fannie«, »Bony Moronie«, »Dizzy, Miss Lizzie«. Es war zwar nur eine kurze Erfolgsliste, aber die Beatles nahmen später »Dizzy, Miss Lizzie« auf, und John Lennon brachte eine Solo-Version von »Bony Moronie« heraus, und die daraus erwachsenden Tantiemen erlaubten Williams, der sich mittlerweile in L.A. niedergelassen hatte, ein angenehmes Leben auf großem Fuß. Gleichzeitig konnte er damit seinen starken Drogenkonsum finanzieren.

Ann Cain: Larry Williams war Millionär, und er war Drogenhändler. Er hatte seine eigene Yacht in Marina del Rey, von wo ich ihn kannte, denn ich hatte mal dort unten gewohnt, und er hatte auf seinem Boot Drogen verkauft. Larry war ein netter Kerl, aber er hing immer mit den Drogentypen zusammen, bei ihm drehte sich alles nur um Kokain. Larry kannte Ike, und er erzählte mir mal, daß er am meisten bedauerte, Ike Turner zu den Drogen gebracht zu haben. Er sagte, Ike sei wirklich ein netter Mensch gewesen, bis er ihn mit Kokain bekannt gemacht habe.

Einige Jahre später, im Januar 1980, wurde Williams tot und mit einer Kugel im Kopf in seinem Haus im Laurel Canyon aufgefunden. Die Polizei legte es als Selbstmord zu den Akten; andere waren sich da nicht ganz so sicher.

Eine alternative Version von Ikes erstem Kontakt mit den verführerischen Freuden des Kokain gab Bob Krasnow dem *Rolling-Stone*-Journalisten Ben Fong-Torres im Spätsommer des Jahres 1971.

»Eines Abends in Las Vegas«, sagte Krasnow, »saßen wir noch zusammen und sprachen plötzlich über Kokain. Er hatte dafür nichts übrig... und Ike, nun, er ist immerhin schon vierzig... und ich sagte: ›Etwas ist an Kokain einmalig: Man bleibt immer hart, man kann mit diesem Zeug im Kreislauf jahrelang ununterbrochen bumsen.‹ Und damals nahm Ike zum erstenmal Kokain.

An dem Abend schloß er seinen ersten Handel ab – kaufte für 3000 Dollar Kokain von King Curtis, und er zeigte es mir, und ich sagte: ›Das ist kein Koks, das ist *Drano!*‹ Seitdem hat er einiges dazugelernt.«

Fong-Torres' Titelgeschichte über Ike und Tina Turner erschien in der Ausgabe vom 14. Oktober des *Rolling-Stone*-Magazins. Der *Rolling Stone* war damals in der Musikszene etwas neues – ein vierzehntäglich erscheinendes Periodikum, das sich durch den Glamour und die Presseveröffentlichungen der Schallplattenfirmen wühlte und aus der realen Welt der Stars berichtete, mit denen es sich beschäftigte. Das Ergebnis war ein ungewöhnlicher Blick hinter die schicke und glatte Fassade der miteinander verheirateten Rockstars Ike und Tina Turner.

Der *Rolling-Stone*-Artikel lieferte den ersten Hinweis darauf, wie Tinas Leben mit Ike in Wirklichkeit aussah. Wie ein Zeitgenosse dem *Rolling Stones* erzählte: »Ike stürmte mit einem Rattenschwanz von Leuten ins Büro, tolle Weiber und einen Sack voll Kokain in der Hand. Total verrückt. Er hatte immer 25.000 Dollar in bar bei sich, trug sie einfach in der Tasche mit sich herum – und natürlich eine Pistole. Er fuhr durch die Stadt, Mann, manchmal nach Watts, manchmal nach Laurel Canyon, in seinem neuen Rolls-Royce, um Koks zu besorgen.«

»In Las Vegas«, fügte Krasnow hinzu, »nahm ich ein paar Freunde in seine Garderobe mit, und Ike zog seinen großen 45er – er wollte sich nur einen Spaß erlauben. Ein anderes Mal kam er ins Foyer des Blue Thumb und warf 70.000 Dollar auf den Fußboden, in bar, und warnte jeden, das Geld auch nur zu berühren. Nur um die Leute verrückt zu machen.«

Eine junge Frau namens Melinda wurde zitiert. Sie erzählte, daß »der schmutzige olle Ike hinter mir her war. Ich saß während der ersten Hälfte seiner zweiten Show neben ihm, und er erzählte mir dauernd, er wolle es mir besorgen, und nur weil da Tina wäre, hieße das doch noch lange nicht, daß er nicht auch noch scharf auf mich sein könne«.

Ikes einzige Reaktion auf die Anekdote war: »Melinda? Welche Melinda?«

Ike war über die *Rolling-Stone*-Story ganz schön wütend, doch seine Wut wurde durch den zunehmenden Erfolg der Turners abgemildert. 1971 sollte ein goldenes Jahr werden. Im Juli lag ein weiteres Live-Album der Revue, *What You See Is What You Get*, auf Platz fünfundzwanzig der Charts. Die Turners tauchen jetzt auch in Filmen auf: am ausgiebigsten in *Soul to Soul*, einem durch und durch von Schwarzen bevölkerten Konzertmitschnitt, der am 6. und 7. März in Ghana aufgenommen worden war, und zwar am vierzehnten Jahrestag der Unabhängigkeit dieses afrikanischen Staates (Ike und Tina sangen den Titelsong); kürzer waren sie in Milos Formans *Taking Off* zu sehen, wo sie eine heiße Version von »Goodbye So Long«, ihrem R-&-B-Hit aus dem Jahr 1965, darboten.

Zu diesem Zeitpunkt in der Entwicklung der Revue hatte sich die Sucht, um jeden Preis aufzufallen, durchgesetzt, wobei Ike sich in riesige Nerzmäntel hüllte und mit Handtasche und hautenger Hose erschien, die er über eine schwarze Strumpfhose trug. Es war eine schrille Nummer, aufgepeppt mit Bergen von Kokain, und Ike – gemeinsam mit seinen ähnlich aufreizend gekleideten Bandgefährten – nahm das Zeug überall mit hin. Ein Mitglied seiner Truppe – nennen wir ihn Bill James, da er es jetzt vorzieht, anonym zu bleiben – war völlig verblüfft.

Bill James: Ich kehrte mit ihnen nach L. A. zurück und blieb sechs Tage hintereinander wach. Ich wußte gar nicht was los war. Für einige Zeit wohnte ich im Studio. Bei der Paranoia und dem Koks und wenn man so lange wachbleibt, dann hat man plötzlich das Gefühl, daß einen einer beobachtet. Und natürlich war da jemand. In jedem Raum befand sich eine Fernsehkamera, und während Ike Aufnahmen machte, schaltete er zwischen den Kameras hin und her, um zu sehen, was in den einzelnen Räumen geschah. Ich war ein- oder zweimal dort, wenn einige der Jungs aus der Band mit einem nackten Girl im Apartment im hinteren Teil des Gebäudes beschäftigt waren und wir anderen dasaßen und das Geschehen auf dem Fernsehschirm verfolgten. Es war ein unglaublicher Ort. Die Tür zu dem Apartment trug eine Uhr, so sah sie aus wie das Ende eines Korridors. Aber wenn man eine bestimmte Telefonnummer wählte, dann wurde eine Sperre gelöst, und die Tür sprang auf. Es gab keinen Schlüssel und keinen Riegel, nur eine Telefonnummer. Aber die kannte nur Ike.

Die Mengen an Geld, die herumflogen, waren unglaublich. Ike und seine Revue wurden jeden Abend in bar bezahlt, und damals verdienten sie bis zu fünfundzwanzigtausend pro Nacht. Sie zogen also zwei Wochen lang durch die Gegend und kamen mit zweihunderttausend Dollar in bar wieder zurück. Rhonda trug sie in ihrer Aktentasche spazieren. Ich glaube, das war zu der Zeit, als die Partys in den dafür angemieteten Räumen stiegen. Ich erinnere mich noch an eine Show in Miami, nachher trieben sich da all die großen Kokainhändler Miamis herum und versuchten, an Ike heranzukommen. Jeder von ihnen hatte ein Tellerchen mit ein oder zwei Unzen Koks bei sich, und sie reden durcheinander: »Versuch mal von meinem. Versuch's!« Ike sagte zu mir: »Da, nimm dir etwas«, und er holte einen Strohhalm hervor und drückte ihn in die Häufchen auf dem Teller. Ich atmete ein und hatte plötzlich zwei Gramm Kokain in jedem Nasenloch, und dann war ich unvermittelt nicht mehr ganz bei mir. Ich dachte: »Was zur Hölle geht hier vor? Ich weiß nicht, wie man so etwas überleben kann.«

Aber Ike war kein Koks-Großhändler. Damit hatte er überhaupt nichts zu tun. Er gab das Zeug einfach weg, aber er verkaufte kein bißchen davon. Davon wollte er gar nichts hören. Er kaufte es für den eigenen Bedarf, nicht um es zu verkaufen. Und er hatte wirklich unglaublich sauberen Koks.

Als sie in St. Louis spielten, mietete Ike ein Flugzeug, um hinunter nach Clarksdale zu fliegen. Das war ganz schön gewagt. Einige von Ikes früheren Ehefrauen lebten dort, und ich erinnere mich noch an so einen mächtigen Burschen, von dem ich glaubte, er wäre sein Bruder, der es aber nicht war. Der Junge hatte einen tollen Cadillac. Dann tauchten einige Familienmitglieder auf und sagten Ike ihre Meinung und brachten ihn in eine schlechte Stimmung. Kein Wunder, wir alle hatten seit einigen Wochen nicht mehr richtig geschlafen. Und wenn Ike wenig Schlaf bekam, dann ging bei ihm einiges durcheinander, und er hatte Schwierigkeiten, seine Gedanken in Worte zu kleiden; dann regte er sich über alle möglichen Dinge auf. Deshalb trennte er sich von uns, und wir anderen zogen in ein kleines Restaurant an der Straße, um zu essen. Die Band war ganz heiß darauf, denn hier gab es typische Südstaaten-Köstlichkeiten. Meine Frau Elaine und ich sitzen mit Rhonda und Tina an einem Tisch, und die Band ist da, alle tragen noch diese knappen Overalls und die Nylonstrümpfe – und das mitten in Mississippi –, und plötzlich kommen die Leute aus der Umgebung herein. Ich meine, die alten, armen Schwarzen kamen, um zu sehen, was der Wirbel sollte, und dann auch noch ein paar imposant aussehende Farmhelfer – große Narben, kaum einer, der sich nicht schon mal irgend etwas gebrochen hatte. Und sie bauten sich an der Wand auf, bis der ganze Laden voll war. Und wir saßen mitten drin, die Band in ihrer Los-Angeles-Kluft. Ich wollte zum Wagen rausgehen und meine Kamera holen, aber Rhonda warnte mich, ich solle nicht alleine gehen, und ich solle auf jeden Fall vorsichtig sein. Nun, zwei Typen in unserer Band waren wirklich riesig. Leon Blue, der Bassist, und Soko Richardson, der Schlagzeuger. Ich bat Leon, mich zu begleiten, doch der mußte auf einmal ganz dringend essen. Ich fragte Soko – der Bursche war zweihundertfünfzig Pfund schwer, der reinste Mister Monster –, aber er meinte, er würde nirgendwo hingehen. Sie wollten die großen Machos sein, aber wie sich herausstellte, waren sie doch nur Musiker aus L. A.

Als wir ins Auto stiegen, um zum Flughafen zu fahren, murmelte Tina: »O Gott, schick mich nie mehr nach Mississippi zurück.«

Zu Hause blickte Tina mit ähnlichem Unwillen auf Ikes neues Studio.

Tina: Ich wünschte mir fast, daß Ike endlich das bekam, wonach er sich immer gesehnt hatte – eine ganze Kette von Hit-Schallplatten. Denn wenn ihm das gelänge, dann würde ich ihn verlassen. Ich wußte noch nicht wie, aber ich wußte, daß es eines Tages, irgendwie, geschehen würde. Als er nun sein Studio baute, dachte ich: »Wunderbar, jetzt werde ich ihn endlich los.« Aber dann kamen die Telefonanrufe – um drei Uhr in der Frühe: »Tina – Ike will dich sehen.« Und ich mußte dann aufstehen und hinunterfahren und singen, oder manchmal mußte ich ihnen etwas zu essen bringen. Damals fing ich an, Kaffee zu trinken, um wachzubleiben.

Ich kam meistens ins Studio, und Ike und die Band waren da, jeder von den Kerlen hockte auf einem anderen Platz. Sie wanderten umher, schniefend und jappsend, und sie hatten das weiße Zeug im ganzen Gesicht verteilt, und so schaukelten sie hin und her. Und ich guckte mir diese Schwachsinnigen an und dachte: »So müßtet ihr euch sehen!« Sie sahen so lächerlich aus, und sie glaubten, sie wären so toll, so cool. Und dann kam Ike zu mir und fing an zu reden, und ich verstand überhaupt nichts. Es war etwas wie: »Nein, das Floß ist da drüben... du bist dagegengestoßen... und dann – spring ab!« Was sollte das? Und dann machte er mich an, weil ich seinen Song nicht so brachte, wie er es in seinem Kopf gehört hatte. Er sagte dann: »Du Schlampe, du bist überhaupt nicht richtig dabei. Du willst es gar nicht lernen.« Und ich stand da, weinend, und versuchte zu singen, was immer sie hören wollten, aber es war niemals richtig. Ich sang immer nur, weil ich Angst hatte.

Ronnie Turner: Manchmal nahm meine Mutter mich mit, wenn sie hinunterging. So hatte sie wenigstens eine Entschuldigung, nicht die ganze Nacht bleiben zu können. Mein Vater begriff einfach nicht, daß andere Menschen Schlaf brauchten. Ich war der jüngste Sohn, die Beziehung zwischen meiner Mutter und mir war ziemlich eng. Ich kämmte ihr in ihrem Zimmer immer die Haare, und dabei unterhielten wir uns. Ich wußte, wie unglücklich sie war. Mein Vater war so unberechenbar – man wußte nie, in welcher Stimmung er sich gerade befand. Man mußte erst versuchen, herauszubekommen, wie viele Tage er schon wach war und seine Aufnahmen machte. Nach drei oder vier Tagen war er ungenießbar. Dann blieb er noch zwei weitere Nächte auf – und dann konnte er schon durchdrehen, wenn man nur mit der Wimper so zuckte, wie er es nicht wollte.

Craig Turner: Manchmal drehte er ganz einfach durch. Ich erinnere mich, wie meine Mutter mir einmal den Auftrag gab, etwas aus der Schmuckschatulle in ihrem gemeinsamen Zimmer zu holen. Ich suchte in der Schatulle herum, als er hereinkam. Ein Freund aus St. Louis war bei ihm. Er fragte: »Junge, was hast du hier verloren?« Ich antwortete, ich müsse für Mutter etwas suchen. Er sagte: »Beweg deinen Arsch und verschwinde«, und dann schlug er mich auf den Kopf. Und dieser Freund von ihm stand da und sah einfach zu. Ich erzählte es meiner Mutter, und das machte die Sache nur noch schlimmer. Er meinte daraufhin: »Du hast aber ganz schön Nerven, Junge, mich zu verpetzen.« Danach gab es zwischen uns ständig Spannungen.

Ann Thomas war auch wieder auf der Szene aufgetaucht, und zwar seit der Geburt ihres Babys. Die Thomas war für die Garderobe der Revue zuständig und wohnte in einem Apartmentblock hinter dem Bolic-Studio, den Ike erst vor kurzem erworben hatte. Sie und die kleine Mia waren ein fester Bestandteil des Turner-Haushalts.

Craig Turner: Ich fragte mich, warum Ann Thomas die ganze Zeit bei uns war. Ich nahm an, sie wäre nur eine Haushälterin. Irgendwann erfuhr ich dann, daß sie die Geliebte meines Stiefvaters war.

Ronnie Turner: Ich wußte nur, daß Ann Thomas bei meinem Vater arbeitete und daß sie und meine Mutter eng befreundet waren. Deshalb fragte ich mich, woher Ann ein Baby hatte. Erst später fand ich dann die Erklärung.

Tina: Ann und ich standen uns wirklich sehr nahe. Alles, was ich durchgemacht hatte, machte auch sie jetzt durch. Sie ver-

Trotz der Stunden und Tage, die Ike und seine Band im Studio verbrachten, erwiesen sich die achtzehn Monate nach Erscheinen von »Up in Heah«, der letzten Chart-Single der Turners, als Sauregurkenzeit. Keine Hits mehr. Es war mehr als zwanzig Jahre her, seit Ike seine erste Schallplatte aufgenommen hatte, und wie Tina sagt: »Er hatte weder seine Show noch seinen Stil geändert.« Aber die Zeiten, in denen er sich jetzt wiederfand, waren von Grund auf anders. So lag ein neuer Feminismus in der Luft, und überall redete man von der »Frauenbefreiung«.

Tina: Von Frauenbefreiung hörte ich das erste Mal, als das Magazin *Time* ein Titelfoto von diesen Frauen brachte, die ihre Büstenhalter in der Luft umherschwenkten. Ein tolles Bild, aber irgendwie begriff ich es nicht. Sollte das heißen, daß man, wenn man seinen Büstenhalter auszog, sein Gehirn benutzte? Irgendwie konnte ich mich dieser Bewegung nicht anschließen. Sie redeten von »Befreiung« – aber Befreiung wovon, von der Hausarbeit? Das war das geringste meiner Probleme. Bei mir ging es ganz einfach nur ums Überleben.

Im Herbst hatten Ike und Tina Turner wieder einmal einen Hit: »Nutbush City Limits«, eine heiße Tanznummer, die im November 1973 bis auf Platz zweiundzwanzig der Pop-Charts hochschnellte. Es war die letzte Schallplatte unter den Top thirty, die die Turners noch gemeinsam auf dem Markt hatten. In Großbritannien war die Single sogar ein noch größerer Erfolg und hielt sich immerhin zwei Wochen auf Platz zwei der Charts. Ähnlich überwältigend war es auf dem Kontinent, speziell in Deutschland und Frankreich. Für kritische Beobachter schien »Nutbush« für die Turners ein bemerkenswerter Sprung zurück ins Rampenlicht zu sein. Das Interessante-

ste an dieser Schallplatte war jedoch, wie schon ihr Titel nahe-
legte, daß sie von der früheren Anna Mae Bullock aus Nutbush, Tennessee, geschrieben worden war.

Tina: Ike wartete so verzweifelt auf einen Hit, und auch ich
wünschte ihm einen. Ich tat alles, was ich konnte – ging mit
ihm auf Tournee, blieb nächtelang bei ihm im Studio inmitten seiner Freunde mit ihren weißen Nasen. Ich hatte es geschafft, sein Aussehen im Laufe der Jahre etwas zu verändern
– er hatte eine neue Frisur und trug bessere Kleidung. Ich half
ihm, die Haare zu färben, als sie grau wurden. Ich pflegte
seine Fingernägel, Fußnägel, gab ihm Massagen, wenn ihm
danach war. Und nun schrieb ich sogar Songs. Aber es war
einfach nicht genug. Einmal war Ike ziemlich niedergeschla-
gen, und er sah mich an und fragte: »Was tust du eigentlich
für mich?« Ich erwiderte: »Ike, ich glaube du bist blind.« Einfach so. Ich fing an, Widerworte zu geben. Zuerst bemerkte
Ike das gar nicht.

Das einzige, was mich in diesen Jahren aufrecht hielt, waren die Wahrsager, die Kartenleser. Wo immer wir auftraten
– ob hier, in Europa oder sonstwo – ich versuchte immer, einen Wahrsager zu finden, den ich aufsuchen konnte. Natürlich mußte ich mich davonschleichen, denn Ike wäre damit
nicht einverstanden gewesen, daß ich so etwas tat. Aber es
war immer jemand da, bei einer Schallplattengesellschaft
oder beim örtlichen Promoter, der mir einen Namen nannte,
der mir half zu finden, was ich suchte. Dann sagte ich Ike, ich
wolle einkaufen gehen, und ich suchte den Wahrsager sofort
auf. Einige lasen aus Karten, andere aus der Hand, einige auch
aus den Sternen. Einige benutzten Teeblätter und Kaffeesatz.
Einige redeten Unsinn, waren Scharlatane, andere gaben mir
etwas, woran ich mich festhalten konnte, irgendeine Erkennt-

nis über das, was in meinem Leben geschah. Zum erstenmal erforschte ich meine Seele. Ich hatte mich immer an die Bibel gehalten und an Dinge, die ich als kleines Mädchen gelernt hatte – das Vaterunser, die zehn Gebote. Und ich betete jeden Abend, das kann man mir glauben. Aber nun suchte ich wirklich nach einer Veränderung, und ich wußte, daß sie von innen kommen mußte – daß ich mich selbst verstehen mußte, daß ich mich selbst akzeptieren mußte, bevor andere Dinge in Angriff genommen werden konnten. Die Wahrsager – die guten – halfen mir dabei. Ich rede hier nicht von der Wahrsagerei im negativen Sinn oder von Magie. Ich suchte nach der Wahrheit einer Zukunft, die ich in mir spüren konnte.

Nun, zur Zeit von »Nutbush City Limits« wurde ich vierunddreißig Jahre alt. Ich glaube, wenn eine Frau diesen mittleren Abschnitt ihres Lebens erreicht, dann verändert sich ihr Denken. Bei mir war es zumindest der Fall. Ich begann über meine bisherige Karriere nachzudenken, mich daran zu erinnern, was ich erwartet hatte, als ich angefangen hatte. Ich dachte an meine Träume von einem Leben in Glamour. Aber an meinem Leben war nichts Glamouröses. Es war nicht einmal *meine* Karriere – sondern es war *Ikes* Karriere. Und es waren Ikes Songs, die meisten jedenfalls, und sie behandelten Ikes Leben – und ich mußte sie singen. Ich war nur sein Werkzeug.

Dann dachte ich über meine Ehe nach. Und ich erinnerte mich daran, was die Ehe mir bedeutet hatte, als ich noch ein kleines Mädchen war – ein liebender Ehemann und ein liebendes Weib und glückliche Kinder. Mein Gott, dachte ich, wie hat alles nur so schiefgehen können? Die Jungen liefen davon und versteckten sich, wenn Ike nach Hause kam, der Mann war so gemein. Er hatte seine eigenen Probleme, klar, natürlich: Er wurde älter und um die Hüften fett; und ich weiß, daß er sich wegen seiner Nase Sorgen machte – das Kokain fing schon an, sich in seine Nasenscheidewand hineinzufressen. Aber er hörte nicht auf, das Zeug zu nehmen. Dabei benahm er sich im Studio immer wahnsinniger, daß die Jungen und ich noch nicht einmal Ferien machen konnten. Zu Weihnachten hieß es zum Beispiel: »Kauf mir nicht diese verdammten Geschenke.« Man wickelte im Schlafzimmer voller Liebe die Geschenke ein, und er trampelte darauf herum – »Nimm den Scheiß von meinem Bett! Diese Scheißweihnachten...« Sprachlich hatte Ike wirklich nicht viel drauf.

Das war also mein Leben, und ich fing allmählich an, es ziemlich klar und deutlich vor mir zu sehen.

Eines Tages brachte Ike eine sehr hübsche Frau mit nach Hause. Das machte er immer, immer hatte er irgendwelche Leute im Schlepptau, die »Tina kennenlernen« sollten. Nun, wenn ich zu Hause war, dann war ich Mutter, basta – ich wollte keine von seinen Freundinnen kennenlernen. Aber das war Ike gleichgültig. Er brachte also diese Frau ins Haus, und er sagte zu mir: »Hast du schon mal was vom Rezitieren spiritueller Formeln gehört?« Ich sagte nein, aber hätte das nicht irgend etwas mit Magie und Hexerei zu tun? Daraufhin stellte er das Girl vor. Sie hieß Valerie Bishop, und sie war eine Jüdin, die mit einem schwarzen Jazzmusiker verheiratet war. Es gab in L. A. einige Mischehen – Herbie Hancocks Frau Gigi war eine Deutsche; Wayne Shorters Frau Anna war Portugiesin, und auch meine Freundin Maria Booker war mit einem schwarzen Musiker verheiratet. Valerie gehörte also auch dazu. Und sie war jemand, der »rezitierte«. Ich weiß nicht, wie Ike sie kennengelernt hatte, aber er interessierte sich für allerlei okkulte Dinge, und er dachte, solche in leisem Singsang gehaltenen »Rezitationen« wären etwas Ähnliches, etwas, mit dem man herumpfuschen und das man dann vergessen konnte. Er stellte Valerie im Studio als Sekretärin ein, aber sie blieb nicht lange – sie war nicht der Typ, der mit Ike fertig wurde. Manchmal habe ich das Gefühl, daß sie nur in mein Leben getreten ist, um mich zu wecken, mich etwas über diese »Rezitationen« zu lehren. Sie meinte, es hätte nichts mit Hexerei oder Magie zu tun, es käme aus dem Buddhismus – Nichiren-Shoshu-Buddhismus. Und sie erzählte mir von *shakubuku*, der ersten Phase, jemanden etwas zu lehren. Ich hörte zu, und irgend etwas in mir schien aufzuspringen. Ich glaube, das war Intuition – ich wußte, daß mir hier etwas Wertvolles geschenkt wurde. Ehe sie ging, gab Valerie mir ein Buch und die Ketten, die man benutzt, und sie lehrte mich den Gesang: *nam-myo-ho-renge-kyo*. Ich schrieb es mir auf.

Dann, immer wenn Ike nicht in der Nähe war, probierte ich es aus. Nachdem ich ein Vaterunser gesprochen hatte, wiederholte ich diesen Gesang fünfmal – *nam-myo-ho-renge-kyo, nam-myo-ho-renge-kyo*... Genau so. Ich war dabei ganz aufgeregt. Das erste, was geschah... nun, ich hatte mit meinem Make-up ein kleines Problem. Ich reagierte allergisch darauf und bekam davon Ausschlag. Ich mußte mir ein anderes Fabrikat aussuchen, und ich hatte mich überall erkundigt und umgeschaut, aber ich konnte es nicht finden. Dann, ich hatte kaum den Gesang beendet, bekam ich einen Anruf von einem Girl, das ich ganz gut kannte. Sie war gerade bei Bloomingdale's. Sie sagte: »Du suchst doch dieses ganz spezielle Make-up, nicht wahr? Nun, sie haben es hier.« Und es war auch noch im Sonderangebot! Sicher, das klingt irgendwie lächerlich, aber ich wußte, daß dies der Gesang bewirkt hatte – daß er mir half, meinen angestammten Platz im Universum wiederzufinden. Make-up – gewiß: eine Kleinigkeit. Aber es war ein Anfang. Ich sagte: »Kaum zu glauben.«

Danach erstand ich ein *butsudan* – ein besonders schönes

kleines Schränkchen, in das man all die Dinge stellt, die die Notwendigkeiten des Lebens darstellen: kleine Kerzen für das Licht, Räucherkerzen für den Geruch, Wasser, Früchte und so weiter. Und man hängt darin auch seine *gohonzon* auf – eine Schriftrolle. Der *butsudan* sieht wie ein kleiner Altar aus. Das soll nicht heißen, daß man ein Stück Papier anbetet; diese Dinge sollen einem vielmehr nur helfen, sich zu konzentrieren und in den richtigen *empfänglichen* Geisteszustand zu gelangen, und sie sind eine Form von Respekt.

Ich stellte den *butsudan* in ein leeres Zimmer, und wenn Ike außer Haus war, dann »rezitierte« ich und las in dem Buch, das Valerie mir gegeben hatte, und ich konnte spüren, wie ich stärker wurde – wie meine Angst mehr und mehr nachließ. Dann entdeckte Ike den *butsudan* und explodierte regelrecht – »Schmeiß dieses Scheißding aus dem Haus!« Weil es ihm ganz schön Angst einjagte. Ike hatte vor allem Angst, was er nicht verstehen konnte. Ich hatte das einmal in einem Flugzeug erlebt, das beinahe abgestürzt wäre – ich sah die Angst in seinen Augen und diese winzigen roten Äderchen, die plötzlich auf seiner Nase erschienen. Und der *butsudan* jagte ihm aus irgendeinem Grund Angst ein; ich dachte schon, er würde in Ohnmacht fallen.

Deshalb mußte ich das Ding wegschaffen. Aber das hielt mich nicht davon ab, immer dann zu rezitieren, wenn sich die Gelegenheit ergab. Denn nun spürte ich die Kraft in mir, wie sie sich nach all diesen Jahren aufbäumte. Und ich stellte mir Ikes Gesicht vor und wie spaßig es war, ihn plötzlich so ängstlich zu erleben: Ich wußte endlich, daß er überhaupt nicht so mächtig war, daß er kein Gott war, daß in jedem von uns ein Stückchen Gott ist – auch in mir – und daß ich es finden konnte und daß es mich befreite.

Und da fing ich erst recht an zu rezitieren.

Zumindest eine gute Sache geschah sofort. Anfang 1974 erhielt die Turner-Organisation einen Anruf von dem Schallplattenproduzenten Robert Stigwood. Stigwood wollte Tina für eine Rolle in einem Film, den er für Ken Russell finanzieren wollte. Russell war der brillante Regisseur von *The Devils* und *Women in Love*, und jetzt plante er in London *Tommy*, die 1969 entstandene Rockoper der Who, zu verfilmen. Mitwirken sollten so berühmte Musiker wie Eric Clapton, Elton John und, natürlich, die Who selbst sowie die Schauspieler Oliver Reed, Jack Nicholson und Tinas Kollegin Ann-Margret als Tommys Mutter. Tina sollte die sogenannte Acid Queen spielen und einen Song mit gleichem Titel singen. Für Ike war in der Produktion kein Platz.

Tina: Man sagte mir, es sei eine Entscheidung zwischen mir und David Bowie gewesen – und man hatte mich ausgewählt! Eigentlich war ich anfangs nichts so sehr daran interessiert, denn damals interessierte ich mich, genaugenommen, für gar nichts. Und dann kannte ich die Story nicht, hatte noch nicht einmal die Schallplatte der Who gehört, aber Dave Bendett, Ikes Agent, saß mir im Nacken, daß ich schnellstens das Drehbuch lese, und das machte ich und war plötzlich begeistert. Das war nicht nur eine Singrolle in einem Film, das war schon richtige Schauspielerei. Und das hatte ich mir doch schon immer gewünscht.

Ken Russell war sich meiner anfangs nicht allzu sicher. Er sagte: »Ich wußte gar nicht, daß Sie so viele Haare haben. Und dann hatte ich angenommen, Sie wären größer.« Ich meine, was sollte ich jetzt tun – wachsen? Er sagte, er wolle mich in Schwarz, also trug ich den hübschen Yves-St.-Laurent-Rock, der bis weit über die Waden reichte. Er sagte: »Nein, nein, nein, nein.« Und sie verpaßten mir diesen grauenhaft kurzen Rock und diese schrecklichen Schuhe mit den Plateausohlen, wodurch ich gleich viel größer war, und dann sagte ich mir, dann könne man auch gleich richtig einsteigen, daher grub ich meine alten Netzstrümpfe aus, die ich vor Jahren mal getragen hatte, und den hellen Nagellack und Lippenstift. Aber Ken Russell hatte immer noch seine Bedenken. Dann zog ich diese Grimasse – ich versuchte wie Vincent Price auszusehen mit den hervorquellenden Augen und dem zitternden Kopf – und Ken wurde plötzlich ganz aufgeregt. Er sagte: »Ja, ja! Mehr! Mehr!«

Nun, nach ein paar Tagen bekam ich das richtige Gefühl dafür. Ich hatte noch immer keine Ahnung von der Story von *Tommy*, aber ich genoß es, dabei zu sein und an einem Film mitzuwirken. Dann kamen wir zu meiner großen Szene, und diese beiden Zwillinge kamen herein mit einem gelben Kissen – und darauf liegt diese riesige Spritze! Ich war geschockt – davon hatte ich keine Ahnung gehabt. Ich sagte laut und vernehmlich: »Mein Gott, ist das etwa ein Werbefilm für Drogen?« Ich weiß nicht, warum ich in solchen Dingen so naiv bin, ich meine, nicht einmal der Name meiner Rolle – die Acid Queen (acid: Slangausdruck für LSD) – hatte mir einen Hinweis gegeben. Ken Russell lachte nur.

Die Arbeiten zu *Tommy* gefielen mir. Meine Rolle war klein, aber es war meine Rolle. Sie verlieh mir Kraft. Ich konnte spüren, wie ich wuchs.

Nach den Dreharbeiten zu *Tommy* wurde Tina von Ann-Margret eingeladen, in London zu bleiben und an den Aufnahmen für das neueste TV-Special der Sängerin teilzunehmen. Und wieder einmal war Ikes Anwesenheit unerwünscht. Als die Show im darauffolgenden Jahr in den USA gesendet wurde, erwies sich Tinas Auftritt als Gaststar – wobei sie mit Ann-Margret im Duett »Proud Mary«, »Nutbush City Limits« und »Honky Tonk Woman« sang – als der Höhepunkt der Show. Es wurde auch der Beweis erbracht, daß Tina, ein vollkommener Profi, in jeder Umgebung über Ausstrahlung verfügte.

Zu Hause blieben Ike und Tina Turner für den größten Teil des Jahres 1974 ohne Hit, obgleich nicht ohne Titel. Ike lebte praktisch im Studio – er nahm selbst auf, nahm die Band auf, wiederholte die Aufnahmen der gleichen Songs wieder und wieder. Mit der Vervollkommnung der Ausstattung mit hochkarätigen Anlagen und Geräten – Bolic verfügte nach einem Vierundzwanzig-Spur-Mischpult nun über ein Zweiunddreißig-Spur-Mischpult – vervielfachte sich auch die Anzahl zu treffender Entscheidungen, zum Beispiel, welche Aufnahme auf welche Spur kommen sollte, welche Spur neu abgemischt werden müßte, wie gemischt werden sollte und so weiter. In diesem Dickicht von Möglichkeiten erstarrte Ike, benebelt von seinen Kokainwolken, in Entscheidungslosigkeit.

Ronnie Turner: Er arbeitete immer wieder mit den gleichen Songs. Hatte er mal einen guten Song und waren alle davon begeistert, dann beschäftigte er sich bis zu vier Tagen damit, und nach einer Weile kam er völlig durcheinander – all die verschiedenen Spuren und Aufnahmen –, und dann fügte er Elemente hinzu, die mit dem Song überhaupt nichts mehr zu tun hatten.

Ike Junior: Er war aber auch von Schmarotzern umgeben. Die waren mit der Grund für die Probleme. Denn mein Vater war an sich immer zuverlässig. Doch dann kam es vor, daß wir gemeinsam an irgendeiner Sache arbeiteten und er dann einfach alles liegenließ und in seinem Apartment verschwand, um mit den Frauen herumzumachen oder zu koksen. Ich saß dann alleine da und arbeitete bis sechs oder sieben oder acht Uhr morgens. Durch das Kokain wird man so. Es macht einen bösartig. Man will mit niemandem reden, man kümmert sich nicht mehr um seine Geschäfte – man will im Grunde nur in Ruhe gelassen werden und mit nichts belästigt werden.

Ikes Marathonsitzungen im Studio waren Tina hingegen ganz recht, solange sie nicht daran teilnehmen mußte. Denn nun war es seine Anwesenheit zu Hause, vor der sie sich fürchtete.

Tina: Mittlerweile war es immer schwieriger geworden. Man wußte nie, weshalb man geschlagen wurde; das wußte nur Ike. Er sagte einfach, man würde ihn verarschen. Er schloß die Tür ab, und dann wußte man, daß es wieder einmal soweit war. Eines Abends im Studio schüttete er mir kochend heißen Kaffee ins Gesicht. Er meinte, ich würde nicht so singen, wie er es wollte, und daß ich mir keine Mühe gäbe. Als der Kaffee mir auf die Haut spritzte, fühlte es sich erst wie Eis an – und dann fing es an zu brennen. Ich schrie. Ich faßte mir an den Hals, wo es mich am schlimmsten erwischt hatte, und die Haut schälte sich in Streifen ab. Ich hatte im Gesicht Verbrennungen dritten Grades. Das machte Ike Angst. Und wie reagierte er? Er fing an, mich zu verprügeln. Als wollte er sagen: »Du bist daran schuld, daß ich dir das angetan habe!«

Na ja, ich hatte versucht, mit ihm zu reden, ihm klarzumachen, wie mir zumute war. Jetzt ging ich dazu über, ihm Briefe zu schreiben, denn ich wollte ihm begreiflich machen, daß ich es nicht mehr ertragen konnte, von ihm geschlagen zu werden. Das war nämlich sein ganzes Leben: Er schlug einen, dann ging er mit einem ins Bett, und dann gab es wieder Diskussionen und Streit, und dann kümmerte er sich nur noch um seine Musik. Und ich konnte seine armselige Musik nicht mehr hören. Also versuchte ich, ihm Briefe zu schreiben, und ich legte sie dorthin, wo ich glaubte, daß er sie auf jeden Fall finden müßte. Aber zwei Tage später hatte ich wieder ein blaues Auge. Mein linkes Auge war praktisch immer blau und geschwollen, und meine Nase auch.

Natürlich hatte er es nicht nur auf mich abgesehen. Er schlug unsere Sekretärinnen und er schlug auch Ann Thomas. Wir saßen im Wagen, und Rhonda fuhr, und er fing an, sie zu beschimpfen und ihr ganze Haarbüschel auszureißen. Wenn er wütend wurde, dann war es so, als bestünde er nur noch aus nackter, kalter Wut. Und er ließ keine seiner Frauen von ihm weggehen, noch nicht einmal dann, wenn er kein Interesse mehr an ihnen hatte. Sie mußten bei ihm bleiben. Und sie durften sich nicht mit anderen Männern einlassen. Selbst wenn er nur annahm, daß man sich mit anderen abgab, dann verprügelte er einen und ging anschließend mit einem ins Bett – und dann ließ er einen regelrecht links liegen, faßte einen nicht mehr an. Er war ein böser, besessener Mensch. Es kam sogar vor, daß er, wenn ich mich nachts von ihm wegrollte – denn er mußte immer in meiner Armbeuge liegen –, aufwachte und auf mich einschlug, während ich schlief. Das muß man sich mal vorstellen! Dann, morgens, durfte ich nicht aufstehen, ehe er aufgewacht war. Ich bin Schütze – ich stehe gerne früh auf und öffne die Fenster und lasse die Sonne herein. Aber ich durfte mich nicht rühren. Ich mußte still daliegen, während er schlief. Es war die reinste Hölle.

Zu diesem Zeitpunkt kam Ann Cain zurück. Sie hatte die ganze Zeit in einem anderen Bundesstaat gelebt, und nun, nach einer gescheiterten Ehe, kam sie wieder nach Los Angeles. Sie war jedoch auch den Zeugen Jehovas beigetreten, und als Ike ihr anbot, wieder das Management der Turner-Firmen zu übernehmen, machte die Cain ihm unmißverständlich klar, daß sie, wenn sie wieder zurückkäme, keine Lust hätte, auch ihre Freizeit mit ihm zu verbringen und sein Betthäschen zu sein.

Ann Cain: Ich erklärte ihm, daß mein Leben sich geändert habe und daß ich Dinge, die ich früher getan hatte, nun nicht mehr tun würde. Das war unsere Abmachung. Das und die Übereinkunft, daß er mich in Ruhe ließ, wenn er wieder mal unter Drogen stand.

Ike brauchte dringend jemanden, denn im Büro herrschte das totale Chaos – Tausende von Dollars lagen als Schecks herum. Ich hatte damals Ikes Business organisiert, deshalb versuchte ich, wieder etwas Ordnung hineinzubringen. So wie er arbeitete – ohne Manager oder sonstige Partner –, konnte er mit einem einzigen Hit Millionen machen. Und er hatte den Zugriff auf weit höhere Summen. Er lieh sich Geld bei der Bank, um seine Kreditwürdigkeit zu erhöhen – er fing mit zwanzigtausend Dollar an, nahm das Geld und legte es für einen Monat in seinen Bürosafe, dann brachte er es zurück. So machte er es mit immer größeren Beträgen. Nach einiger Zeit hätte er bei Wells Fargo hereinspazieren und sich eine Million leihen können. Und nun hatte er das ganze Geld. Aber er tätigte damit einige faule Investitionen. Schön, er hatte das Studio und das Apartmenthaus dahinter, wo Ann Thomas wohnte. Das war als Anlageobjekt ganz gut. Und er war auch an einem Apartmentkomplex mit zweihundertfünfzig Wohnungen in Anaheim beteiligt. Aber er hatte sein Geld auch in Rinder und anderes Vieh und in faule Aktien gesteckt. Als ich nun alles überprüfte, waren diese Beteiligungen praktisch wertlos. Null.

Wenn er das Zeug nahm, kam man überhaupt nicht an ihn heran. Manchmal saß er dann im Studio, starrte vor sich hin, und die Tür war verriegelt, und man schaute hinein, und er tat so, als bemerkte er einen gar nicht. Es wurde dort so schlimm mit dem Kokain, daß die guten Musiker überhaupt nicht mehr bei Bolic arbeiten wollten. Zum Beispiel war Kokain ins Mischpult geraten und führte zu Kurzschlüssen und anderen Defekten. Ike hatte eine hervorragende technische Ausrüstung, und die ruinierte er mit Kaffee und Kokain.

Tinas Situation, nun... ich glaube, tief in seinem Innern liebte Ike Tina wirklich. Aber er hatte ständig Angst, sie zu verlieren – genauer, die Kontrolle über sie zu verlieren. Und er glaubte, er würde sie nur halten können, wenn er sie einsperrte. Nun, ich war ein anderer Mensch, als ich zurückkam, um wieder für Ike zu arbeiten; ich hatte Jesus gefunden. Und jetzt hatte ich ein schlechtes Gewissen, wenn ich mir vorstellte, was Tina wegen uns alles hatte im Laufe der Jahre durchmachen müssen – wegen mir und Rhonda und Gloria und Ann und all den anderen. Im Grunde war sie völlig unschuldig. Ich sah sie an, und dann fiel mir immer dieser Countrysong ein, »Don't It Make My Brown Eyes Blue«. Denn genauso waren Tinas Augen, und zwar über Jahre.

Country war der Aufhänger von Tinas erstem »Solo«-Album, *Tina Turns the Country On*, das aus Coverversionen von Titeln von Hank Snow und Dolly Parton bis hin zu Bob Dylan, Kris Kristofferson und James Taylor bestand. Tina hing sehr an ihrer *Country*-LP (sie wurde bei Bolic aufgenommen, allerdings von einem Produzenten und Musikern von außerhalb), obgleich sie sich nicht besonders gut verkaufte. Ansonsten sah es 1974 ziemlich öde aus: Die einzige annähernd erfolgreiche Pop-Single der Turners, »Sexy Ida (Part One)« ging im September auf Platz fünfundsechzig ein. Sie markierte den Anfang vom endgültigen Ende des Duos.

Tommy kam Anfang 1975 in die Kinos. Es war eine typische, völlig überdrehte Ken-Russell-Produktion, aufgebläht und laut, aber auch wieder mit Passagen voller Raffinesse. (Ann-Margret wurde wegen ihrer Darstellung von Tommys Mutter Nora für den Oscar vorgeschlagen.) Der *Melody Maker*, die englische Pop-Wochenzeitschrift, übertrieb deutlich, als sie *Tommy* in einer Kritik als »bedeutendes Kunstwerk« pries. Die Bemerkungen zu den darstellerischen Leistungen waren ähnlich aufgeblasen: »Tina Turner und Elton John«, sagte der Schreiber Tony Palmer, »erwiesen sich als Super-Filmstars, und ihre beiden Auftritte werden ihren Platz unter den aufregendsten Momenten der Filmgeschichte finden.« Übertrieben – aber auch andere bemerkten unter all dem von der Regie geforderten Bombast die natürliche Kraft von Tinas Leinwandpersönlichkeit. Nicht Ike und Tina. Nur Tina. Genau wie mit »River Deep – Mountain High« hatte Tina einen wichtigen Schritt aus eigener Kraft gemacht.

Ike, dessen Entscheidung es gewesen war, Tina für die Produktion von *Tommy* »auszuleihen«, reagierte natürlich ziemlich verärgert, als sich das Lob der Kritiker häufte.

Tina: Nachdem der Film angelaufen war, stellte die Presse eine Menge Fragen über Tina-hier und Tina-dort – niemand interessierte sich für Ike. Und von da an nahm er dies stets als Vorwand, wenn er mit mir einen Streit vom Zaun brechen wollte. Wenn er richtig wütend werden wollte, dann begann er auch bei »River Deep«. »Ich komme jetzt zu 1966«, sagte er

– zu der Schallplatte, die ohne ihn zu einem Hit geworden war. Doch die Platte und auch dieser Film – beides waren Geschäfte, die er abgeschlossen hatte. Ich war nie um meine Meinung gefragt worden. Ich glaube, das brachte ihn noch mehr in Rage.

Im Juni 1975 erschien »Baby – Get It On«, die letzte gemeinsame Single, die Ike und Tina Turner herausbrachten. Sie schaffte es in den Pop-Charts bis auf Platz achtundachtzig. Damit war die Zeit der Schallplattenhits zu Ende.

Das galt auch für Tinas Geduld. Sie überdachte erneut ihre Situation. Die Turner-Jungen – ihr Hauptgrund, warum sie es so lange ausgehalten hatte – waren bald erwachsen: Craig und Ike Junior wurden siebzehn, Michael war fast sechzehn, Ronnie fünfzehn. Die Kartenleser und Astrologen, die sie weiterhin konsultierte, um einen Weg aus dem Dilemma zu finden, redeten immer häufiger von einem besseren Leben, das vor ihr lag, von einer großen Karriere – und beides ganz klar ohne Ike. Sie widmete sich intensiver ihren buddhistischen Rezitationen, erstarkte innerlich und fand mehr und mehr zu sich selbst. Sie entdeckte in ihrem Leben die Zahl sieben und ihre Bedeutung. Von der Geburt bis zur Kindheit, sieben. Von sieben bis vierzehn, Schulzeit, Mädchenjahre. Vierzehn bis einundzwanzig, erste große Liebe – ah, Harry Taylor – und dann lernte sie Ike kennen, wurde Sängerin. Von einundzwanzig bis achtundzwanzig, Liebe zu Ike, dann wurde sie seine Gefangene und spürte, wie die Liebe abflaute. In den Jahren von achtundzwanzig bis fünfunddreißig hatte sie schließlich begonnen, den Mann zu hassen. Nun, kurz vor ihrem sechsunddreißigsten Geburtstag spürte sie, daß eine grundlegende Veränderung bevorstand, durch die alles Alte abgeschlossen wurde und etwas Neues beginnen sollte.

In Anbetracht der Unmittelbarkeit, mit der dieser im Grunde nicht ungefährliche Vorgang sich ankündigte, konnte Tina sich nur beflügelt fühlen. All die Jahre voller Angst hatten schließlich dazu geführt, daß jegliche Angst von ihr gewichen war.

Tina: Ich erkannte, daß ich durchaus in der Lage war, mich gegen ihn zu behaupten, und das war der Augenblick, als ich anfing, ihn zu verlassen. Das erste Mal zog ich zu einer Cousine. Nach drei Tagen bekam er heraus, wo ich war, und ich mußte wieder zu ihm zurückkehren. Natürlich verprügelte er mich. Dann griff er nach dem Schürhaken am Kamin, und ich glaubte schon, er würde mich damit schlagen. Bis dahin hatte ich nämlich schon vieles erlebt – gebrochene Rippen und einen gebrochenen Kiefer. Diesmal wäre es wieder ein Schlag auf den Kopf; das Blut würde fließen und die Schmerzen kämen – und es war mir völlig gleichgültig. Aber er schlug mich nicht, was weiß ich, aus welchem Grund. Er hielt mir das Ding nur vor die Nase und verbog es mit den Händen, um mir zu zeigen, wozu er fähig war. Dann ging ich erneut weg. Diesmal für zwei Wochen, und ich nahm die Jungen mit. Eine Frau, Maria Booker, war mir dabei behilflich. Sie war Anna Maria Shorters Schwester. Maria war jemand, den Ike kannte, natürlich – er brachte jeden in mein Leben; ich konnte niemals selbst Freundschaften schließen. Aber Maria hatte Mitleid mit mir, als sie erfuhr, wie mein Leben aussah. Daher ließ sie mich und die Jungen in ihrem Haus in Malibu wohnen, wo Ike niemals nach mir suchen würde. Ich glaube, als ich ihn dieses Mal verließ, bekam er es ein wenig mit der Angst zu tun. Als ich zurückkam – denn die Angelegenheit mußte ein für allemal geregelt werden –, fing er noch nicht einmal mit mir Streit an. Er hörte nur zu.

Ich sagte ihm: »Ike, ich kann wirklich nicht länger bei dir bleiben. Wir müssen zu irgendeiner Einigung kommen. Ich will kein Geld; behalte alles. Aber laß mich nur in Ruhe. Ich weiß, wie du bist. Ich *begreife* auch, wie du bist. Ich werde weiterhin für dich singen und mir Mühe geben, aber ich kann die dauernden Prügel nicht mehr ertragen.« Und danach wurden unsere Streits seltener. Oh, er schlug mich immer noch, und manchmal auch sehr schlimm, aber nicht mehr so oft. Ich glaube, er hatte irgendwie Angst. Denn er hatte es vorher noch nie erlebt, daß ich so mit ihm gesprochen hatte.

Im August kam Bob Gruen, der Fotograf und Filmemacher, wieder nach L. A. Ein paar Jahre vorher hatten Gruen und seine Frau, Nadja, etwa fünfzig Stunden Filmmaterial von der Revue aufgenommen, diese Aufnahmen aber bisher nicht ausgewertet. Gruen hatte seitdem mit John Lennon und Yoko Ono gearbeitet, von der er auch einiges über die feministischen Ideen und über die Nachteile der Rock-Kultur erfahren hatte. Lennon, nach einer alkoholgeschwängerten Trennung von Yoko, war vor kurzem wieder zu ihr zurückgekehrt, hatte Drogen und Drinks endgültig aufgegeben und hatte sich in der Rolle des »Hausmannes« eingerichtet. Seine eigene Karriere hatte er auf Eis gelegt, um seinen Sohn, Sean, aufzuziehen. Gruen war erst kürzlich selbst Vater geworden und zog ähnliche Veränderungen in seinem Leben in Erwägung, aber zu spät – als er in L. A. ankam, nach einem Ausflug nach Japan mit Yoko Ono, trennten er und seine Frau sich. Irgendwie wurzellos geworden, beschloß er, Ike einen Besuch abzustatten.

Bob Gruen: Ike erzählte, Tina wolle ihn verlassen. Ich sagte, Nadja würde mich verlassen, daher hätten wir einige Gemeinsamkeiten, und wir unterhielten uns darüber. Er sagte, er verstünde nicht warum. Ich sagte, nun, Frauen wollen heutzutage nicht im Schatten ihrer Männer stehen – sie wollen selbständige Persönlichkeiten sein, wollen ihre eigenen Ziele verfolgen. Und wenn man nicht bereit ist, seinen Lebensstil darauf abzustimmen ... ich meine, anstatt bei meiner Frau und meinem Kind zu Hause zu sein, war ich immer mit irgendeiner Band unterwegs. Und deshalb trennten wir uns. Aber ich begriff, daß Nadja sich ein etwas ruhigeres, stabileres Leben wünschte, eines, in dem mehr Gefühle waren und das bedeutungsvoller war als die Rock-Szene. Ich wußte, wie glücklich John war, als er zu Yoko zurückkehrte und mit seiner Trinkerei und mit den Drogen aufhörte. Damals begann auch ich einiges zu lernen – obgleich ich dazu fünf Jahre brauchte, und in dieser Zeit verlor ich meine Frau. Aber ich wußte wenigstens warum. Das versuchte ich Ike zu erklären – nämlich die Bewußtseinsveränderungen im Zuge der Frauenbewegung: daß man eine Frau nicht herumkommandieren durfte und dann erwarten konnte, als besonders starker Mann angesehen zu werden, daß man eine Frau achten und wirklich überzeugt sein mußte, daß sie ein vollwertiger, gleichrangiger Lebenspartner war. So etwas hatte er noch nie gehört, und es ergab für ihn nicht viel Sinn. Vor allem deshalb nicht, weil er bisher Frauen nur als Sexobjekte benutzt hatte, und vielen hatte es offensichtlich gefallen. Es ergab für ihn keinen Sinn, wenn seine Frau plötzlich zu ihm sagte: »Du darfst mich so nicht behandeln.« Er sagte, sie habe niemals den Eindruck erweckt, daß sie sich nicht wohl fühle, und so sei das nun mal mit den Männern. Er begriff es einfach nicht.

Ike versuchte, so weiterzumachen wie bisher. Die Aufnahmen gingen weiter und auch die Tourneen, obgleich in etwas eingeschränktem Maße. Mit dem Fehlen von Hits in den US-Charts waren auch die Engagements dünner gesät. Aber die Revue konnte immer noch in Übersee ganz gut verdienen – in England, Deutschland, Frankreich; in Australien und im Fernen Osten. Und so machte Ike sich Ende 1975 auf den Weg nach Übersee.

Diese letzte Welttournee stand von Anfang an unter einem schlechten Stern. In Paris, im Dezember, wurde eine Brieftasche mit achtzigtausend Dollar Inhalt verlegt und nicht wiedergefunden. Laut Ann Cain wollte Ike jeden Angehörigen seiner Band und jeden Reisebegleiter einem Test am Lügen-Detektor unterziehen. Cain, die in L.A. geblieben war, um sich um ihr Geschäft zu kümmern, meinte dazu: »So wie ich es sehe, hat Ike die Brieftasche irgendwo liegengelassen und ist weggegangen. Ich bin nur froh, daß ich nicht dabei war.« Im Januar 1976 hielt die Gruppe sich in Indonesien auf, wo Ikes Weigerung, die fünf Konzerte in Djakarta auf der zur Verfügung gestellten Verstärkeranlage zu spielen, zu einer Konfrontation mit bewaffneter Polizei führte. Es gelang ihm, die Revue außer Landes und in ein Flugzeug nach Hongkong zu schaffen, aber nicht ohne Bandeigentum im Werte von fünfundzwanzigtausend Dollar zurückzulassen.

Bei seiner Rückkehr nach L.A. ging Ike direkt ins Studio und schenkte den Veränderungen, die seine Welt erschüttern sollten, keine Beachtung. Rhonda Graam verließ die Organisation im März 1976, weil sie sich von Ike nicht mehr länger mißbrauchen lassen wollte. Zum Abschied nahm Ike ihr das Haus wieder ab, in dem sie wohnte – ein Haus, das sie als Geschenk Ikes für all die Jahre betrachtet hatte, die sie ohne Bezahlung für ihn und die Band gearbeitet hatte. Im gleichen Maße wie sein Kokainkonsum und seine Isolation zunahmen, wurden auch seine Denkprozesse immer verdrehter.

Ann Cain: Ike sagte immer, ich sei eine gefährliche Person. Er glaubte, ich würde ihn hängen lassen, ich würde ihn eines Tages in große Schwierigkeiten bringen, auf Grund der Dinge, die ich von ihm wußte. Er erzählte mir, er hätte sogar einmal meinen Tod geplant und wie er mich ermorden würde. Er wollte mit dem Auto immer wieder über meine Leiche fahren, bis ich völlig zerschmettert und unkenntlich wäre. Er dachte oft darüber nach, wie er andere Leute fertigmachen konnte. So verrückt ist sein Geist. Er hatte sowieso schon immer eine sadistische Ader: Gleichzeitig mit den Drogen beschäftigte er sich mehr und mehr mit Satanskulten. Er liebäugelte mit dem Teufel.

12

DIE GROSSE FLUCHT

Am 1. Juli 1976 bat Gerald Ford, indem er anläßlich der Eröffnung des National Air and Space Museum in Washington, D.C., an den Patriotismus appellierte, die Amerikaner, weiterhin »ins Unbekannte vorzudringen«. Es war das Jahr der Zweihundertjahrfeier, und neben den erwarteten Ausgrabungen aus der amerikanischen Geschichte und im Gefolge des Watergate-Skandals wurde viel von einem neuen Beginn, neuen Träumen und neuen Horizonten geredet, zu denen man aufbrechen müßte.

Für die Ike-and-Tina-Turner-Revue stellte der vierte Juli den Beginn einer weiteren ihrer Tourneen durch die Staaten dar, und der Eröffnungsauftritt sollte in einem Hilton Hotel in Dallas stattfinden. Die Tournee hatte einen denkbar schlechten Start, ehe die Gruppe überhaupt auf dem Flughafen in L.A. ankam, und dann wurde es noch schlimmer. Für Ike und Tina stellte Dallas das Ende ihres gemeinsamen Weges dar.

Tina: Mittlerweile waren die Jobs mager geworden, und die Zuschauerzahlen schrumpften ständig, und Ike ärgerte sich darüber und schob mir die Hauptschuld daran zu, wie üblich. Wenn ich doch nur so singen würde, wie er es von mir verlangte – wie immer das sein sollte –, dann würden wir auch wieder Hits produzieren. Es war hoffnungslos. Ich wußte noch immer nicht, wohin ich gehen sollte – meine Mutter wohnte in Ikes Haus in St. Louis und paßte darauf auf, daher konnte ich auf keinen Fall zu ihr zurückkehren; und Alline, die in Baldwin Hills wohnte, hatte vor Ike genauso viel Angst wie alle anderen, also war sie für mich auch tabu. Aber ich wußte, daß ich irgendwohin mußte – mittlerweile war meine Entschlossenheit stärker als meine Angst vor diesem Mann. Was hatte ich noch zu verlieren?

Wir fuhren also mit dem Wagen zum Flughafen – ich und Ike und Ann Thomas und Claude Williams, der damals der Bandleader war, sowie dieses Girl aus Kanada, mit dem Ike damals zusammen war. Ihren Namen habe ich vergessen. Ike aß einen Schokoladenriegel. Ich trug ein weißes Yves-St.-Laurent-Kleid. Er bot mir ein Stück Schokolade an – sie schmolz bereits – und sagte: »Willst du?« Ich sagte: »Iggitti-gitt.« Mehr nicht. Und er schlug mich – *whack!* Mit dem Handrücken. Und diesmal geriet ich in Wut. Ich dachte nicht, »sei vorsichtig, sonst bekommst du wieder eine Abreibung.« Ich dachte nur: »Heute wehre ich mich.« Und von dem Augenblick an kam alles heraus, was ich sechzehn Jahre lang zurückgehalten hatte.

Wir stiegen ins Flugzeug und suchten unsere Plätze, und natürlich wollte er, daß wir genauso saßen wie sonst immer, ich und Ann rechts und links von ihm und er auf unserem Schoß liegend. Das mußten wir immer über uns ergehen lassen, ob er nun schlief oder nicht, so daß er daliegen und sich vorkommen konnte wie ein Pascha. Vorher hatte er sich fünf Tage lang nur im Studio aufgehalten, daher war er wirklich müde und wollte schlafen. Aber diesmal sollte es anders kommen – ich sagte ihm, daß ich keine Lust hätte, ihm wieder als Polster zu dienen. Nun, er begriff sofort, daß irgend etwas im Gange war, und er gab mir einen Tritt. Ich sah ihn nur an – und er sah mich mit Blicken an, die wie Dolche waren. Dann begann er wirklich durchzudrehen, und ich war entschlossen, nicht klein beizugeben.

Das Flugzeug landete auf dem Flughafen von Dallas-Fort Worth, und wir gingen hinaus. Ike starrte mich nur an. Es war einer dieser bösen, bohrenden Blicke, als wollte er versuchen, in meinen Geist einzudringen und mich zu beeinflussen. Ein Wagen wartete dort, der uns ins Hilton bringen sollte, und sobald wir eingestiegen waren, schlug Ike mich erneut – *whap!* Wieder einer dieser Schläge mit dem Handrükken. Und dann schlug ich zurück. Er prügelte weiter auf mich ein, aber ich weinte nicht eine Träne. Ich verfluchte ihn. Er brüllte immer: »Fuck you« und noch Schlimmeres, und ich genauso. Er war verblüfft! Er boxte mich und sagte: »Du dämliche Schlampe, so hast du noch nie mit mir geredet!« Ich sagte darauf: »Stimmt – aber jetzt tue ich es!« Und dann, *pow,* schlug er mich erneut. Und dann bückte er sich und riß sich den Schuh vom Fuß und *pow, pow, pow!* Aber ich wehrte mich. Mir war egal, was er machte, denn ich kam mir vor, als würde ich fliegen – ich wußte, daß ich so gut wie weg war.

Als wir endlich im Hilton ankamen, war meine linke Gesichtshälfte geschwollen, und überall war Blut – es lief aus meinem Mund, tropfte auf mein Kleid. Ike verschanzte sich hinter seiner üblichen Geschichte; wir hätten einen Unfall gehabt. Die Leute im Hilton sahen mich an, und ich konnte wohl sehen, daß sie sich fragten, wie ich an diesem Abend wohl auf der Bühne erscheinen wollte, so wie ich aussah, völlig zerschlagen und lädiert mit einem nahezu zugeschwollenen Auge. Ich glaube, Ike wußte auch, daß dies wirklich das Ende war. Doch er war schon so lange auf den Beinen, daß er einfach zu müde war, sich damit intensiver zu beschäftigen. Wir gingen auf unser Zimmer, und ich hörte ihn etwas murmeln, das klang wie »Herrgott im Himmel, sei mir gnädig!« – etwas, das für Ike nicht gerade typisch war –, und dann ließ er sich auf sein Bett fallen. Ich wollte nicht, daß er irgendeinen Verdacht schöpfte, daß ich etwas im Schilde führte, deshalb tat ich so, als hätte sich nichts geändert. Ich sagte: »Kannst du mal etwas zu essen bestellen, Ike?« So wie immer, immer noch die kleine Frau spielend. Es war diesmal etwas schwierig, die Worte herauszubringen, weil mein Mund zugeschwollen war; aber ich gab mir alle Mühe, daß es möglichst normal klang. Dann setzte ich mich zu ihm auf das Bett und fing an, ihn zu massieren, wie immer. Ich hatte Angst, er könnte mein Herz hören, so laut schlug es – denn ich wußte, daß nun der Zeitpunkt gekommen war, um zu gehen. Aber ich massierte ihn weiter und massierte auch seinen Kopf, und es dauerte nicht lange, da schnarchte er. Langsam nahm ich meine Hände weg, um mich zu vergewissern, daß er auch wirklich schlief. Ich hörte dieses tiefe, totenähnliche Schnarchgeräusch, das er immer erzeugte, wenn er einige Tage lang ohne Schlaf gewesen war, und ich wußte, daß er weggetreten war. Ich betrachtete ihn einen Augenblick lang, und ich dachte: »Du hast mich zum letzten Mal geschlagen, du Hurenbock.« Dann stand ich auf und zog mir ein Cape über das blutige Kleid – ich wechselte es nicht einmal. Ich mußte auch meine Perücke zurücklassen, weil mein Kopf zu sehr angeschwollen war, deshalb begnügte ich mich mit einem Kopftuch. Sicherlich würde er jemanden finden, der meine Perücke tragen würde – von mir aus konnte er sie auch selbst tragen – mir war es egal. Ich setzte eine Sonnenbrille auf, suchte mir eine kleine Reisetasche, packte einige Toilettenartikel hinein, und dann war ich weg.

Ich mußte vorsichtig sein, denn sie waren noch damit beschäftigt, unser Gepäck auf die Zimmer zu bringen, und ich wollte nicht, daß Ikes Leute mich unten in der Lobby bemerkten. So schlich ich mich durch den Hintereingang des Hotels hinaus – dann rannte ich. Ich hatte solche Angst. Ich rannte in eine Gasse und versteckte mich zwischen ein paar Mülltonnen und wartete ab. Nach zwei Minuten hatte ich mich etwas beruhigt. Ich sagte: »Okay.« Es war nun schon dunkel, etwa neun Uhr – eigentlich müßten wir jetzt auf die Bühne. Ich wußte, daß alle auf mich warteten, denn sie hatten Angst, Ike in seinem Zimmer anzurufen und ihn zu wecken, nachdem er fünf Tage lang im Studio gewesen war. Ich erhob mich und rannte durch die Gasse. Ich landete auf der Schnellstraße, überquerte sie und lief ins Ramada Inn. Sicherlich kann man sich vorstellen, wie ich zu diesem Zeitpunkt aussah. Und ich hatte nichts anderes bei mir als eine Mobil-Kreditkarte und sechsunddreißig Cents – ehrlich, es waren ein Vierteldollar, ein Dime und ein Penny. Ich fragte nach dem Manager, und er erschien, und ich sagte: »Ich bin Tina Turner. Ich hatte Streit mit meinem Mann, wie Sie sicher sehen können« – dabei nahm ich die Brille ab. Er sah es. Ich fuhr fort: »Können Sie mir ein Zimmer geben? Im Augenblick kann ich es nicht bezahlen, aber ich verspreche Ihnen, daß ich es in Kürze zahlen werde.« Und da sagt dieser Mann – gütig wie er ist – man bedenke, wir waren immerhin in Texas –, da sagt also dieser Mann: »In Ordnung.« Und er brachte mich nach oben und gab mir die beste Suite im Hause, brachte auch noch ein zusätzliches Sicherheitsschloß an der Tür an – ich glaube, bei all dem Blut an meinen Kleidern war ihm klar, daß dies eine ernste Sache war. Er fragte mich, ob ich etwas essen wolle, doch ich konnte nichts Festes zu mir nehmen, bei dem Zustand meines Gesichtes, deshalb ließ er mir etwas Suppe und ein paar Cracker bringen, damit ich überhaupt etwas in den Magen bekam. Es war ein wahrer Segen für mich, diesen Mann gefunden zu haben – ein wahrer Segen.

Nachdem er gegangen war, zog ich mein Kleid aus, wusch es und legte es zum Trocknen auf den Heizkörper. Ich überlegte, was ich als nächstes tun sollte – und mein armer kleiner Kopf war noch gar nicht richtig in Form für so etwas. Ich hatte keine Freunde, die ich um Hilfe hätte bitten können. Das letztemal hatte ich bei Maria Booker gewohnt, aber dort konnte ich nicht mehr hingehen, denn das war der Ort, wo Ike sofort nachschauen würde.

Schließlich rief ich Mel Johnson an, was ein großer Fehler war, wie ich später erfuhr. Mel war ein Freund Ikes aus seinen Tagen in St. Louis, und er arbeitete jetzt als Cadillac-Vertreter in L.A.

Nun, ich rief ihn an – und in der Sekunde, in der ich auflegte, wußte ich, daß er sich bei Ike melden und ihm mitteilen würde, daß er von mir gehört hatte. Am Ende landete ich dann bei Ikes Anwalt, Nate Tabor. Nate war schon ein älterer Mann, sehr nett, und er kannte die Situation zwischen mir und Ike. Ich rief ihn in Los Angeles an, und er sagte, er würde ein paar Leute in der Gegend um Dallas kennen und dafür sorgen, daß sie mich am nächsten Tag abholten und zum Flughafen brachten, wo Nate für mich ein Ticket nach L.A. hinterlegen lassen würde.

Am nächsten Morgen wusch ich mich und legte reichlich Make-up auf, dann setzte ich die Sonnenbrille wieder auf, und ich sah schon etwas besser aus. Diese Leute tauchten auf, ein älteres Ehepaar, und es stellte sich heraus, daß sie Rassen-vorurteile hatten. Das war genau das, was ich jetzt brauchen konnte. Aber ich dachte nur: »Schön – dann weiß ich wenigstens, was los ist.« Auf dem Weg zum Flughafen wechselten wir kein einziges Wort, und als wir dort waren, wollten sie nicht mit mir zusammensitzen; sie standen ein Stück entfernt. Endlich bedankte ich mich bei ihnen. Ich konnte in meine Maschine steigen. Ich suchte mir einen Platz und dachte nur »Whew!!!« Doch dann, je näher wir Los Angeles kamen, desto heftiger schlug mein Herz. Ich dachte: »Herrgott, angenommen, Ike ist schon vor mir nach Hause gekommen? Wenn er jetzt auf mich wartet?« Ich dachte daran, wie er mich aus dem Bus nach St. Louis herausgeholt hatte, und ich verspürte richtige Angst, denn ich unterschätzte ihn auf keinen Fall. Dann dachte ich: »Nun, wenn er da ist, dann fange ich einfach an zu schreien, bis die Polizei kommt – denn auf keinen Fall werde ich jemals wieder zu Ike zurückgehen.«

Als das Flugzeug endlich landete, rechnete ich mit allem. Wenn Ike nicht auf mich wartete, dann war alles mit mir in Ordnung, denn mit diesem Kopftuch und der Sonnenbrille – und ohne die Perücke – würde niemand mich erkennen. Die Tür ging auf, und ich ging eilig durch die Ankunftshalle und über den Asphalt und blieb nicht stehen, bis ich ein Taxi erreicht hatte. »In Sicherheit!« dachte ich. Und der Taxifahrer drehte sich um und sah mich an, und das erste, was er sagte, war: »Sind Sie Tina Turner?«

Ich dachte: »O Scheiße.«

13

UNABHÄNGIGKEITSTAG

Tina: So verbrachte ich das Wochenende im Hause Nate Tabors, und wir unterhielten uns. Er fragte: »Nun, Tina, was wollen Sie tun?« Ich antwortete: »Ich gehe nicht zu ihm zurück. Ich will die Scheidung, egal was das bedeuten mag.« Und nach einer Woche telefonierte Nate mit Ike, denn die Angelegenheit mußte geregelt werden. Gott, Ike fing an, Nate und seine Familie zu bedrohen. Nate machte sich ernsthafte Sorgen. Daher sagte ich: »Ist schon gut, Nate. Ich will nicht, daß Ihre Familie darunter leiden muß.« Und ich kehrte zu Maria Booker zurück.

Damals rezitierte ich sehr viel – das Rezitieren war meine einzige Zuflucht, meine einzige Hilfe. Und Maria rezitierte mit mir. Aber uns beiden war klar, daß ich dort nicht bleiben konnte, denn jeden Moment konnte Ike auftauchen und mich suchen. Daher schickte Maria mich zu ihrer Schwester, Anna Maria, die auf dem Lookout Mountain wohnte. Anna Maria rezitierte ebenfalls, und ihr Mann, Wayne Shorter von der Gruppe Weather Report, war im Sommer nicht da, daher war dieses Haus einfach perfekt. Dort blieb ich für eine Weile, dann zog ich zu einem Collegegirl, das auch eine Anhängerin des Rezitierens war und als Masseuse arbeitete. An seinen Namen kann ich mich nicht mehr erinnern. Schließlich kehrte ich wieder zu Anna Maria zurück, denn sie hatte beschlossen, mir in dieser Zeit beizustehen.

Zwei Monate lang zog ich von Bleibe zu Bleibe und arbeitete überall – ich machte den Haushalt und putzte, genauso wie ich es in Tennessee bei der weißen Frau gemacht hatte. Und ich weiß, wie man einen Hausputz organisiert. Ich räumte Gerümpel weg und trug den Müll nach draußen und putzte die Geschirrschränke und spülte Geschirr und scheuerte die Herde – denn das war der einzige Weg, wie ich es diesen Leuten gutmachen konnte, daß sie mir geholfen hatten. Ich hatte kein Geld. Ich hatte überhaupt nichts. Ich bezahlte also meine Miete in Form von Hausarbeit. Und es war mehr als nur Putzen. Es waren Dinge dabei, die die Leute niemals in Erwägung gezogen hatten – ich räumte ihre Schränke auf und schuf Ordnung. Manchmal sagten sie: »O nein, Tina, das sollst du doch nicht tun, das Hausmädchen...« Und ich erwiderte dann: »Das Hausmädchen hat es die ganze Zeit nicht gemacht, und jetzt mache ich es. Und jetzt seid still.«

Sie begriffen allmählich, daß ich diese Arbeit brauchte. Ich baute damit meine innere Spannung ab. Ich mußte nachdenken, aber ich konnte noch nicht stillsitzen und nachdenken, ich mußte in Bewegung sein. Ich erinnere mich gerne an diese Periode. Ich tat nichts, was unter meiner Würde war, denn meine Aktivitäten halfen mir zu überleben. Ich bin sogar stolz darauf!

Ich schlief, wo immer man Platz für mich hatte – zum Beispiel in Waynes Arbeitszimmer bei Anna Maria –, und ich muß sagen, daß ich auf keinen Fall das vermißte, was man die

»Annehmlichkeiten des Starruhms« nennt. Denn ich hatte endlich meine Freiheit – mein Gott, wie hatte ich davon geträumt, sechzehn lange Jahre. Und zum erstenmal hatte ich auch eigene Freunde.

All diese Frauen praktizierten das meditative Rezitieren, und als ich wieder zu Anna Maria zurückkam, rezitierte ich jeden Tag vier Stunden. Die Rezitation bringt einen in Einklang mit dem Universum, diesem leisen, allumfassenden Summen im Mittelpunkt des Seins. Wenn man die Augen schließt und aufmerksam lauscht, kann man es überall hören. Anna Maria hatte ein *gohonzon*, daher blieb ich den ganzen Tag im Haus und rezitierte und sang und stärkte meinen Geist für die Prüfungen, die mir noch bevorständen.

Eines Tages fragte Anna Maria mich, ob ich sie nicht zum Supermarkt begleiten wolle. Ich hätte es nicht tun sollen, aber ich nahm nicht an, daß irgend jemand mich erkennen würde. Ich hatte Craigs Freundin Bernadette gebeten, sich ins Haus am Olympia Drive zu schleichen und mir ein paar von meinen Kleidern zu besorgen – und auch meine 38er –, so hatte ich endlich etwas zum Anziehen und noch ein paar Kopftücher, unter denen mich niemand erkennen würde. Was konnte ein kurzer Ausflug in den Supermarkt schon schaden?

Nun, wir bogen in Anna Marias Mercedes auf die Hauptstraße ein, und ein Typ in einem Wagen näherte sich, setzte sich neben uns und versuchte mich eingehender in Augenschein zu nehmen. Ich rutschte auf dem Sitz sofort nach unten, aber ich wußte sofort, daß Ike diesen Typen auf mich angesetzt hatte. Ike kannte Maria, und er wußte auch über ihre Freunde Bescheid, und wahrscheinlich wußte er auch, daß Wayne Shorter zur Zeit nicht im Hause war. Ich meine, Ike ist nicht dumm – er wußte ziemlich genau, wo er mich suchen mußte. Wir fuhren nun zum Supermarkt und kauften einige

Dinge ein, und ich sah den Typen in der Bekleidungsabteilung wieder. Und diesmal wußte ich, daß auch er mich gesehen hatte.

An diesem Abend, Anna und ich sprachen unsere abendliche Rezitation vor dem *gohonzon*, hielt sie inne und sagte: »Weißt du, Tina, ich glaube, ich sollte die Rasensprenger aufdrehen.« Ich weiß, was sie dachte – die Rezitation bewirkt das: Man wird aufmerksam, man stimmt sich ein. Annas Haus stand auf einem Berg, und in seiner Umgebung gab es Büsche und Sträucher. Wenn die Rasensprenger liefen, dann würde jeder, der sich von dieser Seite dem Haus näherte, triefendnaß. Sie drehte sie also auf, und wir widmeten uns wieder unserer Rezitation. Dann klopfte jemand an der Haustür. Wir erstarrten. Ich sprang auf und holte meine 38er aus meinem Zimmer. Anna sagte: »Nein, Tina – du darfst keine Waffe zum *gohonzon* mitbringen.« Ich erwiderte: »Zwischen diesen beiden Dingen werde ich total sicher sein.« Das Klopfen wiederholte sich. Schließlich sagte Anna: »Wer ist da?« Und wer war es? Robbie Montgomery, die Ex-Ikette!

Robbie: Ich wohnte immer noch in Los Angeles – seitdem ich die Revue verlassen hatte, war ich mit Dr. John, Nancy Sinatra und anderen auf Tournee gewesen. Außerdem hatte ich bei Schallplattenaufnahmen mitgewirkt, und Ike wußte genau, wo er mich suchen mußte. Er brachte mich mit Tinas Mutter zusammen, die gerade zu Besuch war, und mit ihrer Schwester Alline, und er brachte uns dazu, daß wir einen Privatdetektiv beauftragten, sie zu suchen. Als der nun herausfand, wo sie sich aufhielt, oben in Laurel Canyon, mußte ich mit Ike und seinen Freunden hinfahren und an der Tür klopfen, während er sich im Gebüsch versteckte. Ich sagte: »Ann, ich bin's, Robbie. Ike ist hier draußen. Er möchte mit dir reden.« Ich hörte keine Antwort, deshalb entfernte ich mich wieder. Ich wünschte, ich wäre im Erdboden versunken.

Tina: Ich konnte mir vorstellen, was im Augenblick im Gange war. Ike wußte, daß ich Robbie gut leiden konnte, und er nahm wohl an, er könne sie benutzen, um mich aus dem Haus zu locken. Ich sagte kein Wort. Seit ich Dallas verlassen hatte, hatte ich mit niemandem über diese Seite meines Lebens gesprochen – nicht mit Rhonda, nicht mit Alline, nicht mit meiner Mutter, mit niemandem. Denn ich wußte, wieviel Kontrolle er über sie hatte. Deshalb blieb ich still, und Anna Maria spielte plötzlich ein portugiesisches Hausmädchen. »So sorry... Herr nicht da.« Und Robbie fragte weiter: »Ist Tina da? Oder Ann?« Ich stand auf und sah vorsichtig aus dem Fenster. Genau, was ich erwartet hatte. Gleich auf der anderen Straßenseite stand der Rolls-Royce. Und dort war auch Ike in seinem Overall und seinen Stiefeln und seinem breiten Gürtel – er sah richtig gefährlich aus. Und drei oder vier andere Fahrzeuge parkten hinter seinem, besetzt mit jeder Art von heruntergekommenen Gaunern, die man sich vorstellen kann – auch sie trugen breitkrempige Hüte und breite Gürtel und alles mögliche. Sie sahen aus wie eine Bande mexikanischer Banditos – sie alle wollten die arme kleine Tina holen! Nun, wir riefen einfach die Polizei. Sie kamen, und ich sagte zu ihnen: »Ich bin Tina. Das dort ist Ike. Ich habe ihn verlassen und werde nie mehr zu ihm zurückkehren.« Die Cops gingen zu Ike hinüber, und sie sagten sehr bestimmt: »Es tut uns leid, dies hier ist Privatbesitz, und der Eigentümer ersucht sie, von hier zu verschwinden, und zwar schnell.«

Doch nun wußte Ike, wo ich war. Deshalb rief er Anna Marias Schwester an, und diese rief wiederum mich an und fragte, ob ich bereit wäre, mich mit ihm am Telefon zu unterhalten, was ich auch tat. Ike wollte wissen, ob wir uns nicht mal treffen könnten. Ich sagte klar, warum nicht.

Oh, war ich damals stark – so stark. Er erschien in einem Auto mit Chauffeur, und ich stieg ein. Er hätte mit mir alles tun können, was ihm in den Sinn gekommen wäre – aber er war dazu nicht in der Lage. Er saß nur da, spielte mit seinem Hut, und ich sah nur noch Angst in seinen Augen. Echte Angst. Immer hatte ich mich geduckt, immer hatte er mich in seiner Gewalt gehabt, doch jetzt war ich stark. Ich war ich selbst, und auf dieser Ebene hatte er noch nie mit mir zu tun gehabt. Er erkannte nun, daß er überhaupt keine Kontrolle mehr über mich hatte, daß ich meine Furcht verloren hatte. Und das machte ihm Angst. Wir unterhielten uns irgendwo bei einer Tasse Kaffee, aber über nichts Besonderes, außer daß ich ihm klar machte, ich würde nie mehr zu ihm zurückkehren. Er fuhr mich zurück zu Anna Maria, und ich stieg aus dem Wagen und sagte Good-bye.

Eingeschlossen in seine Welt bei Bolic Sound, brütete Ike vor sich hin und nährte seine Wut über Tinas Abschied.

Ike Junior: Als sie ging, blieb er bis zu vierzehn Tage hintereinander lang wach. Er nahm noch mehr Koks und anderes Zeug – und ich wurde praktisch rausgeschmissen. Er versuchte, selbst ein Album aufzunehmen – ich erinnere mich noch daran, daß einer der Songs, an denen er arbeitete, den Titel trug: »I Can't Believe What You Say.« Ich versuchte es dabei zu belassen, aber jedesmal, wenn das Telefon klingelte und ich hob ab, da sagte er: »Wer ist es? Wer ist es? Ich möchte mit ihnen reden!«

Ich versuchte, irgendwie zu ihm zu halten. Aber eines Abends schlug er mich mit einem 45er auf den Kopf – einem *gespannten* 45er – und das ohne besonderen Grund. Ich habe nie jemandem davon erzählt. Ich mußte ins Krankenhaus, und dann wurde die Polizei benachrichtigt. Sie fragten mich: »Wollen Sie ihn anzeigen?« – »Nein, möchte ich nicht. Ihr könntet mich sowieso nicht vor ihm schützen.« Damals begann ich zu versuchen, mich aus dem gemeinsamen Zusammenleben mit meinem Vater in diesem Studio zu lösen, denn, so sagte ich mir: »Er wird sich nicht ändern.«

Ronnie: Nachdem meine Mutter uns verlassen hatte, hörte ich längere Zeit nichts von ihr, da sie sich erholen mußte. Mein Vater begann zu trinken, dann nahm er Songs über sie auf. Bei einem gab es folgenden Text: »Gonna go down South, get me another one like that other one«. Er arbeitete ewig daran, aber er veröffentlichte ihn nicht mehr.

Ich erinnere mich, wie ich einmal um etwas Geld bitten mußte, damit ich mir für die Schule eine neue Hose kaufen konnte. Er sagte: »Ich hab' das Geld nicht. Ich versinke in einem Meer aus Sorgen.« Er weinte sogar – hatte richtige Tränen in den Augen. Weil sie ihn verlassen hatte.

Ann Cain: Nachdem Tina gegangen war, mußten natürlich alle Termine für die geplante Tournee abgesagt werden. Und dann meldeten sich die Promoter und klagten gegen uns. Ikes Methode, sich mit diesen Dingen zu beschäftigen, bestand darin, sich überhaupt nicht zu beschäftigen. Er ging in sein kleines Studio und schloß hinter sich ab. Bald darauf ging auch ich. Aber Ike kam immer noch, manchmal mitten in der Nacht, zu mir und fragte mich, ob ich nicht Tina gesehen hätte. Manchmal durchlöcherte er mich regelrecht mit Fragen. Aber ich hatte von ihr nicht das geringste gehört.

Zwei Tage nach ihrem Treffen im Auto schickte Ike alle vier Jungen zu Tina. Gleichzeitig gab er ihnen ihre Bettwäsche, ihre Tiere und ihr Spielzeug mit, aber keine Möbel und kein Geschirr oder Besteck. All dies hatten sie schon bald nötig. Jetzt, wo die Kinder bei ihr waren, wollte Tina Anna Maria nicht mehr zur Last fallen. In diesem Moment gab Ike – zu Tinas Überraschung – ihr tausend Dollar, um ein kleines Haus für die Jungen am Sunset Crest Drive in Laurel Canyon zu mieten. »Es war reinste Strategie«, sagte sie zu Ikes Geste. »Er gab mir genau für einen Monat die Miete und glaubte, ich müßte wieder mit ihm arbeiten, sobald die Miete für den zweiten Monat bezahlt werden müßte. Dennoch war ich ihm um einiges voraus.« Alleine auf sich selbst gestellt, rief sie Rhonda Graam an, die seit ihrem Ausscheiden aus Ikes Unternehmen arbeitslos war, um ihre Karriere so gut wie möglich neu aufzubauen. Zuerst einmal ging es darum, für Bargeld zu sorgen. Da Tina es gewesen war, die die Revue auf ihrer letzten Tournee verlassen hatte, und nicht Ike, sah sie sich plötzlich gesetzlich dazu verpflichtet, alle Promoter finanziell abzufinden, die die nun abgesagten Termine der Tour organisiert und dafür geworben hatten. Gerichtsbeschlüsse kamen massenhaft an, aber Tina hatte kein Geld, um irgendwelche Forderungen zu bezahlen. Beruflich stand es nicht weniger übel um sie. Die Ike-and-Tina-Turner-Revue war nun für die Promoter das reinste Gift, und Tina selbst war, was Solo-Auftritte anging, eine völlig unbekannte Größe. Im Alter von siebenunddreißig Jahren sah sie sich plötzlich vor der Situation, wieder von ganz unten anfangen zu müssen.

Rhonda Graam: Tina hatte keine Begleitband und kein Geld, um eine zusammenzustellen, daher versuchte ich sie in jeder Fernsehshow unterzubringen, die ich kannte. Gastauftritte.

Ich mußte ein Pseudonym benutzen – nannte mich selbst »Shannon« –, um Buchungen zu tätigen, denn Ike bedrohte jeden, der Tina zu helfen versuchte. Sie trat oft in *Hollywood Squares* auf, und ich brachte sie in der *Brady Bunch Show* unter und bei *Danny and Marie* und in der *Cher Show* und in einem *Laugh-In*-Revival. Dies war unsere einzige Einnahmequelle. Sie lebte von Essensmarken, und ich holte alle vierzehn Tage meine Arbeitslosenunterstützung ab, und zwischen den Wohlfahrtsschecks lebten wir von meinen Kreditkarten. Jedesmal, wenn wir wieder etwas Geld holten, sagte ich: »Okay, Liebes, wir haben jetzt fünfhundert Dollar, und wir müssen die Miete, das Gas, das Wasser bezahlen.« Tina hat soviel Humor. Ich erinnere mich an ein Mal, wie sie, nachdem wir unsere Rechnungen bezahlt hatten, sagte: »So, zwölf Dollar sind noch übrig – sechs für mich und sechs für dich.« Und sie teilte mit mir diese lausigen zwölf Dollar.

Es muß Ende August gewesen sein, als wir nach Las Vegas gingen, um uns Ann-Margret anzusehen. Wir wollten nur weg von L.A. und allem, was mit Ike zusammenhing, zwei Tage Ruhe. Aber nach Anns Show waren wir noch in ihrer Garderobe, und das Telefon klingelte. »Tina, es ist Ike.« Wir dachten: »Nun hat er sie doch gefunden.«

Tina mußte begreifen, daß Ike nicht bereit war, stilvoll von der Szene abzutreten. Ihr Scheidungsantrag mit der Begründung »unüberbrückbarer Gegensätze« wurde beim Los Angeles Superior Court am 27. Juli, knapp einen Monat nach dem Dallas-Desaster, eingereicht. Doch nun, da Nate Tabor die Vertretung Tina Turners hatte niederlegen müssen, war sie ohne Rechtsbeistand. Zum Glück kannte Ann-Margrets Ehemann Roger Smith den hervorragenden Scheidungsanwalt Arthur Leeds. Mit ihm setzte Tina sich in Verbindung.

Als Leeds, von der in Los Angeles ansässigen Anwaltskanzlei Gottlieb, Locke und Leeds, Ende August Tinas Vertretung übernahm und sich mit den Einzelheiten des Falles vertraut machte, war er über den Stand der Dinge entsetzt. Nach kalifornischem Gesetz hatte sie ein Anrecht auf die Hälfte des gemeinsamen Vermögens, was recht beachtlich war. Doch als Tina versuchte sich vorzustellen, daß Ike sein Hab und Gut flüssig machte und ihr die Hälfte des Erlöses friedlich auszahlte ... nun, da konnte sie sich das einfach nicht vorstellen. Und mit ihm darüber zu streiten, hätte bedeutet, mit dem Mann noch so lange in Verbindung zu bleiben, wie es ihm gelang, sie zu hintergehen und hinzuhalten. Daher war ihr einziger Wunsch, wie sie Arthur Leeds unmißverständlich klarmachte, ihre Freiheit.

Tinas Forderungen beliefen sich auf monatlich viertausend Dollar Unterhaltszahlung für sich selbst und eintausend Dollar für die Kinder. Außer dem ständigen Sorgerecht für ihren eigenen Sohn, Craig, forderte sie auch das Sorgerecht für Ronnie, ihren gemeinsamen Sohn. Tina bezweifelte, daß sie diese Beträge jemals zu sehen bekäme, doch Arthur Leeds war entschlossen, es zumindest zu versuchen. Mit dieser Haltung machte er sich Ike nicht gerade zum Freund.

Tina: Ike nannte Arthur immer »the motherfucking Leeds«. Er mochte ihn nicht. Weil Arthur sich durch nichts abschrecken ließ. Wir hatten einige Zusammenkünfte in seinem Büro, und Ike gebärdete sich teilweise wie ein Wahnsinniger, aber Arthur zahlte ihm mit gleicher Münze heim. Schließlich gingen wir vor Gericht, und ich brauchte für meine Aussage knappe fünf Minuten – ich nannte nur meinen Namen und schilderte kurz meine Ehe. Ich war bereit, alles aufzugeben, wenn es sein mußte, und als der Richter das erfuhr, rief er Arthur und mich in sein Dienstzimmer. Er sagte: »Junge Dame, sind Sie sicher, was Sie wollen?« Ich antwortete: »Ich bin mir ganz sicher, Euer Ehren.« Dann fuhr ich fort: »Doch, er hat noch etwas, das ich gerne haben möchte.« Ike nahm immer die Geschenke, die andere Leute mir machten, an sich, und er hatte in seinem Bürosafe etwas Kristallschmuck, den ich einmal bekommen hatte. Doch Ike meinte, davon wisse er nichts, der Safe sei leer. Dieser Gauner! Ich sagte sofort: »Dann vergiß es.« Er sagte: »Nein, nein, Ann, äh...« Und ich wiederholte: »Nein – vergiß es!« Ich hatte keine Lust, mich mit ihm darüber zu streiten, was in dem Safe war und was nicht. Der Richter starrte uns beide an und konnte es anscheinend nicht fassen. Ich verließ den Gerichtssaal, und Ike starrte mit diesem Ausdruck hinter mir her, als wollte er sagen: »Du Schlampe, mich bist du noch lange nicht los.« Ich erwiderte seinen Blick und dachte bei mir: »Doch, das bin ich.«

Das nächste, was Ike machte, war, Mike Stewart, den Chef von United Artists anzurufen, unserer früheren Schallplattengesellschaft. Ike verhandelte über einen neuen Schallplattenvertrag, da wir zum Zeitpunkt unserer Trennung nirgendwo mehr gebunden waren. Mike bat mich, ihn doch in seinem Büro aufzusuchen, damit wir uns mit Ike zusammensetzten und berieten, wie die Zukunft aussehen könnte. Ich ging hin und erklärte Ike bei dieser Gelegenheit, daß ich nicht nur nie wieder zu ihm zurückkehren würde, sondern daß ich mit ihm in Zukunft weder Schallplattenaufnahmen machen, noch auftreten noch irgend etwas anderes tun würde. Niemals. Und damit fing der Ärger richtig an.

Rhonda Graam: Ich wohnte damals in Reseda, und nachdem ich angefangen hatte, für Tina zu arbeiten, wurde in meinem Haus zweimal Feuer gelegt. Dann verbrachte ich einige Tage

270

im Haus am Sunset Crest Drive, um ihr beim Einrichten zu helfen, und als ich wieder nach Hause kam, waren die Fenster mit einer Schrotflinte zerschossen worden. Daher meinte Tina, ich solle zu ihr kommen und bei ihr und den Jungen bleiben. Hinter ihrem Haus lag ein Hügel, der mit Efeu überwuchert war, und um uns davor zu schützen, daß sich jemand unbemerkt von dieser Seite heranschleichen konnte, hatte ihr Sohn Craig leere Colaflaschen an eine Schnur gebunden und diese quer über den Hof gespannt. Wir hatten damals doch ein wenig Angst. Dann, eines Abends, hörten wir Gewehrschüsse, und zwar von vorne – wir warfen uns alle auf den Fußboden. Wir alarmierten die Polizei und sahen draußen nach, und alle Fenster meines Wagens waren zerschmettert. In dieser Nacht schliefen wir auf dem Fußboden. Tinas Zimmer verfügte über ein Oberlicht genau über dem Bett – völlig undenkbar, daß sie dort geschlafen hätte, daher zog sie um in den großen Wandschrank und schlug dort ihr Bett auf.

Tina: Eines Abends öffnete Craig die Haustür, und ein Polizist stand dort. Ich kam heraus und fragte: »Ja, bitte?« Er erzählte mir, der Polizei sei zu Ohren gekommen, daß Ike einen Revolvermann angeheuert habe, der mich »unter den Rasen bringen« solle, wie er es ausdrückte. Craig ist vor Angst fast gestorben. Da stand ein Polizist und erklärte, Ike wolle seine Mutter ermorden. Ich dachte mir, daß Ike diese Gerüchte selbst in Umlauf gesetzt hatte, um mich in Angst und Schrekken zu versetzen, deshalb meinte ich, ich würde mich schon darum kümmern. Aber ich hatte wirklich Angst: Mit Ike würde ich schon zurechtkommen, aber wenn er wirklich einen Killer auf mich angesetzt hatte... nun, mit solchen Burschen kann man normalerweise nicht verhandeln.

Arthur Leeds: Es kamen auch einige Detektive vom Morddezernat zu mir. Sie erzählten, ein V-Mann habe ihnen mitgeteilt, daß Ike einen Berufskiller gedungen habe, der Tina umbringen und mich entweder umbringen oder zumindest erschrecken solle. Aber sie haben ihn nicht einmal festgenommen. Tina hat es nicht gewollt.

Tina: Ich achtete einfach darauf, immer eine Waffe bei mir zu haben. Meine 38er begleitete mich überall hin. Bis, ich glaube, es war Anfang Dezember, ich in West Hollywood angehalten wurde, weil ich eine rote Ampel überfahren hatte. Der Verkehrspolizist bemerkte die Pistole in meiner Handtasche. Junge, Junge, blitzschnell zog er seine Kanone und zerrte mich aus dem Wagen und befahl mir, die Hände hochzunehmen – ich war entsetzt. Ich fragte: »Was ist? Was soll das?« Er nahm mich mit auf die Wache, um mich einzulochen, aber als sie dort erfuhren, wer ich war... nun, sie wußten über Ike Turner Bescheid. Deshalb durfte ich meine Pistole behalten, und sie ließen mich laufen.

Während ihrer letzten Besprechung bei UA hatte Ike vorgeschlagen, daß Tina sich den Label-Chef Mike Stewart als neuen Manager nehmen solle. Obgleich sie erkannte, daß Ike damit nur das Ziel verfolgte, über all ihre Aktivitäten informiert zu bleiben und sie so zu überwachen, brauchte sie nichtsdestoweniger ein gutes Management, um an ihrer Karriere zu arbeiten. Stewart, obgleich offensichtlich mit Ike locker befreundet, war die einzige Kontaktperson, die sie im Business hatte. Stewart sicherte ihr seine Unterstützung zu und zahlte ihr als Vorschuß eine ausreichende Geldsumme, um eine Bühnenshow auf die Beine zu stellen. Da der für sie zugänglichste Markt, wenn man Tinas neuen Status als Solistin und die kurzfristig erforderlichen Investitionen betrachtete, das Tingeltangel war – Vegas, Tahoe, die großen Hotels wie die der Fairmont-Kette, schlug sie diese Richtung ein. Ein Quartett von Tänzern – zwei Männer, zwei Frauen – wurde engagiert, um sie zu unterstützen. Jack Good, der erfolgreiche Produzent von *Shindig*, sollte eine neue Bühnenshow kreieren, und Bob Mackie, der Schneider von Ann-Margret und anderen Stars, kümmerte sich um die Gestaltung der Kostüme. Im Hinblick auf die damalige Periode – 1977 war mit *Saturday Night Fever* das große Disco-Jahr – war Tinas glitzernde neue Show ein im geschäftlichen Sinne kluger Schachzug. Falls es notwendig war, einen im Trend liegenden Hit zu bringen, wie zum Beispiel »Disco Inferno« von den Trammps, nun, dann tat sie das eben notgedrungen. Und sie hielt sich auch an einige Oldies, mit denen sie identifiziert werden konnte – »River Deep – Mountain High«, »Proud Mary«, »Honky Tonk Woman«, »No More«, »A Fool in Love«. Allerdings kein »Poor Fool« oder »I Idolize You«. Und niemals wieder würde sie mit »I've Been Loving You Too Long« zu hören sein.

Tina stellte ihre neue Show in einem obskuren Club in Vancouver, British-Columbia, an einem Abend vor, der nicht ohne gewisse Probleme ablief.

Rhonda Graam: Wir hatten so eine Art »Hey-Big-Spender«-Nummer, und Bob Mackie hatte einen Anzug für Tina entworfen, den sie dazu tragen sollte – eine Weste, ein schwarzes Hemd, eine rosafarbene Krawatte mit einer großen Diamantkrawattennadel, ein weißer Hut. Die gesamte Innennaht der Hose und des Westenrückens wurde von Klammern und einem Klettenband zusammengehalten, und wenn die Tänzer danach griffen, sollten sie zu beiden Seiten davoneilen und sie in einem Spitzenkorsett und einem Strumpfhalter und nur einem Strumpf mitten auf der Bühne stehenlassen. Nun, so etwas hatten wir noch nie gemacht. Ein Hosenbein löste sich nicht, sie mußte es mit einer Schlenkerbewegung von ihrem Bein lösen. Dann sah ich, daß der Strumpf nicht an ihren Strumpfhalter befestigt war und jetzt bis auf die Knöchel herunterrutschte. Ich dachte schon, ich bekäme einen Herzinfarkt. Aber Tina ist immer total gesammelt und konzentriert. Sie stieß einfach einen Tänzer hinunter auf die Knie, stellte ihm den Fuß auf den Rücken, zog den Strumpf hoch und befestigte ihn. Ich glaube, niemand bemerkte, daß dieses Intermezzo gar nicht zu der Show gehörte.

Tina: Ich habe nie versucht, etwas anderes zu sein als das, was ich immer war – etwa Jazz oder andere klassische Songs zu singen. Ich sang Rock 'n' Roll und Rhythm & Blues und natürlich Blues an sich. Was ich wohl machte – etwas, das ich schon in meiner Zeit mit Ike immer hatte tun wollen –, war, mich darum zu kümmern, daß die neue Show auch einen gewissen Sinn erhielt. Ich wollte einige Balladen singen, und ich wollte den Leuten zeigen, daß ich wirklich singen konnte.

Nun, wenn ich sage, ich kann »singen«, dann meine ich damit nicht, daß ich eine schöne Stimme habe. Ich habe nicht gerade die Stimme einer Frau, wenn man so will, deshalb denke ich auch immer an die Männer, wenn ich meine Musik zusammenstelle. Ich verstehe ihre Art der Darbietung, ich finde sie toll. Als ich mit Ike zu arbeiten begann, waren da nur Männer, und ich war die einzige Frau und mußte mich irgendwie durchsetzen. Deshalb übernahm ich einen großen Teil meines Trainings und meine Gesangsmuster von den Männern. Dabei ging es nicht um Mädchen und Schönheit und Fraulichkeit.

Nun, jetzt hatte ich meine eigene Band – eine Big Band. Ein Traum war für mich wahrgeworden. Die Knaben waren im Smoking, aber es machte Spaß. Wir machen uns auch einen Spaß daraus, klar, wir zogen uns einen Smoking an, trugen dazu aber Fliegen, damit wir aussahen wie Kellner. Und die Musik war das totale Gegenteil dessen, was wir mit unseren Kostümen signalisierten.

Die Show ergab einen Sinn, deshalb hatten wir ja auch unseren Arbeitsplatz so ausgewählt – wenn man tingelte, brauchte man diese Art der Produktion. Ich bekam enthusiastische Kritiken. Zum erstenmal in meinem Leben erhielt ich stehende Ovationen. An so etwas kann ich mich aus meiner Zeit mit Ike nicht mehr erinnern. Daher hatte ich das Gefühl, daß ich irgend etwas richtig machte – und daß ich es war, die es vollbrachte.

Wieder in L.A. nach diesem Ausflug nach Kanada, wurde Tina von Ike und seinen Kumpanen weiterhin unter Druck gesetzt. Ike war unglücklich. Tinas Anwalt, Arthur Leeds, wollte endlich etwas über den wahren Wert von Ikes 55%iger Beteiligung an dem Apartmentkomplex in Anaheim wissen und hatte Maßnahmen eingeleitet, die Ike daran hinderten, seinen Anteil zu verkaufen. Leeds warf auch ein taxierendes Auge auf Ikes andere Güter: ein Grundstück draußen im Valley, seine vier Musik-Gesellschaften, seinen Bentley, seinen Rolls, seinen brandneuen Cadillac Seville. Ike sträubte sich sehr dagegen, sich von einem dieser Besitztümer zu trennen. Seine Telefonanrufe bei Tina wurden immer unfreundlicher. Aber sie mußte schließlich ihre Miete zahlen – für Haus und Einrichtung etwa tausend Dollar im Monat – und vier Teenager kleiden und satt bekommen. Sie fing an, im Tingeltangel Geld zu verdienen, doch was davon nicht für die Gehälter der

Band und für Produktionskosten ausgegeben wurde, ging als Rückzahlung an die Promoter der letzten, abgebrochenen Ike-and-Tina-Tournee, deren Pfändungsbescheide sie bei jedem Engagement erwarteten. Das erste, das zu tun war, so entschied sie, war, umzuziehen. In einem Anflug von Raffiniertheit hielt sie sich an BMI, eine Lizenzagentur, die für Material von Ike und Tina Turner Tantiemen einsammelte. Sie ließ sich einen Vorschuß auf einige Songs auszahlen, die sie geschrieben hatte. Mit diesem Geld, das sie Ike praktisch unter der Nase weggeschnappt hatte, zog sie in ein anderes kleines Haus um, diesmal in Sherman Oaks. Ihre neue Unterkunft blieb jedoch nur für kurze Zeit ein Geheimnis.

Tina: Eines Abends, es war schon spät, Craig und seine Freundin Bernadette waren bei mir, hörten wir Gewehrschüsse, und wir rannten zum Fenster und schauten hinaus auf den Parkplatz. Bernadettes Wagen stand in Flammen, das Heckfenster meines Wagens war mit einer Schrotflinte zerschossen worden, und jemand hatte auch auf das Haus gefeuert. Wer immer es getan hatte, er hatte Benzin um Bernadettes Wagen herum ausgeschüttet, und schon hatten die Reifen Feuer gefangen, und wir befürchteten, daß der Benzintank explodieren würde. Craig lief hinaus – er war wahnsinnig – und brachte den Wagen irgendwie die Auffahrt hinunter zur Straße und löschte das Feuer. Dann riefen wir die Polizei, und sie schickten ein Team für Spurensicherung, das die Schrotkugeln aufsammelte und untersuchte. Mittlerweile begann die Polizei sich für diesen Ike Turner immer intensiver zu interessieren.

Dieser kleine Zwischenfall reichte mir endgültig. Ich brauchte damals wirklich Geld, denn ich hatte nichts als Verluste auf der ganzen Linie. Und ich hatte sechzehn Jahre gearbeitet, um Ike und Tina Turner aufzubauen und alles, was diese Partnerschaft geschaffen hatte. Nun hatte Ike das alles. Das war nicht fair, aber kein Geldbetrag, egal wie hoch, war das hier wert. Ich kapitulierte.

Die Scheidung schleppte sich noch eine Weile hin, wobei Ike sich immer wieder mit Arthur Leeds heiße Gefechte lieferte und im Verlauf des Prozesses fünf Rechtsanwälte verschliß. Tina tourte weiterhin durch die Provinz, um ihre Schulden zu bezahlen – an die Promoter, an Mike Stewart – und um ihre Band, ihre Truppe, ihr Haus und ihre Kinder zu unterhalten und zusammenzuhalten.

Tina: Ich ging immer noch einkaufen, obwohl ich keinen Dime mehr hatte. Ich ging zu Charles Gallay, einem Laden, den ich in meiner Zeit mit Ike gefunden hatte. Charles hatte genau die Dinge, die ich suchte – Qualität, die eine Menge Geld kostete. Ja, ich muß es gestehen – ich liebe es, wenn die Kleider wahnsinnig teuer sind. Warum? Sie sehen gut aus und sie halten lange. Es geht mir nicht nur um den Preis – ich suche ausschließlich Qualität.

Aber ich muß von Janet erzählen. Ich liebe Janet. Sie konnte mich verstehen und auf mich eingehen. Niemals kam es vor, daß ich in den Laden kam und sie dachte: »O nein, Tina hat doch überhaupt kein Geld.« Janet war viel klüger.

Nun, es kam mal der Tag, da gab es dort ein ganz besonders teures Kleid, das ich unbedingt haben wollte. Es fühlte sich in meinen Händen wie flüssiges Gold an, aber ich sagte mir, soviel Geld werde ich niemals ausgeben können. Daher sagte ich zu Janet: »Janet, sei so lieb – und verkauf dieses Kleid bitte nicht.« Wie kann man so etwas nur einer Geschäftsfrau sagen? Aber Janet war nicht nur eine Verkäuferin, sie leitete auch den Ein- und Verkauf von Charles Gallay. Deshalb konnte sie das Kleid festhalten, und sie wußte, daß ich es irgendwann kaufen würde. Sie hatte nur wenige Kunden, aber Janet bedrängte sie nicht; sie erzählte ihnen niemals, das könnten Sie ganz ideal tragen, und dazu würde dies oder das passen.

Und schließlich, ein Jahr später, ergab sich für mich die Möglichkeit, das Kleid zu erstehen.

Für die vier Jungen war das Leben bei der Mutter eine seltsame neue Erfahrung. Ihr ganzes Leben lang waren sie umgeben gewesen mit den glitzernden Symbolen der Showbusiness-Erfolge ihrer Eltern – einem luxuriösen Haus, den schweren Wagen. Und natürlich war da immer ein Hausmädchen gewesen, das hinter ihnen aufgeräumt und saubergemacht hatte. Im Vergleich dazu waren Tinas neue Lebensumstände geradezu spartanisch, und sie erwartete sogar, daß die Kinder ihr bei der Hausarbeit halfen. Die Jungen, vor allem Michael – der von Ikes und Tinas Trennung am schwersten getroffen wurde –, waren desorientiert und rebellisch. Während ihrer häufigen Abwesenheit erkannte Tina, daß sie im Begriff war, die Kontrolle über sie zu verlieren. Schließlich rief sie nach ihrer alten Haushälterin Ann Cain.

Ann Cain: Tina sagte, sie brauche mich, daß ich die einzige sei, die mit den Jungen zurechtkomme. Sie verwandelten ihr Haus in einen Nachtclub, wenn sie außerhalb der Stadt arbeitete. Sie sagte: »Ich werde meine Kinder niemals hinauswerfen. Es sind meine Kinder, und wenn ich ein Heim habe, dann haben auch sie ein Heim. Aber ich muß endlich die Sorge loswerden, was zu Hause vorgeht, wenn ich nicht da bin.« Sie meinte, ich solle mich wie zu Hause fühlen, und daß ich ihr Schlafzimmer benutzen könne, wenn sie nicht zu Hause sei. Sie sagte auch: »Ich kann es mir jetzt nicht leisten, dich zu bezahlen. Aber wenn du einverstanden bist und mir hilfst, dann werde ich es dir eines Tages wiedergutmachen. Denn ich weiß genau, eines Tages bin ich wieder ganz oben.«

Tina: Schon bevor ich Ike verließ, war ich bei allen möglichen Wahrsagern und Kartenlesern gewesen, und viele von ihnen sahen ähnliches voraus: nämlich, daß ich eines Tages alleine und ohne fremde Hilfe Erfolg haben würde. Natürlich war ich darüber sehr glücklich. Und da war noch mehr. Eine Kartenleserin in Kalifornien, Ginny Matrone, las für mich zwei- bis dreimal die Woche in den Karten, und das auch, als ich kein Geld hatte. Sie sagte, es würde eine Scheidung geben; daß ich sehr viel Angst haben würde, daß sich aber alles zum Guten wenden würde.

Ich konsultierte auch einige prominente Wahrsagerinnen. Jacqueline Eastland war in ihren Prophezeiungen immer recht genau, aber sie war auch sehr teuer, und ich konnte mir einen Besuch bei ihr nicht allzuoft leisten. Peter Herkos konnte Dinge aufspüren, aber er erklärte auch eine ganze Menge. Eines Tages, ein paar Jahre bevor ich Ike verließ, kam dieses Girl, Judy Cheeks, für die er eine Schallplatte produzierte, zu mir und sagte: »Tina, da ist eine Frau, die du unbedingt kennenlernen mußt, sie ist einfach phantastisch. Sie heißt Carol Dryer. Sie liest in der Seele.«

Nun, ich mußte drei Jahre warten – bis 1977 –, ehe ich endlich Carol kennenlernte, aber als es soweit war, da veränderte sie mein Leben. Sie erzählte mir von meinem anderen Leben. Sie erzählte mir von Ägypten.

Es war so seltsam. Einmal, Jahre vorher, war ich mit Ike durch einen Flughafen gegangen, und ich sah diesen Bildband *Ancient Egypt* (Das antike Ägypten). Kaum hatte ich das Buch aufgeschlagen, da hielt ich den Atem an. Ich mußte es haben, auch wenn es fünfundsiebzig Dollar kostete. Ike fragte: »Wofür, zum Teufel, willst du das ?« Aber er kaufte es mir. Als ich nun im Flugzeug das Buch durchblätterte, konnte ich spüren, wie mein Puls sich beschleunigte, und ich wußte nicht warum. Ich wußte nur, daß da eine Art Summen war, eine Verbindung, ein Gefühl, das ich noch nie zuvor gehabt hatte. Carol Dryer erklärte mir, was es war: mein ägyptisches Leben.

Dryer erzählte Tina die Sage der großen ägyptischen Königin Hatschepsut, einer Tochter des Pharao Thutmosis I., der fünfzehnhundert Jahre vor Christus geboren wurde. Hatschepsut hatte ihren Halbbruder geheiratet, der nur kurz, acht Jahre, als Thutmosis II. regierte. Bei seinem Tod war sein Sohn (von einer Frau niederer Herkunft) und Nachfolger, Thutmosis III., erst zehn Jahre alt. Hatschepsut herrschte als Regentin über das Reich und wurde schon bald zur Pharaonin erhoben und begründete eine gemeinsame Regentschaft mit ihrem Stiefsohn bis zu ihrem Tod zwanzig Jahre später. Obgleich sie als friedliebende Monarchin galt, soll Hatschepsut gemeinsam mit ihren Kriegern in den Kampf gezogen sein und soll auch in ihrem Körperbau einem Mann sehr ähnlich gewesen sein.

Für Tina bot diese Geschichte metaphorische Parallelen zu ihrem eigenen Leben – vor allem zu der gestörten Beziehung mit Ike. Dryer betrachtete Tina als die Kriegerin Hatschepsut, die ihrem Bruder und Ehemann in der Macht folgte und ihn später sogar überflügelte und danach die Herrschaft ihres Stiefsohnes lenkte. Ein solches Szenario aus einem früheren Leben, so die Dryer, gab Hinweise auf das, was in Tinas jetzigem Leben falsch gewesen war.

Vor dem offenen Kamin zu Hause.

Der berühmte Couchtisch in Gitarrenform.

GLOBE PHOTOS

GLOBE PHOTOS

*Mit Elton John bei der Pressekonferenz anläßlich der Premiere
des Kinofilms* Tommy *im Jahr 1974.*

BOB GRUEN

RHONDA GHAAM

BOB GRUEN

*Aufnahmen für Ann-Margrets Fernseh-
Special in London im Jahr 1975,
nachdem wir gemeinsam am Film* Tommy
gearbeitet haben.

*Ein weiteres Foto von der
Pressekonferenz zu* Tommy
in New York.

Im Jahr 1978 mit dem Kostüm-
Designer Bob Mackie (links) und
einem seiner Assistenten.
Ich trage ein Mackie-Modell für
meine Bühnenshow in Las Vegas.

Maria (Booker) Lucien, eine
Freundin, die mich bei sich aufnahm,
als ich Ike endgültig verließ.

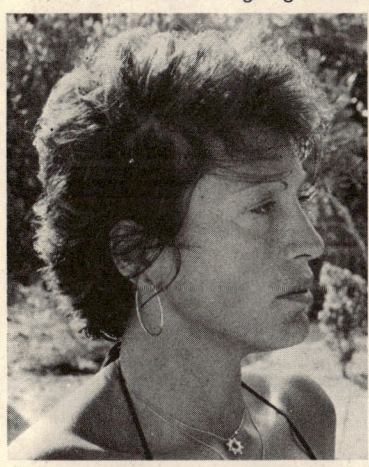

RHONDA GRAAM

In der Garderobe während der Tournee mit
den Rolling Stones, 1982.

BOB GRUEN

BOB GRUEN

Keith Richards (links) und
David Bowie nach meinem Auftritt
1983 im Ritz in New York.

IVAN DRYER

Carol Dryer.

Mit Lejeune Richardson (links) und
Annie Behringer, meinen letzten
Backgroundsängerinnen und -tänzer-
innen. 1984, während der Tournee
mit Lionel Ritchie, trat ich zum
erstenmal alleine auf.

Dr. Chandra Shama,
mein persönlicher Arzt,
der mir half, von der
Tuberkulose zu genesen.

Auftritt im Ritz Nachtclub in New York, 1984, an einem meiner glücklichsten Tage. An diesem Tag war »What's Love Got to Do with It« auf den ersten Platz der Hitparade gerückt, und ich hatte soeben erfahren, daß ich die weibliche Hauptrolle im Film Mad Max – Jenseits der Donnerkuppel *spielen sollte.*

BOB GRUEN

*Mit Songschreiber
und Produzent
Terry Britten bei
der Verleihung des
Grammy Awards 1985
in Los Angeles für
die Schallplatte
des Jahres.*

NARAS

Mit Lionel Ritchie bei der Verleihung der Grammy Awards 1985.

AP

Auftritt in New York
während der
»Private-Dancer«-Tournee 1985.

BOB GRUEN

JOHN BELLISSIMO

Auftritt mit Mick Jagger
während des historischen
»Live-Aid«-Konzerts
in Philadelphia
im Juli 1985.

Als Aunty Entity im Kinofilm Mad Max – Jenseits der Donnerkuppel aufgenommen in Australien und angelaufen im Jahr 1985.

SAM EMERSON

B. RHEIMS—SYGMA

HERB RITTS

Mit meinem Manager, Roger Davies.

Tina: Carol erzählte mir, daß Hatschepsut den Thron von ihrem Bruder übernommen hatte, weil er entartet war und weil sie wußte, daß er am Ende Ägypten vernichten würde. Aber daß ich, Hatschepsut, nicht das Recht hatte, ihm den Thron wegzunehmen, denn niemand hat das Recht, jemand anderem etwas wegzunehmen, und so gab es Karma, die Schuld aus einem anderen Leben, die ich in diesem Leben sühnen mußte. Ike war natürlich dieser Bruder, und diesmal mußte ich es zulassen, daß er sein Reich zerstörte – was er schließlich auch tat, denn er verlor alles, was er hatte. Er hatte auch geschworen, daß er mich quälen würde, so wie ich ihn in dem anderen Leben gequält hatte – und dieses Versprechen hielt er wirklich ein. Als Carol mir all das erzählte, brach ich in Tränen aus. Ich hatte es überlebt. Ich hatte das ganze Leid ertragen, und endlich war ich von ihm befreit. Meine Leben mit ihm waren zu Ende. Doch laut Carol lag in meinem Leben noch einiges vor mir.

Nachdem Ann Cain erneut engagiert worden war, um sich um die Erziehung der Jungen zu kümmern, wappnete Tina sich, um endlich die Scheidungsklage gegen Ike durchzuziehen. Im Herbst 1977 hatte sich der Streit zu dem üblichen Durcheinander von Forderungen und Gegenforderungen entwickelt. Ike meinte, als Tina ihn verlassen habe, habe sie auch die Grundlage ihrer Ehe zerstört: den Ruf, der der Einheit »Ike und Tina Turner« zu eigen gewesen sei. Ike taxierte den Verlust dieses Rufs auf 750.000 Dollar. (Er behauptete auch, daß er und Tina in all den Jahren niemals richtig verheiratet gewesen seien – ein Argument, das nach kalifornischer Rechtsprechung mittlerweile rein hypothetischer Natur war.) Leeds legte den Wert von Tinas Pelzen und Schmuck, immer noch in Ikes Besitz, auf 100.000 Dollar fest. Ike hielt dagegen, daß diese Dinge mindestens 500.000 Dollar wert seien. Er schätzte den Anaheim-Komplex auf 200.000 bis 400.000 Dollar (Leeds tippte eher auf knapp eine Million), und Bolic Sound gab er mit bescheidenen 200.000 Dollar an.

Tinas Kopf summte. Sich über all diese Fragen zu einigen, konnte Jahre dauern, und wer wußte, wie weit seine Belästigungen noch gingen. Nein, beschloß sie, jetzt war Schluß. Sie sagte Arthur Leeds, er solle das Handtuch werfen.

Leeds: Sie gab alles weg, gegen meinen Rat. Wir wollten den Anaheim-Besitz schätzen lassen, und dann hätten wir wenigstens die Hälfte des geschätzten Wertes überschrieben bekommen. Aber sie gab am Ende auf – machte ihm damit ein Geschenk von zweihundert- bis fünfhunderttausend Dollar. Er behielt das Studio, er behielt seine Schallplattenfirmen, seine vier Autos, den Besitz in North Valley – er übernahm jeglichen Besitz, aber keine Schulden. Er sollte alle ihre gemeinschaftlichen Schulden bezahlen; wir sicherten uns einen Anteil am Anaheim-Besitz – ähnlich einer Hypothek –, um sichergehen zu können, daß er seine Schulden bezahlte und daß er nicht seinen Besitz verkaufte und das Geld einfach behielt. Aber sie gab auch diesen Anteil auf, und das gestattete ihm, die Zahlungen zu verweigern.

Tina behielt zwei Jaguars, einen 1970er und einen 1971er. Ike sollte ihr die Pelze und den Schmuck übergeben, doch das tat er wohl nie. Sie behielt die Tantiemen aus den von ihr geschriebenen Songs, aber Ike bekam die Veröffentlichungstantiemen sowohl für seine wie auch für ihre Kompositionen. Tina kam praktisch nur mit dem heraus, was sie am Leibe trug. Aber sie sagte: »Mein Leben ist mir wichtiger.«

Tinas Scheidung von Ike war im November 1977 besiegelt, wurde jedoch erst am 29. März 1978 ausgesprochen. In der Zwischenzeit heuerte Tina Leibwächter an und überlegte, was sie mit dem Letzten, was sie noch mit Ike verband, tun sollte – mit den Jungen. Craig und Ike Junior wären bald zwanzig. Michael wurde neunzehn, und der kleine Ronnie feierte bald seinen achtzehnten Geburtstag. Die Zeit war gekommen, wie Tina erkannte, daß jeder von ihnen entscheiden mußte, was er mit seinem Leben anfangen wollte. Ronnie war musikalisch – er spielte Bass in einer Band der Junior High-School, die sich Manufactured Funk nannte. Und Ike Junior, der bei Bolic Sound gelernt hatte, war nun ein talentierter Tontechniker. Vielleicht konnte Tina sie an ihrer neuen Karriere teilhaben lassen. Sie begann mit Ike Junior, der immer zwischen ihrem Haus und den Bolic Studios, wo er arbeitete, hin- und hergefahren war. Nach dem Pistolen-Zwischenfall mit seinem Vater hielt Ike Junior Ausschau nach einem neuen Job. Tina stellte ihn ein, damit er sich um den Sound ihrer Bühnenshow kümmerte. Als Ike von diesem neuen Job seines Sohnes hörte, war er jedoch sehr ungehalten.

Ike Junior: Er war wütend, weil er mir acht- bis neunhundert Dollar pro Woche für meine Arbeit bei Bolic bezahlt hatte, und nun arbeitete ich für vierhundert Dollar pro Woche. Ich kam ins Studio, und er schimpfte herum, und ich sagte: »Ich will hier nichts anderes als arbeiten.« Ich steckte zwischen beiden in der Klemme. Das machte die Situation für mich so schlimm.

Tina: Ike versuchte mich in jeder erdenklichen Weise zu belästigen. Ike Junior verstand sich mit mir blendend. Dann erklärte Ike ihm, er könne nicht mehr für mich arbeiten. Ich

sagte gut: Ich konnte es mir nicht leisten, daß Ike wegen so etwas wieder in mein Leben eindrang, daher engagierte ich einen neuen Mann für den Sound, und das war es dann, dachte
ich.

Nun, als wir am Flughafen eintrafen, um ein Flugzeug zu
meiner nächsten Show zu nehmen – ich, Rhonda, die Band,
mein Leibwächter –, da wartete niemand anderer auf uns als
Ike Turner. Wir hielten an, und da stand er und unterhielt
sich mit zweien seiner Musiker. Er trug einen weißen Anzug
und ein rotes Hemd. »Dein Geschmack geht wirklich den
Bach runter, Ike.« Er sah aus wie ein kleiner Mafia-Ganove.
Er war da wegen Ike Junior. Ich sagte: »Er ist nicht mehr bei
mir.« Es gab für ihn nichts mehr, was er mir hätten sagen sollen, daher kam er zu meinem Leibwächter, einem wirklich
mächtigen Burschen, und sagte zu ihm: »Eins will ich dir sagen: Sieh nur zu, daß du deinen fetten Arsch nirgendwo blik-
ken läßt, ist das klar?« Und dieser arme Kerl steht nun da, er
hatte erwartet, mit kreischenden Teenagern fertig werden zu
müssen, aber nicht das. Er hatte Todesangst. In diesem Moment tauchten die Leute von der Flughafenpolizei auf, und
wir beeilten uns, ins Flugzeug zu kommen. Ike und seine
Jungs stiegen wieder in ihren Rolls-Royce, und der Fahrer
ließ den Motor aufheulen, und als wir zurückblickten, sahen
wir, wie der Wagen zu schwanken und zu beben anfing, und
dann quoll Rauch unter der Motorhaube hervor. Und dort saßen sie, der Pate und seine Ganoven, und hingen in ihrem
qualmenden Rolls fest. Es war wie ein Witz.

Davon überzeugt, daß Ike die vier Jungen in seinem Kampf
gegen Tina als Spielfiguren einsetzen würde, stand Tina vor
einer schwierigen Entscheidung. Die Jungen waren vielleicht
unsicher, was ihre spätere Berufswahl anging, aber sie waren

schon jetzt älter als sie selbst damals, als sie bei den Kings of Rhythm zu singen begonnen hatte, und daher waren sie auch alt genug, sich selbst umzuschauen. Sie wußte, was sie jetzt zu tun hatte – arbeiten, arbeiten, arbeiten, und vielleicht irgendwann einen alten Traum verwirklichen.

Tina: Ich sagte gerne, daß ich meinen Abschluß auf der Ike-Turner-Akademie gemacht und alle Hausarbeiten erledigt hätte, ehe ich ihn verließ. Ich hatte geschworen, ich würde ihn nicht verlassen, bis er sein eigenes Studio bekam und die Chance, seine eigenen Träume auszuleben, und die bekam er. Ich hatte versprochen, bei ihm zu bleiben, bis die Jungen erwachsen wären, und das waren sie jetzt. Es hatte mich doch mit Sorgen erfüllt, zuzusehen, wie sie fast ausschließlich von Haushälterinnen erzogen wurden, aber Ike jagte uns von einer Tournee zur anderen, und es gab keine andere Möglichkeit. Doch wenn ich zu Hause war, dann versuchte ich den Kindern eine gute Mutter zu sein – ich kochte für sie, fütterte sie, sorgte für ihren Vitaminbedarf und schickte sie zu den besten Ärzten, wenn sie krank waren. Wenn sie eine Sportveranstaltung in der Schule hatten, dann ging ich immer hin, weil Ike von all dem überhaupt nichts wissen wollte. Deshalb hatte ich es gemacht. Ich war schließlich ihre Mutter. Ich war seine Frau gewesen. Nun wurde es Zeit für mich, ich selbst zu sein.

Aber es hatte schon erste Probleme gegeben, was für mich der Grund war, warum ich Ann Cain am Ende bat, wieder zu mir zu kommen. Ich wußte schon, was los war. Ich kam nach L.A. zurück, von irgendeinem Job, und in dem Haus herrschte ein furchtbares Chaos. Sie sagten dann immer: »Nun, wir haben uns an die Hilfen im Haushalt gewöhnt.« Darauf meinte ich: »Das trifft auch auf mich zu.« Einmal lieh ich mir einen Teppichreiniger, und als ich nach Hause kam, erklärte ich ihnen, wie sie die Teppiche und Matten reinigen und daß sie die Fenster putzen sollten; das Haus sähe aus, als habe eine Bombe eingeschlagen. Ike Junior erklärte: »Ich tue das nicht.« Ich sagte: »Dann fliegst du raus.« Weil ich diesen Lebensstil bei mir zu Hause nicht duldete. Daraufhin ging Ike Junior für einige Zeit zu seinem Vater zurück.

Dann war da Michael. Michael saß den ganzen Tag zu Hause und spielte Gitarre. Ich wußte nicht, was mit ihm los war, aber es stellte sich heraus, daß er irgendwelche seelischen Probleme hatte. Ich glaube, ihn traf es am schlimmsten, daß Ike und ich geschieden wurden.

Der Arzt entschied, daß Michael lieber bei seinem Vater leben wollte. Ich hatte das auch immer schon gespürt – daß er etwas dagegen hatte, bei mir zu leben, weil ich ja nicht seine richtige Mutter war. Dann wollte er also zu Ike. Prima. Niemand stand auf der Straße. Dann erfuhr ich, daß Ronnie ein ernstes Drogenproblem hatte – wie schlimm es war, hörte ich erst bei einigen Treffen in der Schule. Daher steckte ich ihn in eine strenge Privatschule in Oregon, und er lernte dort die Scientology kennen, und die schien tatsächlich sein Leben richtig neu durchzulüften. Nach einem Jahr brachte ich ihn zurück nach L.A. und schickte ihn auf die Scientology-Schule, die er besuchen wollte. Ich kleidete ihn neu ein, kaufte ihm ein neues Schlafzimmer, ließ ihn wieder zu mir kommen, überließ ihm den Wagen, damit er damit zur Schule fahren konnte. Doch dann fiel er wieder in seinen Drogenkonsum zurück, und er ging nicht mehr in die Schule, für die ich teures Geld bezahlen mußte. Später, als er mir bei meinem Einzug in das Haus in Sherman Oaks helfen sollte, traf ich ihn an, wie er mit seinem Tonbandgerät herumspielte, telefonierte und high war. Also zog ich allein um und räumte auf und machte die ganze Arbeit. Das war dann der Auslöser. Ich packte seine Sachen zusammen. Ich war so wütend auf ihn. Ich dachte mir, das wäre der einzige Weg, wie er es jemals lernen würde. Ich beobachtete ihn, und nach einer Weile, als er mit einer Freundin ein Apartment bezog, deren Mutter seine Miete bezahlte, setzte ich mich mit ihr in Verbindung und bezahlte dafür, daß Ronnie dort wohnte, doch das hielten wir damals vor ihm geheim.

Okay, Craig hatte immer den einen oder anderen Job, und später ging er zur Marine. Ich konnte mir ein College für ihn nicht leisten, aber er machte auch keine Probleme. Er hing immer sehr an der Familie. Aber ich entfremdete mich den anderen Jungen etwas. Ich glaube aber, so mußte es sein. Weil sie Bolic Sound liebten und das Image ihres Vaters Ike und die Autos und die Frauen. Sie mußten lernen, um was es im Leben wirklich ging und wie ihr Vater in Wirklichkeit war. Ich wußte es bereits. Daher hatte ich bei Ronnie und Michael und Ike Junior keine Chance. Ich mußte arbeiten, um mich über Wasser zu halten und sie natürlich auch – aber ich konnte nicht ihre Gewohnheiten und Liebhabereien und ihre Faulheit unterstützen. Sie waren an dieses andere Leben gewöhnt, aber dieses Leben war für mich vorüber. Ich mußte mich an die neuen Lebensverhältnisse anpassen, und sie mußten das auch, wenn sie bei mir bleiben wollten. Es ging gar nicht darum, zu ihnen besonders streng zu sein, sondern es ging ganz einfach ums Überleben.

Tina brachte ihre erste Schallplatte nach der Ike-Ära 1978 heraus, ein Album mit dem Titel *Rough*. Hinweise auf ihre zukünftige Richtung wurden in den Aufnahmen deutlich – vor allem in ihrer Coverversion des Bob-Seeger-Titels »*Fire Down Below*«, einem harten Rockstück. Aber der musikalische Background war ideenlos, und als *Rough* nicht abheben wollte, ließ United Artists, Tinas finanziell in Schwierigkeiten befindliches Label, sie einfach fallen – in den USA sowieso. UA wurde damals bereits allmählich von Capitol/EMI, dem in England beheimateten Schallplatten-Konsortium übernommen; und EMI, überzeugt, daß loyale Fans in England ihre Schallplatten immer kaufen würden, behielten Tina für den englischen Markt unter Vertrag. Festival Records in Australien handelte ähnlich. Für den Rest der Welt – die USA, Europa, den Fernen Osten – war Tina plötzlich ohne Firma.

Ike brachte ebenfalls im Jahr 1978 ein Album heraus. Mit dem Titel *Airwaves* und angekündigt als Veröffentlichung von Ike und Tina Turner, war es eine Kollektion von Songs, die Ike vor Tinas Weggang aufgenommen hatte. Dazu gehörten so beziehungsreiche Titel wie »Two Is a Couple«, »We Need an Understanding« und »Just Want Your Love Sometime«. Auch sie verschwand sehr schnell.

1979 wurde Tina hinsichtlich ihrer Karriere allmählich unruhig. Sie arbeitete wieder regelmäßig, aber immer nur im Tingeltangel, dem Friedhof ausgebrannter Entertainer. Bald wäre sie vierzig, und sie spürte, daß ihr kreatives Feuer so hoch loderte wie nie zuvor. Zu tingeln, vor allem in Vegas und Tahoe, brachte gutes Geld – und Geld war ihre Hauptsorge. Aber Tina wollte mehr. Ihr gefiel ihr neues Image als Salon-Nummer nicht. Und außerdem war das Tingeln niemals etwas gewesen, was ihr besonders zugesagt hatte.

Der unerwartete Schlüssel zu Tinas Verwandlung war *Hollywood Nights,* ein Fernseh-Special von 1979, das mit Olivia Newton-John gedreht worden war. Olivia war eine australische Sängerin, die bereits den Grammy gewonnen hatte und seit ihrem Auftritt in einer Hauptrolle in dem Kinofilm

Grease ganz besonders hoch gehandelt wurde. Olivia war in jeder Hinsicht das Gegenteil von Tina – blond, gesittet, total pop. Und vielleicht war das der Grund, warum sie Tina in ihre Show eingeladen hatte. Das Timing war reiner Zufall. Rava Daly, eine von Tinas Tänzerinnen hatte bereits geäußert, sie würde sich mit dem Manager und Freund Olivias, Lee Kramer, in Verbindung setzen. Daly sagte, er suche auf dem Markt neue Sänger, die er managen wolle. Nach dem TV-Special zeigte Tina Interesse und beschloß, Kramer einmal aufzusuchen.

14

DER WEG ZURÜCK

Lee Kramer war ein wohlhabender Engländer, der einige Jahre vorher mit seiner Freundin Olivia nach Los Angeles gezogen war und sie zu managen begonnen hatte. Über Olivia lernte er im Sommer 1979 Roger Davies kennen, einen siebenundzwanzigjährigen Australier, der nur wenige Monate vorher in L.A. aufgetaucht war und sein Glück ebenfalls als Manager versuchen wollte. In Melbourne geboren, war Davies – stämmig, blond und unendlich liebenswürdig – das typische Produkt der musikverrückten sechziger Jahre. Er hatte in Schulbands Bass gespielt, hatte für Lokalzeitungen Schallplattenkritiken geschrieben, hatte ausländische Rock-Alben importiert und an seine Freunde weiterverkauft und konnte sich nichts anderes vorstellen als ein Leben im Zeichen der Musik. Nach einem Jahr an der Universität, wo er politische Wissenschaften und Wirtschaftswissenschaften studierte mit der vagen Absicht, später Journalist zu werden, hatte er als Roadie bei einer Band aus Melbourne angefangen. Mit ihr zog er in den Norden nach Sidney, das sonnige Tor zu den Weiten Australiens. Dort stieß er zu Consolidated Rock, einer größeren Musikagentur, und es dauerte nicht lange, da gründete er seine eigene Firma, Sunrise Management. Sie betreute einige der besten Rock-Bands des Landes – unter anderen Daddy Cool, die La De Das, Billy Thorpe and the Aztecs und eine Band namens Sherbet. Den Sherbs, wie sie später in Amerika genannt wurden, galt schließlich sein Hauptinteresse, und Mitte der siebziger Jahre verließ er Sunrise, um die Gruppe exklusiv zu managen.

Doch zu Silvester 1978 eröffnete Sherbet ihrem Manager Davies, daß sie sich zumindest für einige Zeit auflösen wolle. Im Februar 1979 hatte Davies, nun ohne Gruppe, aber von den Staaten seit jeher magisch angezogen, sich wieder in Los Angeles niedergelassen.

Davies hatte als Musiker gearbeitet, als Roadie, als Rockjournalist, als Agent, als Manager. So kannte er das Musikbusiness in- und auswendig. Aber in L.A. Fuß zu fassen, war nicht einfach. Er hatte einige Kontakte in der örtlichen Gemeinde von Australiern und übernahm es schon bald, einen von ihnen zu managen, nämlich den Songschreiber Steve Kipner, der später den 1981er-Hit »Physical« für Olivia Newton-John lieferte. Olivia war eine Bekannte aus früheren Tagen, und durch sie lernte Davies Lee Kramer kennen. Als Lee Kramer ihm kurz darauf einen Job anbot, griff er zu, obgleich kein Gehalt vereinbart worden war. Dafür durfte er ein Büro in Kramers Etage benutzen und behielt das Recht, seine eigenen Klienten weiterzubetreuen, während er sich um noch nicht spezifizierte Projekte in Kramers expandierender Organisation kümmern sollte. Eine oder zwei Wochen nachdem Davies dort seine Tätigkeit aufgenommen hatte, zerbrach die romantische Liaison zwischen Kramer und Olivia, und Davies bekam den Auftrag, sie weiter zu betreuen.

Eines Tages informierte Kramer Davies, daß Tina Turner sich angesagt habe, um mit ihm über ein mögliches Management zu reden. Davies war überrascht, daß sie immer noch aktiv war. Tina war in Australien ungemein populär gewesen, doch es war zehn Jahre her, daß er sie auf der Bühne gesehen hatte, und da war sie, natürlich, nur mit der Revue aufgetreten. Tina erschien mit Rhonda Graam im Schlepptau und begann, ihre derzeitige Situation zu schildern, die in vieler Hinsicht recht schwierig war. Mittlerweile schuldete sie Mike Stewart, der ihre Show finanzierte, rund 200.000 Dollar. Dann war da noch das Finanzamt, das von Tina um die 100.000 Dollar an rückständigen Steuern plus Säumniszuschläge forderte – insgesamt eine Summe von weiteren 200.000 Dollar.

Tina: Ich kam an, und Lee nahm mich mit, damit ich Roger kennenlernte. Rogers Büro war vollgestopft mit allem möglichen Zeug. Seine Erklärung dafür lautete, daß man erst dann ein Genie sei, wenn man einen überladenen Schreibtisch vorweisen könne. Es beunruhigte Roger, wenn er in ein Büro kam und einen aufgeräumten Schreibtisch sah. Wenn man Roger kennt, dann erscheint einem das recht spaßig.

Der langen Rede kurzer Sinn – ich vertraute mich Roger nur wegen seiner Augen an, wegen der Art und Weise, wie er dasaß und uns ansah. Ich hatte ein Demo-Band von einer Jam-Session mitgebracht. Es klang eindeutig nach einer Produktion Ike Turners, denn dort war ich noch immer – und das ist die Wahrheit. Und Roger bekam dort keine Hit-Single und auch nichts sonst zu hören, was sich für den Rundfunk geeignet hätte. Er saß nur da, und seine Augen sprachen Bände.

Nun, ich mag keine Ja-Sager, und ich will auch niemanden, der mir die Hand hält. Roger war nicht übermäßig sentimental. Er sagte, was er zu sagen hatte, und dann kam der nächste Schritt. Roger wußte, daß einiges an mir und meinem Konzept geändert werden mußte, wenn wir irgend etwas erreichen wollten. Und die Art und Weise, wie Roger mir das klar machte, erschien mir logisch und natürlich.

Tina war überzeugt, daß sie mit dem richtigen Management wieder ganz groß herauskommen würde, und sie war bereit, hart zu arbeiten – wie sonst hätte sie es schaffen sollen? –, wenn Kramer für sie tätig werden wollte. Kramer reagierte begeistert, aber das war bei ihm typisch. Davies war da etwas skeptischer und empfahl, sich Tina erst einmal auf der Bühne anzusehen, ehe man irgendeine Entscheidung traf. Rhonda schlug vor, in der darauffolgenden Woche nach San Francisco zu fliegen, wo Tina ein zweiwöchiges Gastspiel im Fairmont-Hotel beginnen würde. Nach einigen Absagen und Terminverschiebungen gelang es Kramer und Davies doch noch, wenigstens zur letzten Vorstellung von Tinas Engagement zu kommen.

Roger Davies: Wir kamen im Fairmont an, und ich dachte, »Mein Gott, ist das ein furchtbarer Schuppen.« Wir gingen in den Venezianischen Saal, eine riesige Tanzhalle, und dort hingen Kristallüster, und die Gäste trugen Abendkleidung. Ich sagte: »Ich glaube, wir sind hier falsch.« Dann kam Tinas Band auf die Bühne, und auch die Musiker trugen Smoking. »Richtig unheimlich«, dachte ich. Doch dann erschien Tina, und sie verströmte soviel Energie, daß sie mich total umhaute. Es war faszinierend. Sie brachte »Disco Inferno« mit Rauchbomben und zwei Tänzern, die ihr die Kleider vom Leib rissen – es war irgendwie bizarr. Aber trotz dem ganzen Firlefanz war sie super. Ich dachte: »Na ja, die zweite Show ist sicherlich nicht mehr ganz so gut.« Aber sie war besser. Am Ende standen die Gäste auf den Tischen, und die Kristallüster schwangen im Takt.

Kramer, nicht weniger beeindruckt, erklärte sich bereit, Tinas Management zu übernehmen und vertraute sie Davies' Obhut an. Ihr jedoch außerhalb des Tingeltangels Arbeit zu verschaffen, erwies sich als praktisch unmöglich. Daher trat sie sehr oft in Kanada auf, und Davies notierte sich im Gedächtnis, welche Veränderungen in bezug auf ihr Image und ihre Bühnenshow vorgenommen werden müßten. Im Grunde betraf das die Band, die Tänzer, die Kostüme und die Musik, die sie darboten. Alles mußte gründlich umgearbeitet werden, sollte sie sich jemals wieder aus dem Tingeltangel-Milieu befreien können.

Gegen Ende des Jahres 1979 erhielt Davies ein erstaunliches Angebot für Tina – 150.000 Dollar für eine fünfwöchige Tournee durch Südafrika. Das war eine sensationelle Geldsumme zur damaligen Zeit, und die Gage hätte Tinas Schulden bei Mike Stewart und beim Finanzamt erheblich verringert. (Die Promoter der gescheiterten Tournee von 1976 waren nahezu vollständig ausbezahlt.)

Aber: Südafrika? Die Apartheidspolitik des Landes – die institutionalisierte Rassentrennung – war Thema internationaler Proteste. Andererseits, viele schwarze Künstler traten ohne Zwischenfälle in Südafrika auf – genauso wie viele amerikanische Firmen mit dem Land Geschäfte machten –, und die Tournee, die man Tina anbot, erreichte alle Schichten der Bevölkerung, Schwarze und Weiße gleichermaßen. Davies unterhielt sich mit Tina über das Für und Wider eines solchen Unternehmens. Südafrika hatte die Rassentrennung? Nun, sie war in einem Land mit praktizierter Rassentrennung aufgewachsen – in den Vereinigten Staaten von Amerika. Aber bei den Konzerten gab es diese Trennung nicht. Okay, meinte sie: »Vielleicht bringen wir auf diese Weise die Menschen einander ein wenig näher.«

Davies konnte Tina jedoch nicht um den halben Erdball begleiten. Er mußte schon in Kürze mit Olivia, seiner Hauptklientin, nach London zur Premiere ihres neuen Films *Xanadu* fliegen. Daher wurde Tina Chip Lightman anvertraut, einem jungen Mann aus Florida, der kurz vorher bei Lee Kramer aufgetaucht war, weil dieser ihm einmal einen Job in seinem Unternehmen versprochen hatte. Lightman war noch nie zuvor außerhalb des Landes gewesen – in der ihm zugedachten Rolle war er genaugenommen sogar noch niemals irgendwo aufgetreten –, doch Davies schlug vor, Rhonda solle ihm unterwegs die Grundlagen des Geschäfts beibringen. Das Südafrika-Angebot wurde angenommen.

Tina: Ich wußte überhaupt nicht, wer Chip war, und Rhonda war nicht allzu scharf darauf, Chip allzuviel beizubringen, wodurch sie ihre Position als Roadmanagerin hätte schwächen können. So kam es, daß Chip im wesentlichen immer den Bühnenboden kehrte und feucht aufwischte. Auch mein Sohn Ronnie begleitete uns – das war vor dem großen Knall –, und er spielte Bass in der Band. Wir traten in Johannesburg, Durban, Kapstadt auf. Sun City, das riesige Unterhaltungszentrum, war damals noch nicht fertiggestellt, so daß wir dort natürlich nicht hinkamen. Es war die typische Tourneesituation, daher bekam ich von dem Land nicht allzuviel zu sehen. Jemand fragte mich einmal: »Wissen Sie eigentlich, was in diesem Land geschieht?« Und ich antwortete: »Nein.« Weil ich es wirklich nicht wußte, außer daß dort die Rassentrennung herrschte. Ich hatte keine Ahnung, wie schlimm es dort in Wirklichkeit aussah. Ich hatte ein neues Management und keine Schallplattengesellschaft, und ich hatte mit meinen eigenen Problemen genug zu schaffen. Ein paar Jahre später rückte Südafrika in den Mittelpunkt des internationalen Interesses, und ich bekam viele Vorwürfe zu hören, daß ich dort aufgetreten war. Seitdem bin ich auch nach Sun City eingeladen worden, aber ich habe abgelehnt. Ich war 1979 in Südafrika, und soweit ich mich erinnern kann, hatte sich damals niemand darüber aufgeregt.

Rhonda Graam: Ich erinnere mich noch, daß ein Busfahrer unsere beiden Tänzerinnen, Annie und Lejeune, nicht zusammen in seinen Bus lassen wollte, weil die eine schwarz und die andere weiß war. Aber abgesehen davon bekamen wir von den Rassenproblemen überhaupt nichts mit. Wir spielten in Sälen mit drei- bis viertausend Plätzen, und Tina bekam dort unten eine phantastische Presse. Schwarze und Weiße sahen die Shows gemeinsam, und sie hatten ihren Spaß. Damals war an unserer Anwesenheit dort unten überhaupt nichts Anstößiges.

Ronnie: Bei den Shows waren immer sehr viele Schwarze zugegen, und es gab keinen Termin, an dem nur Weiße im Publikum saßen. Südafrika war ein richtig ruhiges, gemütliches Land – so als müßte jeder um zehn Uhr die Straße verlassen und nach Hause gehen und sich ins Bett legen. Und natürlich hatten die Schwarzen dort noch weniger, als sie sonst ihr eigen nennen können. Es war nicht gerade eine Gegend, in der ich gerne gelebt hätte. Doch das Publikum in unseren Shows war wirklich gemischt.

Nach dem Südafrika-Trip kehrten Tina und Gefolge kurz in die Staaten zurück, dann brachen sie zu einer ausgedehnten Tournee durch Australien und Südostasien auf. Es war ein ereignisreiches Unternehmen. In Singapur wurden die knappen Kostüme von Tina und ihren Tänzerinnen von diensteifrigen Zollbeamten zurückgehalten und kamen im Veranstaltungsraum, der sich als ein gigantisches chinesisches Restaurant entpuppte, erst kurz vor Beginn der Show an. Und dann trugen die Kostüme den Zollstempel genau im Schritt. In Manila, wo die Beatles einmal mitten in der Nacht des Landes verwiesen worden waren, weil sie sich geweigert hatten, dem Diktator Ferdinand Marcos und seiner Frau ihre Aufwartung zu machen, riet man Tina, sich ein ähnliches Schicksal zu ersparen und nach der Show in den Palast zu fahren und bei Marcos und seinen reichen Freunden Männchen zu machen.

Es war in Bangkok, wo Roger Davies seiner Unzufriedenheit mit Tinas Show – die sie aus dem Nichts wenigstens wieder auf Tingelniveau gehoben hatte – endlich Luft machte.

Roger Davies: Ich hatte die Show ständig geändert, weil sie zu diskomäßig, zu sehr Las-Vegas-typisch war. Doch nun brachte die Band, die sie hatte, mich an den Rand des Wahnsinns. Sie zahlte den Musikern viel zu viel; wir schienen nur dafür zu arbeiten, um die Band zu bezahlen. Und sie spielten noch nicht einmal Rockmusik, was für Tina das einzig Richtige gewesen wäre. Es brach mir fast das Herz. In Bangkok hatten Tina und ich darüber endlich ein ernstes Gespräch.

»Paß auf«, sagte ich, »wenn wir deine Show ändern wollen, Tina, dann müssen wir ganz unten anfangen – wir schmeißen jeden raus. Du mußt die Band loswerden, die Tänzerinnen, trenn dich von Rhonda, von dem Tontechniker und dem Beleuchter.« Sie alle waren schon seit Jahren bei ihr, und sie beklagten sich natürlich. Ich hielt dem entgegen: »Du brauchst junge Leute, die Rockmusik spielen können. Schmeiß die Smokings weg und die Silberlamékostüme – ich kann sie nicht mehr sehen, klar?« Und Tina nickte. »Okay, ich tu's.«

Tina: Roger sagte: »Mit den Leuten, die du jetzt bei dir hast, wirst du niemals Rockmusik spielen können. Dazu brauchst du junge Musiker, die voller Energie sind. Und wirf diese Bob-Mackie-Kostüme weg – und dann wirf deine langen Haare gleich hinterher.« Denn ich trug damals noch immer diese langhaarigen Perücken. Nun, ich glaube, es war Anfang 1981, als ich es endlich über mich brachte. Ich rief Rhonda an und teilte ihr mit, ich wolle mich von ihr trennen – es ginge nicht, daß zwei Leute gleichzeitig versuchten, mich zu managen. Dann rief ich die Band zusammen und setzte sie in Kenntnis. Die beiden Tänzerinnen behielt ich, aber die Tänzer mußten ebenfalls aufhören. Und dann stürzten wir uns in die Arbeit und fingen mit dem Vorspielen und Aussuchen neuer Leute an.

Tinas neue Band fand sich 1980 zusammen während eines weiteren Engagements im Fairmont-Hotel in San Francisco. Zuerst holte sie Kenny Moore, einen im Gospel erfahrenen Pianisten und Sänger. Bei den Vorspielterminen fand sie den Gitarristen James Ralston, der wiederum den aus Boston stammenden Schlagzeuger Jack Bruno mitbrachte, und gemeinsam empfahlen sie Bob Feit, einen New Yorker, der Bass spielte. Diese vier Männer wurden der harte Kern von Tinas Tourneeband. Das Geld war zwar knapp, aber die Smokings mußten weg. Tina beschloß, ihren Jungs Karateanzüge zu verpassen, die billig und trotzdem irgendwie originell waren.

Vom Fairmont aus ging es ins Ausland. Auch ohne Schallplatte als zusätzliche Werbung schaffte Tina immer noch drei ausverkaufte Vorstellungem im Hammersmith Odeon in London – die Briten hatten sie niemals im Stich gelassen. Sie spielte in Polen, in der Tschechoslowakei, in Jugoslawien. Roger organisierte Auftritte in Bahrain, Abu Dhabi und Dubai. Aber in den Staaten waren die Jobs immer noch dünn gesät, und dazu noch mies. Was war zu tun?

Davies dachte über das Problem nach, als er einen Anruf von Olivia Newton-John bekam. Sie hatte sich endgültig von Lee Kramer getrennt und wünschte, daß Roger ebenfalls Lee verließ und sie weiter managte. Roger erkundigte sich bei Lee, und der war einverstanden. Tina war wie vor den Kopf gestoßen. Sollte sie etwa bei Lee Kramer bleiben? Sie hatte den Mann nie mehr gesehen. Es war Roger, mit dem sie in der Weltgeschichte umhergereist war, Roger, der sie wieder zum Rock zurückgebracht hatte, wo sie im Grunde auch immer hatte sein wollen. Und es war Roger, bei dem sie bleiben würde.

Davies war nun plötzlich in der Situation, die wohl gegensätzlichsten Sängerinnen des Musikbusiness zu managen. Damals war das keine leichte Aufgabe. Die Schallplattenindustrie, die sich nach dem Disko-Boom mit einer plötzlichen Nach-Disko-Pleite konfrontiert sah, machte gerade die schlimmste wirtschaftliche Rezession durch. Die Rundfunksendungen und ihre Einschaltquoten waren mager und voraussagbar. Junge Bands mit neuen Songs gingen ungehört unter. Ein Hoffnungsschimmer stellte MTV dar – Music Television –, ein neuer nationaler Kabelkanal, der am 1. August sein Vierundzwanzigstunden-Programm aus Rock-Werbeclips oder Videos aufnahm. Diese plötzlich aufbrandende Nachfrage nach Videos wurde im wesentlichen durch Produkte aus den Ländern befriedigt, wo das Video sich bereits als ernstzunehmende Sendeform etabliert hatte – England und Australien. Roger Davies, der in Melbourne geboren worden war, hatte schon immer viel von der Werbewirkung des Videos gehalten.

Im Augenblick brauchte Tina jedoch die richtige Präsentationsform – einen Ort, wo man sie wiederauferstanden dem Rockpublikum und seinen Kritikern, Journalisten und Schallplattenmanagern vorführen konnte. Letztere mußten überzeugt werden, wenn Tina jemals wieder einen Schallplattenvertrag haben wollte. Roger konnte einige Bänder anbieten – Tina hatte ihren Mercedes für einen Fünfundzwanzigtausend-Dollar-Kredit verpfändet und einige Titel mit Studiomusikern in L.A. aufgenommen, darunter »Say It Ain't So, Joe« von Murray Head, »Out of Time« von den Rolling Stones und einen alten Sherbs-Titel, »Crazy in the Night«. Diese Aufnahmen waren nicht gerade sensationell, aber Tina – die ins Studio marschiert war und sie live geschmettert hatte – klang darauf ungemein stark.

Niemand bei den Schallplattengesellschaften wollte jedoch etwas von Tina Turner hören. »River Deep«? Die Revue? Die Band in Hotpants? Geschichte. Roger wußte, daß er Prestige-Auftritte brauchte, Orte, an denen Tina spielen konnte und wo sich gewöhnlich die Schallplattenmanager und die Schreiberlinge und die neue Fan-Generation aufhielten. Er brauchte einen Ort, wo Gerüchte geboren und Trends gesetzt wurden.

Roger Davies: Es war das erste Mal, daß wir ins Ritz in New York gingen, und zwar im Sommer 1981. Und im Ritz ging es für uns richtig los. Es war der hippste Club der ganzen Stadt, und ich rief Jerry Brandt, den Eigentümer an, und sagte zu ihm: »Hör zu, ich möchte einen Auftritt im Ritz. Es ist mir gleich, ob ich dafür Geld bekomme, aber ich muß sie unbedingt in New York herausbringen.« Tina war seit zehn Jahren nicht mehr in New York aufgetreten! Ich sagte Jerry, daß wir für unseren Auftritt nur die Gage für die Band und die allgemeinen Unkonsten haben wollten, und Jerry, Gott segne ihn!, reagierte begeistert. Er betrachtete das ganze als eine persönliche Herausforderung. Er schaltete eine ganzseitige Anzeige in der *Village Voice,* und er schleppte jeden Prominenten heran, den er kannte – Jagger kam, Warhol, De Niro, Diana Ross, Mary Tyler Moore. Es war unglaublich. Und Tina war einmalig. Wir waren ausverkauft und mußten dort insgesamt drei Konzerte geben. Die Kritiken waren phantastisch.

In die Szene kam Leben. Roger Davies belagerte Carl Arrington, den Herausgeber des *People*-Magazins – den Gradmesser für Bedeutung im Mainstream der Pop-Kultur –, er solle eine Titelstory veröffentlichen: »Die Rückkehr der Tina Turner«. Davies nahm auch zur Kenntnis, daß eine USA-Tournee der Rolling Stones bevorstand. Sie sollte Ende September in Philadelphia losgehen, sich die Westküste hinaufbewegen und dann mit fünf Auftritten in New York City Anfang November zu Ende gehen. Tina war noch immer mit den Rolling Stones befreundet – wer wußte, was noch alles passieren würde. Roger brachte noch einen Auftritt im Ritz im Oktober unter Dach und Fach.

Der zweite Ausflug ins Ritz endete mit einem ähnlichen Triumph. In einer Zeit total »ausgekühlter« New-Wave-Musik lieferte Tina den notwendigen Siedepunkt. Wenn sie mit ihren Ikette-ähnlichen Tänzerinnen über die Bühne wirbelte und die Rhythmen ihrer neuen Rockband mit einer Stimme herausschrie, die immer noch Eiswürfel verdampfen konnte, schien sie die Energien einer weitaus ungezügelteren Vergangenheit in sich zu bündeln. In der besten Rock-Tradition ließ Tina die alterslose Gewalt des Blues brandneu erscheinen.

Rod Steward erschien bei einer der Shows während des zweiten Engagements im Ritz, gemeinsam mit Richard Perry, dem Schallplattenproduzenten, im Schlepptau. Stewart sollte in der populären TV-Show der NBC, *Saturday Night Live*, am gleichen Wochenende auftreten. Ob Tina nicht Lust hätte mitzumachen? Sie hatte. Am Samstag sangen sie dann gemeinsam den drei Jahre alten Stewart-Hit »Hot Legs«. Tina hatte ein Publikum, das in die Millionen ging.

Wieder daheim in L.A. holte Richard Perry Tina ins Studio 55, um mit ihr »Help« aufzunehmen. Doch es erwies sich, daß die unheimliche Spannung des Songs, wenn er Live auf der Bühne dargeboten wurde, sich nicht auf Schallplatte bannen ließ, und die Sessions erbrachten nicht das gewünschte Resultat.

Eines Abends begleitete Roger Tina zu der Stones-Show im Forum in L.A. Anschließend hinter der Bühne freuten die Jungen sich, sie wiederzusehen, und sie gratulierten ihr zu ihrem jüngsten Fernsehauftritt zusammen mit Rod Stewart. »Aber warum«, wollte Keith Richards wissen, »bist du nicht mit uns unterwegs?« Tina zuckte die Achseln. »Weil niemand mich darum gebeten hat.«

Dies wurde schnellstens nachgeholt: Tina und ihre Band wurden als Vorgruppe für die Stones bei drei Auftritten im November eingeschoben, und zwar in der Brendan-Byrne-Arena in Jersey – Fassungsvermögen fünfundzwanzigtausend Zuschauer – etwa zwölf Meilen von New York entfernt. Das war es endlich – der optimale Auftritt. Jeder Schallplattenmanager, Kritiker und wichtige Szenevertreter würde an diesem Tag zugegen sein. Und um dem ganzen noch einen zusätzlichen Höhepunkt aufzusetzen, fragte Mick Jagger, ob Tina Lust hätte, mit ihm während des Stones-Auftrittes ein Duett zu singen. »Klar«, sagte Tina und sicherte sich diesen lange gehegten Traum, ehe er ihr zu entgleiten drohte: »Welchen Song sollen wir denn bringen – ich kenne alle!« – »Honky Tonk Woman« schlug Jagger vor, und als Tina in ihrer schwarzen Lederhose und den Leopardenstiefeln an diesen drei Abenden in New Jersey auf die Bühne stürmte, spielte das Publikum verrückt.

Tina: Viele Leute haben meine Musiker gelobt, indem sie sie eine »heiße« Band nannten, und das sind sie auch. Als ich die neue Band anheuerte – James Ralston an der Gitarre, Jack Bruno, Schlagzeug, und Bob Feit am Baß –, brauchte ich Musiker, die sowohl bei den Tingel-Shows spielen konnten als auch meine Rock-Persönlichkeit hervortreten lassen konnten, und sie haben all das hervorragend bewältigt und sind mir in allem gefolgt. Als wir mit den Rolling Stones auftraten, konnten wir uns zum erstenmal einiges über unser Erscheinen auf der Bühne überlegen – enge Lederhose bei dem einen, eine ausgebleichte Jeans beim anderen. Ich weiß noch, wie wir darüber diskutiert haben und was für ein Gefühl der Gemeinsamkeit sich plötzlich bei uns einstellte.

Irgendwie hielt uns das alles zusammen, wir alle spürten die Spannung in uns, als wir mit den Rolling Stones zusammenarbeiteten.

Ich erinnere mich noch an einen Abend in Chicago. Kurz nachdem die Jungs bei mir angefangen hatten, gaben wir dort eine Show, und mittendrin ging plötzlich das Licht aus, Stromausfall. Da war nur noch das Schlagzeug, und natürlich ich. Jack spielte weiter, und ich sang dazu einige Titel, bis der Strom wieder da war. Nach der Show kam Jack zu mir, klopfte mir auf die Schulter und sagte: »Du bist schon ein tolles Mäd-chen.« Das bedeutete mir sehr viel.

Etwa in dieser Zeit mußte Tina sich auch mit neuen Gegeben-heiten in ihrem Privatleben auseinandersetzen.

Tina: Als ich mit Ike zusammen war, die ganzen sechzehn Jahre, hat mich nie ein anderer Mann angefaßt. Und ich glaube nicht, daß das irgend etwas mit Furcht zu tun gehabt hatte. Ich kann eines mit Sicherheit sagen: Selbst wenn ich die Möglichkeit oder den Wunsch dazu gehabt hätte, ich hätte vorher Ike verlassen müssen.

Kurz nachdem ich Ike verlassen hatte, kam mir der Ge-danke, daß ich wieder einen Freund und Manager brauchte, doch mir war klar, daß ich dann von neuem in die gleiche Si-tuation geraten würde.

Ich hatte schon mein Glück bei amerikanischen Männern versucht, daher beschloß ich, mich einmal in Europa umzuse-hen. Es gab einen Holländer, einen Italiener und einen jungen Griechen. Warum ich mich zu europäischen Männern hinge-zogen fühle? Sie sind Frauen gegenüber so feinfühlig. Ich will damit die amerikanischen Männer nicht abqualifizieren, aber europäische Männer haben eine ganz andere Grundeinstel-lung zu Frauen. Man kann es spüren. Er kommt mit Blumen – es ist völlig gleichgültig, ob er sie gerade erst im Vorgarten gepflückt hat. Er hat sie mitgebracht. Er hat an dich gedacht. Europäische Männer begreifen, daß wir etwas anderes, etwas Besonderes sind.

Ich bin gerne Frau. Ich liebe jede Lotion, jede Creme, jedes Parfüm, einfach alles, was für Frauen hergestellt wird. Und wir brauchen dieses Zeug. Es sagt wirklich etwas über uns aus, und ich finde das phantastisch.

Obgleich ich in einer schlimmen Beziehung gelebt habe, hat das meine Einstellung zu Männern nicht verändert. Ich liebe Männer. Ich liebe es, daß ihre Badezimmer nicht mit Schönheitssachen vollgestopft sind. Ich kann es nicht ertragen, in das Badezimmer eines Mannes zu kommen und festzustellen, daß er mehr Kosmetika besitzt als ich.

Ich bin nicht so scharf auf richtig schöne Männer. Schönheit bei einem Mann gehört nicht zu den Dingen, für die ich eine Schwäche habe. Aber ich bewundere sie, wenn sie mit Kraft gepaart ist.

Ich treffe mich regelmäßig mit jemandem nur dann, wenn mir wirklich etwas an dem Betreffenden liegt. Ich kann keine körperliche Beziehung haben, wenn ich nicht auch emotional an die Person gebunden bin, denn das wäre sonst ein Vergeuden von Zeit und Energie. Ich stelle fest, daß die meisten Menschen das nicht begreifen, daher wandern sie von einer Beziehung zur anderen, von der Ehe in die Scheidung; es ist ein Krankheitsbild, dem nur wenige Menschen entfliehen können.

Meine Lieblingsstellen bei einem Mann sind für mich seine Hände und die Füße. Warum? Das mit den Füßen kann ich nicht begründen, aber Hände sind von äußerster Wichtigkeit, da ein Mann in seinen Händen seine maskuline Schönheit entfalten kann, während die Hände einer Frau Schönheit in einem femininen Sinn darstellen können.

Nachdem ich Ike verlassen hatte, begann ich über Gleichheit nachzudenken – im sozialen, rassischen, spirituellen Sinn – Gleichheit zwischen Mann und Frau. Obgleich ich weiß, daß Männer im allgemeinen körperlich stärker sind, kann ich nicht glauben, daß wir Frauen ihnen nicht ebenbürtig sein sollen. Aber ich denke auch, daß jedes Paar in seiner Beziehung die angemessene Balance an Gleichheit finden muß. Deshalb habe ich die Männer für mich nicht gestrichen. Ich finde sie reizvoll, offensichtlich weil wir anders sind. Wenn ich noch mit keinem der vielen Männer, die mir seit meiner Trauung über den Weg gelaufen sind, eine richtige Beziehung eingegangen bin, dann deshalb, weil ich häufig Anzeichen sah, die mir mitteilten: »Diese Menschen sind nicht bereit, an sich zu arbeiten, um eine auf Gleichrangigkeit gründende Beziehung aufzubauen.« Und dazu gehört viel Arbeit. Bis ich diesen Mann gefunden habe, werde ich wohl alleine bleiben.

Dennoch liebe ich maskuline Männer, wenngleich ich Schwierigkeiten habe zu definieren, was ich unter »maskulin« verstehe. Ich finde diese Eigenschaft bei vielen Männertypen. Es ist eine Frage des Geschmacks. Für mich muß ein Mann seine Position beziehen und standhaft sein. Ich gestatte ihm, ein Mann zu sein, wenn er mir gestattet, Frau zu sein. Im Endeffekt ist das wieder eine Frage der Gleichheit.

Ich begann, den Mann meines Lebens als eine Art Dessert zu betrachten. Er wird kommen. Alles andere ist schon dagewesen, all die Hauptgänge. Und mein Dessert ist bereits unterwegs zu mir. Ich kann warten.

Im Mai beschloß die Londoner Abteilung der Britischen Musiker-Gewerkschaft das Verbot der Benutzung von Synthesizern und Rhythmusmaschinen bei Schallplattenaufnahmen und Live-Konzerten. Diese engstirnige Entscheidung, offensichtlich getroffen mit der Absicht, den älteren Mitgliedern der Gewerkschaft ihre Jobs zu erhalten, war von Anfang an zum Scheitern verurteilt. Die neue Generation junger, experimentierfreudiger Musiker war mittlerweile nicht mehr aufzuhalten. Die beiden kreativsten Exponenten dieses neuen Stils, Martyn Ware und Ian Craig Marsh, hatten für ihre B.-E.-F.-Produktionsgruppe ein anspruchsvolles erstes Projekt ins Auge gefaßt: ein Album mit ihren beliebtesten Pop-Songs – eine bunte Sammlung von »These Boots Are Made for Walking« bis hin zu David Bowies »Secret Life of Arabia« – gesungen von ihren Lieblingssängern allerdings über einem voll synthetisierten Musikband. Die Pop-Heroine der Sechziger, Sandie Shaw, sollte einen Song bekommen, Gary Glitter, der Glitterrock-Kaiser, einen anderen. Als Ware und Marsh eine Musikspur für den Titel »Ball of Confusion« zusammengemischt hatten, beschlossen sie, sich an die legendäre Tina Turner zu wenden und anzufragen, ob sie den Titel nicht singen wolle.

Roger Davies: Martyn schickte uns das Musikband, und es war sehr interessant. Tina wußte noch nicht, um welchen Song es ging oder daß es sich um eine alte R-&-B-Nummer handelte. Martyn sagte: »Wir zahlen euch zweitausend Dollar und zwei Erster-Klasse-Tickets nach London«, also machten wir uns auf den Weg. Als wir dort eintrafen, stellte Tina fest, daß der Song »Ball of Confusion« war, und sie spielte fast verrückt. Sie hatte solche Angst, wieder in irgendeine Schublade gepackt zu werden wie zum Beispiel »Oldies« oder »Rhythm and Blues«. Aber wir brachten sie trotzdem dazu, die Aufnahme zu machen, und zwar innerhalb eines Tages. Martyn und Ian waren beeindruckt – ich glaube, sie hatten vorher noch nie jemanden so singen hören. Sie machten uns ein offenes Angebot, jederzeit wieder rüberzukommen und eine Schallplatte aufzunehmen.

Zwischen den anderen Titeln auf dem B.-E.-F.-Album *Music of Quality and Distinction*, vertrieb Tinas Version von »Ball of Distinction« alle Erinnerungen an die Revue-Zeiten und zeigte sie als eine auf der Höhe der Zeit befindliche Künstlerin vor einem unternehmungslustigen jungen Publikum, das den schwarzen R & B verehrte, aber gleichzeitig auch die neue musikalische Technologie bevorzugte. Diese Aufnahme markiert nicht so sehr das Comeback, sondern viel eher die Entdeckung der Zeitlosigkeit Tinas. Unglücklicherweise wurde das Album, das in Großbritannien ein Hit war, niemals in den USA veröffentlicht.

Mittlerweile hatte Davies sich entschlossen, das Hauptquartier von Capitol Records in Los Angeles aufzusuchen, die amerikanische Gesellschaft der in England ansässigen EMI. Das Management bei Capitol zeigte sich an Tina nur mäßig interessiert – sie war einer der alten United-Artists-Künstler, die bereits von der Labelliste gestrichen waren. Doch die internationale Abteilung bei Capitol, die den Erfolg des B.-E.-F.-Albums kannte, war begeistert, und desgleichen der Produzent John Carter. Die Möglichkeit eines Schallplattenvertrages – eines sehr kleinen Schallplattenvertrages – begann sich abzuzeichnen. Während die Verhandlungen liefen, ging Carter mit Tina ins Studio und nahm mit ihr Demo-Titel auf – von den Animals »When I Was Young«, von den Motels »Total Control« und ein halbes Dutzend anderer Songs. Alles schien auf einen erfolgreichen Abschluß hinzuweisen.

Die eigentliche Ausarbeitung des Vertrages mit Capitol dauerte neun Monate, doch im Frühjahr 1983 war er unterschriftsreif. Dann kam es bei der Gesellschaft zu personellen Veränderungen. Neue Chefs besetzten die Büros, und sie waren nicht gewillt, schwebende Verhandlungen ihrer in Mißkredit gebrachten Vorgänger zu Ende zu führen. Davies konnte nur staunen. John Carter hatte bereits fünfzigtausend Dollar für Demo-Bänder von Tina aufgewendet. Sie erhielt endlich die Chance, sich nach einem siebenjährigen Kampf als Künstlerin zu bestätigen. Und nun wollte Capitol nicht mehr.

Immer noch von dieser Katastrophe wie gelähmt, kehrte Davies mit Tina nach New York zurück, um wieder einmal im Ritz aufzutreten. Vor der Show in seinem Hotelzimmer hokkend, erreichte ihn ein unerwarteter Anruf. Er kam aus dem New Yorker Büro von Capitol.

Roger Davies: Sie sagten: »Hallo, Sie müssen noch ein paar Namen auf Ihre Gästelisten setzen – dreiundsechzig Leute von Capitol kommen heute abend zu der Show.« Ich fragte: »Was ist denn los?«

Nun, ganz einfach, alle Capitol- und EMI-Leute aus Amerika und Europa hielten sich in New York auf, um sich David Bowies neues Album *Let's Dance* anzuhören. Bowie hatte soeben bei EMI-Amerika unterschrieben, einem Ableger von Capitol in den Staaten, und die Vorstellung der Schallplatte war ein großes Ereignis. Anschließend fragten sie Bowie, was er am Abend zu unternehmen gedächte, und er erklärte: »Ich höre mir meine Lieblingssängerin an.« Sie wollten wissen: »Wer ist das?« Er sagte: »Tina Turner.« Sie darauf: »Tina Turner? Ach ja, sie ist bei unserem Label.« Und so kam es, daß sie mich anriefen. Ich setzte sie alle auf die Liste, und sie erschienen vollständig: die Manager, die Leute von A & R, die Vertreter von International. Es war perfekt für uns. David brachte Susan Sarandon mit, die mit ihm den Film *The Hunger* gedreht hatte, und er brachte auch John McEnroe und Keith Richards mit – es war die verrückteste Versammlung von Leuten. Die Show an diesem Abend war phantastisch – Tina brachte die Menge völlig aus dem Häuschen. Unfaßbar. Es war ein Ereignis, genau wie wir es brauchten.

Tina: Im allgemeinen ist es mir nicht wichtig, berühmte Stars zu treffen. Sie marschieren einem durch die Garderobe, um einen anzugaffen, und man bekommt Gesichtskrämpfe von dem vielen Lächeln, mit dem man sie begrüßen muß. Wer braucht das schon? Ich sagte immer zu Roger: »Ich will gar nicht wissen, wer alles im Publikum ist, also sag mir nichts. Ich will mich nur auf meine Darbietung konzentrieren.« Aber an diesem Abend spürte ich wohl, daß etwas Außergewöhnliches in der Luft lag, denn er schien völlig high zu sein, er war so aufgeregt. Ich nahm an, es müßte irgendein Filmstar im Hause sein, aber das verdrängte ich schnell aus meinem Bewußtsein. Dann, als ich auf die Bühne kam, blickte ich auf das Publikum, und es war so voll, daß die Leute sogar vom Dekkengerüst herunterzuhängen schienen. Ich fragte mich: »Was wollen die denn hier? Ich hab' noch nicht einmal eine Schallplatte auf dem Markt.« Aber ich glaubte, sie wollten mich alle nur sehen, und am Ende war es wirklich eine wunderbare Show.

Anschließend hinter der Bühne ging ich in den Empfangsraum, und da waren sie alle: Keith und David und Ron Wood, all diese Leute. Ich sagte: »Gott sei Dank wußte ich nicht, daß ihr unter den Zuschauern wart. Ich wäre wahrscheinlich richtig nervös geworden.« Dann entdeckte ich diesen Tennisspieler, den ich schon mal im Fernsehen gesehen hatte. Ich rief: »McEnroe!« Er wurde tatsächlich verlegen und versuchte, sein Gesicht zu verbergen. Ich ging zu ihm und sagte: »Mr. McEnroe, Sie sind ja schüchtern. Das glaube ich einfach nicht, wenn ich bedenke, welchen Aufruhr sie auf dem Tennisplatz veranstalten.« Darauf fing er an zu lachen, und auch ich mußte lachen. Und schon bald konnte ich mich vor Lachen kaum noch halten.

David und Keith und ich stellten uns für alle möglichen Fotos auf, und David fragte mich, wann ich meine nächste Schallplatte aufnehmen würde. Wir unterhielten uns über mögliches Material dafür, und nach einer Weile sagte er: »Laß uns zu Keith fahren und ein paar Songs anhören.« Gegen drei Uhr morgens zogen wir also alle in Keith Richards' Apartment im Plaza Hotel. Er hatte dort ein großes Tonbandgerät aufgebaut, und es war zu sehen, daß er es ständig in Betrieb hatte. Wir tranken Champagner, und Keith warf das Gerät an und spielte diese ganze alte Musik, und plötzlich dämmerte es mir: Das war es, was diese Typen machten. Sie hörten sich die alte Musik an, die sie liebten – Blues und R & B –, und dann veränderten sie sie und machten etwas ganz Neues daraus. Weil das Feeling in dieser alten Musik etwas war, was auch sie empfanden. Aber sie erneuerten diese Musik gleichzeitig, und das war es, was mich an der Musik der Rolling Stones immer angezogen hatte. Ich hatte das vorher überhaupt nicht erkannt. Es war ein magischer Abend.

Roger Davies: Keith setzte sich dann ans Klavier – er kannte alle diese alten Songs aus den Zwanzigern und Dreißigern, Hoagy-Carmichael-Material, richtig alter Rhythm and Blues – und gegen fünf Uhr fing Ronnie Wood an, auf seiner Gitarre zu spielen. Es war so laut. Ich kann gar nicht verstehen, daß sich niemand beschwert hatte. Die Wagen vom Zimmerservice wurden hereingeschoben und gleich wieder hinausgefahren, der Champagner floß in Strömen, und Tina und David saßen da und sangen all die alten Songs, an die David sich erinnern konnte – einer war »I Keep Forgettin'«, dieser alte Chuck-Johnson-Titel, den er für sein nächstes Album aufnahm. Es war eine phantastische Nacht. Tina und ich verabschiedeten uns um acht Uhr morgens, und wir waren immer noch wie verzaubert...

Nach dem Auftritt im Ritz bestätigte Capitol Tinas Vertrag, und plötzlich war man ganz versessen darauf, eine Schallplatte mit ihr aufzunehmen. Davies wurde vorsichtig. Capitol schlug Mick Ronson, David Bowies früheren Gitarristen, als Produzenten vor, aber dies schien nicht das richtige Gespann zu sein. Und die Demos, die Tina mit John Carter aufgenommen hatte, klangen zu mainstreamhaft, irgendwie zu amerikanisch. Tina brauchte sorgfältige Betreuung. Davies flehte Capitol an, die Aufnahmen in England machen zu lassen. Die Briten liebten Tina, sie sahen sie genauso wie er – als eine Künstlerin von Weltklasse und voll im Trend der Zeit. Und B. E. F. hatte bereits angeboten, ihre neue Single zu produzieren. Bei Capitol hatte man gewisse Zweifel. B. E. F. – war das nicht eine dieser »New-Wave«-Gruppen? Mal ehrlich.

Aber Davies verriet nichts. Er telefonierte mit EMI in London, wo Tina immer noch für den britischen Markt unter Vertrag stand, und sprach die Möglichkeit an, wieder mit B. E. F. zu arbeiten. EMI reagierte begeistert – B. E. F. in seiner alternativen Gestalt als Heaven 17 war eine der heißesten neuen Gruppen des Landes. »Bring Tina rüber«, wurde Davies mitgeteilt.

Um den Flug nach England zu finanzieren, mußte Davies sich schnellstens um ein Engagement kümmern. Das einzige, was er finden konnte, war in Stockholm – ein Freiluft-Konzert, wo Tina, die auf dieser Reise ohne Band war, vor einem vierundzwanzigköpfigen Orchester singen müßte. Verblüffenderweise gelang ihr sogar das mit Bravour – ihre Darbietung wurde am nächsten Tag in den Zeitungen sogar auf den Titelseiten gewürdigt. Dann ging es weiter nach England, um mit B. E. F. die Single aufzunehmen.

Roger und Tina kamen in London an, und Davies buchte Aufnahmezeit in den Abbey-Road-Studios von EMI. Er hatte noch keine Ahnung, was für einen Song Tina aufnehmen wollte, aber Ware hatte ihm am Telefon versichert, er würde schon etwas Passendes schreiben. Am Vorabend der Session informierte Ware Davies, daß sie bisher, wegen einiger Promotionsverpflichtungen für die aktuelle Schallplatte ihrer Formation, noch keine Zeit gefunden hätten, für Tina einen Titel zurechtzuschneidern. Davies geriet fast in Panik. Ware erklärte sich zu einem sofortigen Treffen bereit und erschien in Davies Zimmer im Grosvenor House mit einem Stapel seiner wertvollsten alten Singles. Unglücklicherweise handelte es sich ausschließlich um R-&-B-Songs, unwillkommene Erinnerungen an Tinas abgeschlossene Vergangenheit. Sie fragte: »Macht ihr denn keine Rockmusik?« Es ist unbekannt, ob Ware, einem Pop-Musiker in den Zwanzigern, die Ironie dieser von einer fast Vierundvierzigjährigen gestellten Frage überhaupt aufging. Er mußte jedoch eine große Bewunderung für die Arbeit David Bowies eingestehen. Auch Tina war David-Bowie-Fan. Roger rannte los und kaufte in den umliegenden Geschäften jede David-Bowie-Kassette, deren er habhaft werden konnte. Ein Song, »1984« schien einen Versuch wert zu sein, aber sonst schien nichts so richtig zu passen. Am Ende erklärte Roger Tina, sie müßten zu einer Art Kompromiß kommen; in zwei Stunden würde die Session beginnen. Er schlug vor, sie sollten eine Version von »1984« versuchen und auch »Let's Stay Together« aufnehmen, einen Al-Green-Hit, den Ware schon am frühen Abend aufgelegt hatte. Tina ließ sich das durch den Kopf gehen und sagte: »Okay, dagegen habe ich nichts.«

Roger Davies: Am nächsten Tag gingen wir ins Studio, und natürlich war keine richtige Band da – nur ein Raum voller Computer und Tastaturen und dieser riesige Fairlight-Synthesizer. Tina fragte: »Wo ist die Rhythmusgruppe?« Martyn zeigte auf den Monitorschirm des Fairlight und antwortete: »Dort.« Tina schaute mich an und meinte: »Diese Jungs sind mir unheimlich.«

Martyn und sein Techniker, Greg Walsh, begannen nun die einzelnen Spuren auf ihren Computern zu programmieren – es dauerte Stunden. Schließlich waren sie soweit, sie hatten die Instrumentalspuren so weit fertig, und Tina kam herein und sang »Let's Stay Together«, live in einem Take. Es geschah einfach. Ich hatte kalte Schauer auf dem Rücken. Diese Jungs konnten es nicht fassen. Tina sagte: »Noch einmal. Ich werde erst allmählich warm.« Und sie wehrten ab: »Nein, nein – wir behalten das!« Sie setzten ihre Arbeit fort und fügten hier und da noch eine Kleinigkeit hinzu, und so wurde die Aufnahme zu einer Single.

»Let's Stay Together« war bisher Tinas nuancierteste und überzeugendste Darbietung – eine Interpretation des Songs, auf ihre spazielle Art so meisterhaft wie das Original Al Greens von 1971. Von einem dicken Teppich von Synthesizer-Geigen abgefedert, machte Tina den Text von der ersten Zeile – »Let me say that sii-ii-iince... babeh... since we been together« – zweifelsfrei zu ihrem eigenen Bekenntnis. Ihre Interpretation, niemals zuvor so intuitiv mit Details versehen, umschmeichelte die Melodie, schoß hoch, verharrte auf einem Ton, schwang sich dann wieder weg, verschluckte halb eine Phrase, sank herab und erging sich dann wieder in den oberen Registern. Einzigartig und geradezu verzaubernd, ist Tinas Interpretation von »Let's Stay Together« eines der phantastischsten Liebeslieder der achtziger Jahre.

EMI in England war von der Schallplatte begeistert. Capitol in Los Angeles war da ganz anderer Meinung. »Sie heult«, sagte man. Man weigerte sich, »Let's Stay Together« in den Vereinigten Staaten zu veröffentlichen. Davies, völlig perplex, organisierte für Tina eine Europa-Tournee, die mit dem Erscheinen der Single in England zusammenfallen sollte.

»Let's Stay Together« war in Europa auf Anhieb ein Riesenerfolg.

Tina: Ich hatte gehofft, daß irgend etwas passieren würde, aber ich verließ mich nicht darauf. Ich verließ mich auf meine Darbietungen. Wenn man auf der Bühne gut ist, dann findet man überall Arbeit – dann ist man zwar nur ein kleiner Stern, kein Großer, aber man leuchtet. Und damit hatte ich keine Probleme, denn das hatte ich ausgiebig mitgemacht.

Jedenfalls da war er nun – ein Hit. Ich arbeitete am Persischen Golf. Dort draußen war es total verrückt. Sie riefen mich an und fragten: »Rat mal, was die Charts sagen!« Ich antwortete: »Ruft Roger an! Laßt mich in Ruhe!« So kam ich nach London zurück und machte mit der Hit-Schallplatte im Rücken eine Tournee. Und das war riesig. Wenn ich »Let's Stay Together« sang, sangen alle mit. Ich sah auf sie hinab und dachte: »So fühlt sich das also an.« In Vegas zu arbeiten war schön, dort gab es stehende Ovationen, alle machten mit, aber wenn die Rock-Kids einem zujubeln, dann ist das ein ganz anderes Gefühl.

Roger hatte für Tina und ihre Band einige Auftritte im Venue gebucht, einem kleinen Club, der Virgin Records gehörte, und sie mußten ihr Gastspiel auf elf Tage ausdehnen, um die Kartennachfrage zu befriedigen. Zu der Prominenz, die sich einfand, gehörte Jeff Beck, der ehemalige Yardbirds-Gitarrist, der sich seine eigene Eintrittskarte kaufte, um einen guten Platz zu haben. Die Presse war zahlreich vertreten. Tina trat in *Top of the Pops* auf, und Roger engagierte den Regisseur der Show, David Mallet – einen Jack-Good-Protegé aus den *Shindig*-Tagen, der schon einmal ein Werbevideo für Tinas »Ball of Confusion« gedreht hatte –, um einen kurzen Film für »Let's Stay Together« zu drehen. Schnell und billig produziert, zeigte das Video nur Tina, die den Song sang, während ihre beiden Tänzerinnen, Ann Behringer und Lejeune Richardson, umherschwebten und an einer Stelle zu Boden sanken und Tinas gespreizte Beine umarmten. Diese Geste, wie alle nachher feststellten, als es zu spät war, um daran etwas zu ändern, deutete einen lesbischen Liebesakt an. Tina mußte dabei lachen, genauso wie Ann und Lejeune. Die Presse wollte es jedoch genau wissen. Roger Davies, alles andere als verärgert, freute sich über jede Aufmerksamkeit, die er erregen konnte. »Es gab viele Gerüchte, daß sie lesbisch waren«, erinnerte er sich, »oder daß die beiden Girls Transvestiten waren. Wir haben es nicht dementiert. Ich dachte, laß sie reden, was sie wollen.«

Im Dezember 1983 war »Let's Stay Together« ein Top-five-Hit in England, und auch auf dem Kontinent wurde er zügig verkauft. Mit seiner ungewöhnlichen Aura von Hoffnung, Wärme und zarter Hingabe schien der Song die Menschen in einer Weise anzusprechen, die über die Grenzen von Alter, Rasse und Nationalität hinwegreichte. In Los Angeles wollte Capitol jedoch noch immer nicht einlenken.

Um diese Zeit tauchten Import-Exemplare von »Let's Stay Together« in New York auf. Die Schallplatte war eine Sensation in den Tanzlokalen. Als Frankie Crocker, ein einflußreicher Diskjockey in Manhattan, den Titel über den schwarzen Sender WBLS ausstrahlen ließ, schien Capitol Records aus einem tiefen Schlaf aufzuwachen und beschloß, die Single als Eilveröffentlichung auf den amerikanischen Markt zu werfen. »Let's Stay Together« gelangte Mitte Februar unter die Top forty, aber wegen gewisser Schwierigkeiten bei der Werbung und sicher auch auf Grund der vorher auf dem Mark erhältlichen Importe, gelangte der Titel nur bis Platz 19. In den schwarzen Charts schaffte er jedoch immerhin Platz 5, und Capitol wollte plötzlich ein ganzes Album.

Davies war völlig aus dem Häuschen. Er hatte bereits dreißig weitere Termine für Tina in England gebucht. Sie war dort drüben nun unglaublich gefragt, und all ihre Konzerte waren ausverkauft. Capitol sagte ihm, er solle die Tournee absagen und ins Studio gehen. Davies erklärte, daß England der einzige Markt gewesen war, der Tina in den düsteren Jahren ihres Exils von den Charts unterstützt hatte. Er würde die Konzerte nicht absagen. Capitol beharrte auf ihrer Forderung. Am Ende rief Davies John Carter an, der immer noch bei Capitol saß, und erklärte das Dilemma. Tina müsse in England aufnehmen, sagte er – die Komponisten und Produzenten und Musiker, die sie am meisten liebten und die ihr Talent achteten, säßen alle dort. London sei voll von frischen neuen Ideen. So oder so, schloß Davies, er und Tina würden nach England gehen. Dort würden sie das wohl wichtigste Album ihrer Karriere zusammenstellen. Carter, ein standhafter Förderer Tinas, pflichtete Davies bei. Er sagte ihm, er solle ruhig nach England gehen, und er würde die Rechnungen für die Aufnahmen zahlen, wenn sie in Amerika einträfen.

In England gab Tina mit ihrer Band eine Reihe von Konzerten, während Roger in London blieb, um Material für das Album zusammenzubekommen. Einen Song hatte er mitgebracht – »Better Be Good to Me«, ein Titel von einem Album der amerikanischen Band Spider, der zum Teil von Holly Knight, einem Mitglied der Gruppe, geschrieben worden war. Tina und Roger liebten den Song. Jetzt brauchten sie nur noch neun weitere. So telefonierte Davies mit Terry Britten, einem alten australischen Freund. In den sechziger Jahren war Britten der Leadgitarrist der berühmten australischen Gruppe Twilights gewesen (deren Leadsänger, Glenn Shorrock seitdem mit der Little River Band internationale Erfolge feierte). Britten wohnte nun in London. Davies fragte ihn, ob er ein paar Songs für Tina liefern könne. Britten schlug zwei Titel vor. Der eine war ein Song mit dem Titel »Show Some Respect«, der andere, den er zusammen mit seinem Partner Graham Lyle geschrieben hatte, war »What's Love Got to Do With It«. Britten schickte auch Demobänder. Davies stellte fest, daß »What's Love Got to Do With It« sehr poppig klang; ein interessantes Stück, wenn auch nicht unbedingt in Tinas Stil. Nachdem er Britten auch noch überredet hatte, seine eigenen Songs selbst zu produzieren, buchte Davies Studiozeit für die Aufnahme-Session und machte sich dann an sein neues Ziel heran. Rupert Hine.

Hine war Produzent von The Fixx, einer in London ansässigen Techno-Pop-Tanzband, die im vorangegangenen Jahr in den USA mit drei Titeln in den Top forty vertreten war. Davies gefiel der Produktionssound, den Hine den Fixx-Aufnahmen mitgab – kühl, transparent, sehr elektronisch und überaus kommerziell.

»Ich dachte, Rupert wäre gerade bei Songs sehr gut«, sagte er. »Und Tina und ich wollten Songs, nicht nur Tanz-Riffs. Wir wollten ihre Stimme herausstellen. Tina hatte so lange immer nur mit höchster Lautstärke geschrien, daß die Leute überhaupt nicht erkannten, was für eine große Sängerin sie ist. Das ist niemals auf Schallplatte festgehalten worden. Daher wollten wir starke Songs, und Produzenten, die sich mit Songstrukturen auskannten. Ich wollte, daß Rupert ›Better Be Good to Me‹ produzierte...«

Hine gefiel der Song, und er sagte seine Hilfe zu. Mehr noch, als alter Tina-Verehrer seit den »River-Deep«-Tagen wollte er sogar noch einen weiteren Song mitbringen – etwas Besonderes, etwas, das genau auf sie und ihre Seele zugeschnitten wäre. Hine fragte, ob Tina sich nicht mit Jeanette Obstoj, seiner Freundin und Partnerin, treffen könne. Obstoj hörte zu, als Tina ihre Lebensgeschichte erzählte, von den Baumwollfeldern in Nut Bush, über Ike und seine Revue – die ganze Geschichte der Qualen und Unterdrückung – bis in die Gegenwart und zu ihrem Interesse für Ägypten, ihren Glauben an andere Leben. Jeanette schrieb nach diesen Informationen einen Text für einen Song, den sie »I Might Have Been a Queen« nannte. »I Remember the girl in the fields with no name«, lautete eine Zeile.

»Als Tina das Demo bekam«, erzählt Davies, »hatte sie Tränen in den Augen. Sie war überrascht über die Geschichte, die der Text enthielt.«

Gleichzeitig entschloß Roger sich, Tina die beiden Terry-Britten-Songs vorzuspielen. »Show Some Respect« und »What's Love Got to Do With It«. Desaster. »Die kann ich nicht singen«, sagte Tina. »Die sind schwach.«

Tina: Ich hatte keine Ahnung, daß »What's Love Got to Do With It« für mich geschrieben worden war. Ich dachte, es wäre irgend so ein alter Pop-Song, und er gefiel mir nicht. Ich dachte, das wäre nicht mein Stil. Zu der Zeit fühlte ich, daß ich hinter allen Songs anderer stand, die ich sang – Songs von den Stones, von Rod Stewart – daß ich mit der Rockmusik verschmolzen war. Ich hatte niemals daran gedacht, Pop zu singen. Als nun Roger mir diesen Song vorspielte, sagte ich nur: »O nein, nein, den bitte nicht.« Aber es war ihm damit sehr ernst, und zwar mit beiden Songs, und er spielte sie mir noch einmal vor. Es kam so weit, daß ich am liebsten weggelaufen wäre und mich versteckt hätte, wenn er sie wieder auflegte.

Roger Davies: Schließlich sagte ich: »Tina, du solltest wenigstens mit Terry reden, weil ich nämlich das Studio gebucht habe und Terry sie produzieren sollte.« Sie sagte: »Na schön.« Wir fahren rüber zu den Mayfair-Studios, und da ist der kleine Terry mit seiner Gitarre. Er ist wie vom Donner gerührt. Er verehrt Tina schon seit so vielen Jahren. »Nutbush City Limits« ist sein Lieblingssong, er hatte diese Riffs schon tausendmal benutzt. Tina kommt herein und sagt: »Ich mag Ihre Songs nicht.« – »Ein guter Anfang«, dachte ich. Sie sagt: »Sie sind nicht rauh genug.« Terry meint: »Nun, wir können das ändern.« Und er klimpert auf der Gitarre herum – er ist ein phantastischer Gitarrist. Tina wird aufmerksam. Sie sagt: »Nun, ich brauch' sie in einer höheren Tonart.« Kein Problem – er befestigt einen Kapodaster an seiner Gitarre und schiebt ihn den Hals hinauf.

Davies nahm als nächstes Verbindung mit Ed Bicknell auf, dem Manager der überaus populären Dire Straits und Paul Bradys, eines in den Staaten unbekannten Sängers, der aber nichtsdestoweniger von amerikanischen Songschreibern wie Bob Dylan immer gelobt wurde. Aus dem Brady-Repertoire bot Bicknell Davies den kraftvollen, soziopolitischen Rocktitel »Steel Claw« an. Unglücklicherweise, sagte er, gäbe es im Augenblick keine Dire-Straits-Songs, die er anbieten könne. Und Mark Knopfler, der Sänger, Songschreiber und Leadgitarrist der Gruppe, sei gerade im Begriff, nach New York zu fliegen, und hätte daher auch keine Zeit mehr, vielleicht einen neuen Song zu schreiben. Aber Moment mal, sagte Bicknell – ein Titel sei noch übrig aus der Session der Straits für die LP

Love Over Gold. Knopfler hatte den Song vom Album gestrichen, weil er, wie er meinte, nur für eine weibliche Stimme geeignet sei. Er hatte deshalb auch noch keinen Gesangspart aufgenommen. Es war der Titel »Private Dancer«.

Roger Davies: Ed rief Mark an, der den Text heraussuchte, und am Tag, bevor er nach New York starten wollte, ging er in die AIR-Studios und nahm den Gesang auf, damit wir eine Melodie hatten. Ich wollte einfach dieses Band benutzen und Tinas Stimme dazumischen, aber mir das Okay von der Schallplattengesellschaft der Dire Straits zu holen, wäre zu kompliziert gewesen. Deshalb überließ Mark mir das Band, um es noch einmal neu aufzunehmen – und auch »Steel Claw«, da einige von den Straits früher mal mit Paul Brady zusammengespielt hatten. Wunderbar: zwei weitere Songs und ein Band dazu.

Die Aufnahmekosten stiegen. Davies telefonierte mit John Carter bei Capitol in den Vereinigten Staaten, um über die Fortschritte bei der Produktion des Albums Bericht zu erstatten. Carter kam herüber, ihm gefiel, was er hörte, und er stieg mit ein, um das von den Dire Straits gespielte »Private Dancer« und »Steel Claw« zu produzieren. Da die Band ohne Leadgitarrist war, wandte Davies sich an Jeff Beck. Beck erschien mit einer nagelneuen, rosafarbenen Stratocaster, spielte phantastisch und bat Tina anschließend, ihr Autogramm in den Gitarrenkorpus zu schnitzen.

Es war eine hektische Zeit. Tina und Roger jagten per Taxi in London umher, trafen sich mit möglichen Produzenten, testeten Songs und quälten sich von Session zu Session. Terry Britten, nachdem er die Aufnahme seiner eigenen beiden Titel abgeschlossen hatte, wurde überredet, ein aggressiv elektrisches Arrangement zu »I Can't Stand the Rain« zu produzieren, dies ein Ann-Peebles-Hit von 1973. Rupert Hine wurde schließlich gedrängt, »Better Be Good to Me« zu produzieren. Anfang April, nachdem »Let's Stay Together« und »1984«, der Bowie-Song aus den B.-E.-F.-Sessions (und exklusiv für Europa die Crusaders-Version von »Help«) hinzugekommen waren, hatte Davies genügend Songs für ein Album beisammen. Zwei Wochen hatte es gedauert und – zusammen mit Flugtickets, Hotel, Verpflegung und Taxigebühren – etwa 150.000 Dollar gekostet. Davies lieferte die Bänder Ende April bei Capitol ab, dann brach er mit Tina zu einer viermonatigen Tournee als Vorprogramm für den nun solo auftretenden Lionel Ritchie auf.

SENSATIONSERFOLGE

Capitol veröffentlichte »What's Love Got to Do With It« sehr schnell als eine erste Single, um den Boden für das bald erscheinende Album vorzubereiten. Zu Davies' Schrecken begrüßte der amerikanische Rundfunk den Song mit einem kollektiven Gähnen – nur elf Sender nahmen den Song in ihr Repertoire auf. Er drängte Capitol, die Single entschiedener zu bewerben, und in der zweiten Woche nach ihrem Erscheinen wurde sie von mehr als hundert Sendern gespielt. Mitte Juni, als Tinas LP, *Private Dancer*, die Album-Charts bei Platz 101 betrat, befand sich »What's Love Got to Do With It« bereits unter den Top fifty und stieg weiter.

Private Dancer war eine spektakuläre Leistung, ein makelloses Pop-Album von erstaunlicher stilistischer Vielfalt und emotionaler Tiefe. Mit vier einzeln aufgeführten Produzenten stellte es den Kult des Super-Produzenten – ein Phänomen, das seit Phil Spectors Tagen in der Branche immer mehr um sich gegriffen hatte – praktisch auf den Kopf. Hier war die Sängerin das zentrale Element. Die Musik reichte von Reggae bis hin zum Elektro-Funk und Hardrock (im Falle von »Steel Claw« war es schon fast Heavy Metal), wobei Tinas erstaunlicher Gesang das einende Element darstellte. Die Texte waren eindeutig erwachsen, aber hart, fast punkig und ganz deutlich weiblich. Und während kein durchgängiges Thema gewählt worden war, schienen einige der Titel – »I Might Have Been a Queen«, »What's Love Got to Do With It«, »Show Some Respect« – auf Tinas Lebensgeschichte anzuspielen. *Private Dancer* war ein High-Tech-Tanzrock-Album, das außerdem sehr persönlich klang – ein bisher nie erreichter Effekt.

Die Kritiker waren begeistert. Der *Rolling Stone* gab der Schallplatte vier Sterne. Tinas Stimme, stand in der Los Angeles Times, »bringt Vinyl zum Schmelzen«. Aber enthielt das Album auch Hits? In ihrer Karriere, die nun schon vierundzwanzig Jahre dauerte, hatte Tina noch nie einen Nummer-Eins-Hit gehabt. Mitte August, nachdem die Lionel-Ritchie-Tournee beendet war, stand »What's Love Got to Do With It« auf Platz zwei.

Tina: Ich werde diesen Tag nie vergessen. Roger und ich waren wieder in New York, wo ich im Ritz auftrat, und er kam in mein Hotelzimmer und erzählte, er hätte gerade einen Anruf von George Miller erhalten, dem australischen Filmregisseur. Er sagte, George wolle mich für eine Rolle in seinem nächsten Mad-Max-Film. Ich stieß einen Schrei aus. Einfach so. Denn erst am Tag vorher hatte ich Roger erzählt, wie sehr ich mir wünschte, wieder einen Film zu drehen. Etwas Großes, zum Beispiel eine Rolle wie Grace Jones sie in *Conan the Destroyer* hatte – das war die Art von Rolle, die ich mir wünschte. Und ich liebte die Mad-Max-Filme – *The Road Warrior* ist noch heute mein Lieblingsfilm. George Miller wollte, daß ich die Kriegerin namens Entity spielte, die Herrscherin über die Wüstenstadt Bartertown. Es war einfach perfekt. Was für eine Art und Weise, den Tag zu beginnen: meine erste Filmrolle nach zehn Jahren – und wieder sollte ich eine Königin spielen! Als wir endlich zu der Autogrammstunde bei Tower Records unten im Village aufbrachen, war ich regelrecht high.

Roger Davies: Es sollte ein ganz normaler Auftritt im Ladenlokal sein – ein Treffen mit den Fans, Signieren einiger Alben. Aber als wir zu Tower Records kamen, wand die Schlange der Wartenden sich fast um den ganzen Block. Tina fragte: »Wer ist denn sonst noch hier? David Bowie vielleicht?« Ich sagte: »Diese Leute warten auf dich, Liebling.« Sie konnte es nicht fassen. Wir gingen hinein, und Tina fing an, Alben zu signieren, während ich alle fünf Minuten zum Telefon rannte, um bei *Billboard* anzurufen – es war Mittwoch, der Tag, an dem sie die neuen Charts-Positionen für die folgende Woche bekanntgeben. Schließlich hörte ich, was ich hören wollte. Ich kehrte zu Tina zurück – sie saß immer noch an ihrem Tisch und signierte Schallplattenhüllen – und sagte: »Schlechte Nachrichten.« Sie sah mich an. Ich sagte: »Die Single ist auf Platz Eins.« Sie sprang auf und fing an zu kreischen, mitten im Laden – »Meine Platte ist Nummer eins! Meine Platte ist Nummer Eins!« Und alle Leute applaudierten. Es war wunderbar. Dann meldete sich der *Rolling Stone* und informierte uns, daß sie Tina auf die Titelseite nehmen würden. Alles geschah praktisch gleichzeitig.

Plötzlich war Tina überall. Sie trat in Fernseh-Talkshows auf, sie war im Radio zu hören, sie machte endlose Telefoninterviews. MTV sendete ihre Videos rund um die Uhr. Das *US*-Magazin nannte sie die »härteste Rock-Sängerin der Welt«.

Nach einem Vierteljahrhundert hatte Tina Turner plötzlich einen Sensationserfolg.

Private Dancer stürmte die Pop Charts hinauf und stand im September auf Platz drei, wo das Album während der nächsten drei Monate stehen blieb, am weiteren Aufstieg lediglich gehindert durch zwei nicht zu übertreffende Superalben, nämlich *Purple Rain* von Prince und *Born in the USA* von Bruce Springsteen. Aus Tinas LP wurden zwei weitere Top-ten-Hits ausgekoppelt, »Better Stay Good to Me« und »Private Dancer« und ein europäischer Hit, »I Can't Stand the Rain«. Das Album blieb für mehr als zwei Jahre in den Top hundred, und am Ende wurden mehr als zehn Millionen Exemplare davon auf der ganzen Welt verkauft. Tinas Comeback wurde zu einer Legende.

1984 trat sie in Kanada und in den USA bei einigen kleineren Engagements auf, die noch vor ihrem Durchbruch gebucht worden waren. Dann bestieg sie ein Flugzeug nach Australien, um neben Mel Gibson die Hauptrolle in George Millers Epos *Mad Max – Jenseits der Donnerkuppel* zu spielen. Später lehnte sie das Angebot des Regisseurs Steven Spielberg ab, die Hauptrolle in dem Film *Die Farbe Lila* zu spielen. (»Das habe ich selbst gelebt«, sagte sie zur Begründung.)

Am 28. Januar war sie wieder in den USA anläßlich der Verleihung der American Music Awards, die in Los Angeles abgehalten wurde. Nachdem sie erste Preise in der Kategorie Beste Sängerin und Beste Videoproduktion bekommen hatte, ging Tina ins Aufnahmestudio von A & M Records, um gemeinsam mit Michael Jackson, Lionel Ritchie, Bruce Springsteen, Bob Dylan und zweiundvierzig anderen Rock-, Pop- und R-&-B-Stars die Wohltätigkeitssingle »We Are the World« gegen den Hunger in der Welt aufzunehmen.

Zur Zeit der Grammy-Awards-Zeremonie im Februar war Tina der gefeierte Star dreier Kontinente. Bereits unterwegs auf einer triumphalen Europa-Tournee, flog sie zur Preisverleihung zurück nach Los Angeles und wurde mit einem Übermaß an Freude und Liebe begrüßt, das in diesem von Oberflächlichkeiten und Gewinnstreben so stark bestimmten Business ungewöhnlich war. Trotz einer Grippe betrat Tina die Bühne, um »What's Love Got to Do With It« zu singen und wurde anschließend in einer stehenden Ovation gefeiert. In einer Mischung aus Begeisterung und Unglauben nahm sie Grammys für die beste weibliche Gesangsdarbietung (für »What's Love«) und für die Beste Weibliche Rockgesangsdarbietung (für »Better Be God to Me«) in Empfang. Dann, als Krönung des wohl unvergeßlichsten Abends ihrer Karriere, kam sie wieder auf die Bühne, diesmal mit Terry Britten im Schlepptau, um den schönsten aller Preise überreicht zu bekommen (für »What's Love Got to Do With It«): Schallplatte des Jahres.

Den Preis krampfhaft festhaltend, bedankte sie sich bei Roger, bei Terry, sie bedankte sich bei allen, die an sie geglaubt hatten. Dann hielt sie die Figur hoch, die Vergangenheit war vergessen, die Zukunft ein weites Feld unendlicher Möglichkeiten, und sie sagte: »Wir freuen uns jetzt schon auf alle Auszeichnungen, die diesem Preis noch folgen werden.« Die Menge machte ihr mit ihrem Beifall klar, daß sie mit Ihrer Überzeugung nicht allein stand.

Epilog

Tina: Ist das nun ein Happy-End oder was? Ein Nummer-Eins-Hit, ein Film, *Mad Max – Jenseits der Donnerkuppel*, mit Mel Gibson, genug Geld, um all meine Schulden zu bezahlen. Ich, ein Girl aus den Baumwollfeldern Tennessees, das plötzlich ganz oben sitzt und der die Welt zu Füßen zu liegen scheint.

Auf meinem ganzen Weg wurde mir geholfen. Ike Turner ermöglichte mir meinen Start. Mike Stewart verschaffte mir nach meiner Scheidung Arbeit. Anna Shorter und ihre Schwester, Anna Maria, nahmen mich bei sich auf und »rezitierten« mit mir. Und Roger Davies vor allem ermutigte mich, mich zu verändern und zu wachsen und zu reifen und den Weg in die Musik zurückzufinden, die ich liebe. Doch die wahre treibende Kraft hinter dem Erfolg, den ich jetzt habe, die fand ich in mir selbst – sie ist etwas, das in allen von uns ist, glaube ich, ein kleines Stückchen von Gott, das nur darauf wartet, entdeckt zu werden.

Wie war es, als ich Ike verließ? Ja – ich hatte Angst. Aber

manchmal muß man wirklich alles hinter sich lassen – muß sich selbst von allem befreien und reinigen. Das habe ich getan. Ich hatte nichts, aber ich hatte meine Freiheit. Meine Botschaft an dieser Stelle lautet, und ich hoffe, daß in diesem Buch wirklich eine Botschaft für die Menschen enthalten ist: Wenn man mit irgend etwas unglücklich ist – mit seiner Mutter, seinem Vater, seinem Mann, seiner Frau, seinem Job, seinem Chef, seinem Auto –, was immer es ist, was einen bedrückt, dann muß man sich davon befreien. Denn nur wenn man frei ist, dann kann man seine wahre Kreativität, sein wahres Ich entfalten.

Nun, möglicherweise kann man das nicht ertragen, weil das, was dann zum Vorschein kommt, nicht dem entspricht, was man sich erhofft hat. Darum muß man wissen, mit wem man es zu tun hat, wenn man diesen Prozeß der Selbstreinigung in Angriff nimmt.

Da war ich nun – beschäftigte mich mit mir selbst. Wer war ich? Was wußte ich? Ich wußte, ich hatte Talent, aber was ich nicht hatte, war die Unterstützung, die mich wieder zu meiner Arbeit zurückführte. Aber ich habe niemals gesagt: »Ich habe das nicht, und ich habe dies nicht.« Ich sagte immer: »Ich habe das *noch* nicht, aber ich werde es bekommen.« Der Buddhismus hat meine alten Denkmuster verändert, er hat mich gelehrt, positiv zu denken. Man sagt sich dann nicht mehr: »Das kann ich nicht, und dies habe ich nicht«, sondern man sagt: »Ich werde jetzt dies oder das tun.«

Ich habe es nie zugelassen, daß ich mich verirrte, noch nicht einmal als kleines Mädchen. Ich habe immer alles von der positiven Seite gesehen. Ich habe mich nie dem Alkohol hingegeben, habe keine Drogen genommen, habe noch nicht einmal geraucht. Ich habe mich auf mich selbst besonnen. Habe die Hilfe in mir selbst gesucht. Das geht. Jeder kann das schaffen.

Ich bin sehr stolz darauf, wie ich es geschafft habe. Ich weiß nicht, wie ich mich gefühlt hätte, wäre ich in wohlhabenden Verhältnissen aufgewachsen, aber das bin ich nicht, und ich habe mich trotzdem sehr wohl gefühlt. Wenn ich noch ein Kind bekomme – ich hätte gerne ein Mädchen – dann kann ich zwar jetzt noch nicht sagen, wie ich sie erziehen würde, aber eines ist jetzt schon sicher, sie wird nicht verwöhnt werden. Man muß sich seine Erfolge, seinen Weg im Leben verdienen, und man kommt erst ans Ziel, wenn man etwas geleistet hat. Das ist die Wahrheit.

Es mag so scheinen, als wären meine Mutter, meine Großeltern und überhaupt jeder, der an meiner Erziehung beteiligt war, nicht unbedingt die nettesten Leute. Sie waren gute Menschen, aber ich habe von ihnen nicht sehr viel Liebe bekommen. Und das hat in meinem Leben gefehlt, die Liebe.

Ich fand Roger, und nun sind wir fast so etwas wie eine Familie – wir sind füreinander da, sorgen füreinander, aber nicht auf romantische Art und Weise. Roger kam an, betrachtete meine Karriere und sagte mir, was ich tun müßte, um dorthin zu gelangen, wohin ich wollte. Ich wußte, daß er recht hatte.

Was ich immer haben wollte, war ein Zuhause, und das habe ich jetzt. Meine Mutter lebt dort. Das war immer mein Traum.

Wie kann ich meine Mutter erklären? Sie ist sehr stark und sehr stolz. Sie hat mich nie um Hilfe gebeten, außer sie hatte sie wirklich nötig. Ich achte sie.

Nach meiner Scheidung habe ich mein Leben neu geordnet, ich habe meine Mutter nach Las Vegas kommen lassen, damit sie sich meine Show ansieht. Als sie mich sah, war sie geschockt. Sie hatte keine Ahnung gehabt, daß ich fähig sein könnte, all das alleine zustande zu bringen. Sie dachte, ich brauche Ike. Und deshalb war sie sehr stolz. In dieser Zeit erkannte ich auch, daß meine Mutter nicht gesund war. Irgend etwas mit ihren Augen stimmte nicht. Daher holte ich sie nach Los Angeles und brachte sie zu einem Arzt, der als Homöopath ausgebildet war, und der stellte fest, daß meine Mutter Probleme mit dem Herzen hatte. Meine Mutter wollte es nicht glauben, denn sie hatte regelmäßig ihren Hausarzt aufgesucht, und der hatte nie etwas festgestellt. Sie fuhr zurück nach St. Louis und ging zu einem Herzspezialisten, und bei diesem stellte sich heraus, daß eine kleine Geschwulst auf eine Herzklappe drückte. Sie wäre innerhalb von fünf Monaten gestorben, denn die Geschwulst wuchs beständig.

Als Ma mir das mitteilte, mußte ich ihr erklären, daß Alline und ich nicht nach St. Louis kommen könnten, um für sie zu sorgen und daß sie nach Los Angeles ziehen müßte. Sie war darüber nicht allzu glücklich, aber es war der Anfang einer Zeit, in der wir uns immer besser kennenlernten. Ich war in dem Haus, in dem sie jetzt wohnt. Was an dieser Geschichte so schön ist, ist die Tatsache, daß das Schlafzimmer meiner Mutter früher mein Schlafzimmer gewesen war, und daß das Schlafzimmer, in dem sie nach ihrer Ankunft gewohnt hat, jetzt das Zimmer ist, indem ich immer schlafe, wenn ich sie besuche.

Nachdem es ihr besser ging, wurde sie reizbar. Sie wollte arbeiten. Das Leben in L.A. behagte ihr nicht so richtig. Die Stadt war zu groß, zu verwirrend. Sie hatte dort keine Freunde wie in St. Louis. Ich überlegte, welcher Job für sie geeignet wäre, denn sie kannte sich nur in der Hausarbeit aus, und ich wollte etwas Besseres für sie. Jemand im Büro meines Managers hatte gehört, daß ein Schönheitssalon in Beverly Hills eine Empfangsdame suchte. Sie versuchte es, stellte aber fest, daß es sehr verwirrend war, weil sie lernen mußte, die

Telefonvermittlung zu bedienen und weil sie auch Schreibarbeiten machen mußte, und darin hatte sie überhaupt keine Erfahrung. Aber es gab auch noch eine andere freie Stelle in dem Salon. Dort war sie für die Kosmetikerinnen tätig, mischte Haarfarben, servierte Kaffee, tat Dinge, die etwas mehr von ihr verlangten als ihre Hausarbeit, und sie nahm den Job an.

Sie war dort sehr glücklich, und die Leute mochten sie gut leiden. Und das nicht etwa deswegen, weil sie Tinas Mutter war. Erst später, als ich meine großen Erfolge hatte, erfuhren sie, daß sie meine Mutter ist. Ich hatte den Eindruck, daß ich für sie eine gute Umgebung gefunden hatte, wo sie Leute kennenlernen und den kalifornischen Lebensstil erleben konnte, der sich so gründlich von dem unterschied, den sie aus St. Louis kannte. St. Louis ist im Vergleich zu L.A. ein Nest.

Als ich das Haus für sie kaufte, schien es für sie besser zu sein, wenn sie aufhörte zu arbeiten, obgleich sie bei ihrer Arbeit immer glücklich und zufrieden war und es ihr sehr leid tat, dort aufzuhören. Aber sie war nicht bei bester Gesundheit, und ich wollte, daß sie ein angenehmes Leben führt. So rief sie ihren Chef an und teilte ihm mit, daß sie nicht mehr würde arbeiten kommen können. Natürlich waren alle enttäuscht. Alle Kundinnen fragten: »Wo ist Zelma? Wir vermissen sie, sie soll uns unseren Kaffee bringen, das kann sie so gut.« Und ich sagte: »Klar, Ma, das wollen sie immer. Aber jetzt kannst du hingehen und dir Kaffee bringen lassen, und du kannst sie immer noch besuchen, und sie können sich jemand anderen suchen, der deine Arbeit tut. Du kannst immer noch alles haben, was du willst, aber du kannst dich anders daran erfreuen.«

Ich gab eine Geburtstagsparty für sie, und sie lud all ihre Nachbarn und all ihre Freundinnen von ihrer Arbeitsstelle ein und zeigte ihnen das Haus. Meine Absicht war, daß sie wissen sollten, wo sie wohnte, damit sie sie später zum Tee einladen könnte oder zum Dinner. Aber sie mußte lernen, wie. Sie war an eine Lebensweise gewöhnt, jetzt mußte sie eine andere erlernen.

Ich sitze nun hier in London mitten im Frühling, und alles ist wunderschön. Man erzählte mir mal, daß London kalt, naß und deprimierend sei. Und ich erfuhr auch durch die Astrologie, daß jede Stadt für bestimmte Leute Energie bereit hält, so daß man dort etwas Positives bewirken kann, weil hier der Platz ist, der für einen in der Welt vorbestimmt ist. Nun, London ist mein Platz. Es ist naß. Der Winter ist kalt, und im Sommer bekommt man nicht allzuviel Sonne. Aber ich finde es wunderschön. Meine Karriere hat hier begonnen. »River Deep – Mountain High« wurde hier zum Hit, und es war mein erster eigener Hit. Und der Erfolg ist mir hierhin gefolgt.

Ich bin jetzt sechsundvierzig Jahre alt. Viele Leute scheinen zu meinen, daß jemand, der so alt ist, sich lieber nach einem Plätzchen umschauen sollte, wo er sich hinlegen und sterben kann. Warum? Ich erinnere mich, wie Wilson Pickett nach einer meiner Shows im Ritz hinter die Bühne kam. Es ist einige Jahre her. Er sah phantastisch aus – ich fragte mich, warum er nicht mehr arbeitete. Er zog mich beiseite und fragte mich, ob ich »stark genug« sei, diesen neuen Erfolg zu ertragen. Ich fragte: »Was soll das heißen? Ich bin nicht krank!« Ich werde niemals dem Alter Rechnung tragen, solange ich mich nicht alt fühle. Und noch bin ich nicht alt. Wenn ich morgens in den Spiegel sehe und mir nicht gefällt, was ich sehe, dann akzeptiere ich nicht, daß es deshalb so ist, weil ich eine alte Frau bin. Ich tue im Augenblick alles mögliche, um mitten im Leben zu bleiben. Vielleicht eine Gesichtsmaske, eine Massage, eine Sauna, was immer den natürlichen Glanz in mein Gesicht zurückholt. Warum soll man nicht, solange man lebt, so schön wie irgend möglich leben?

Es ist keine Frage des Geldes. Der Erfolg hat mir viele materielle Dinge beschert: die Möglichkeit zu reisen und andere Kulturen zu sehen, die Gelegenheit, mit anderen Künstlern zu arbeiten, sie kennenzulernen. Ich kann meine Familie beschirmen – meinen Söhnen helfen, wenn sie sich entschließen, sich selbst zu helfen.

Der Erfolg ist für mich sehr nützlich gewesen, und für die Menschen, die ich liebe. Die meisten meiner Träume sind wahr geworden – ich bin froh, daß ich niemals aufgehört habe, sie zu verfolgen. Aber ich wußte immer, daß Singen und Tanzen nicht die Erfülung meiner Bestimmung sind. Ich schien schon immer zu spirituellen Dingen hingezogen worden zu sein, aber ich war auch klug genug zu erkennen, daß ich meinen Bühnenjob und das Lehren spirituellen Wissens nicht miteinander verquicken kann.

Meine Karriere ist mir noch zu wichtig, noch ist sie in voller Blüte, und ich bin noch nicht reif genug, jemanden etwas zu lehren. Wenn ich soweit bin, dann werde ich meine ganze Zeit dieser Tätigkeit widmen – ich werde weitergeben, was ich gelernt habe. Viele werden mir lauschen, und einige werden hören.

In Liebe
Tina

Anhang

ERWÄHNTE PERSONEN

Pat »P. P.« Arnold – Mitglied der Ikettes Mitte der sechziger Jahre

Artettes – Robbie Montgomery, Sandra Harding und Frances Hodges: Art Lassiters Background-Gruppe. Gemeinsamer Titel: »Fool in Love«.

Mickey Baker – New Yorker Studiomusiker, Gitarrist, Partner von Sylvia Vanderpool in der Formation Mickey und Sylvia; sang »Think It's Gonna Work Out Fine«.

Joe Bihari – einer der vier Bihari-Brüder von Modern Records

Valerie Bishop – führte Tina in den Nichiren-Shoshu-Buddhismus ein

Carolyn Bond – Tinas High-School-Gefährtin in Brownsville

Roy Bond – Rektor der Carver High School in Brownsville

Marie Booker – Tinas Gebets-Freundin; Schwester von Anna Maria Shorter

Bonnie Bramlett – kurzfristig als Ikette bei der Revue

Terry Britten – australischer Songschreiber

Alex Bullock/Roxanna Bullock – Tinas Großeltern väterlicherseits

343

Alline Bullock – Tinas Schwester

Floyd Richard Bullock/Zelma Bullock – Tinas Eltern

Essie Mae Bullock – »Frog«, Richards zweite Frau, Tinas Stiefmutter

Nettie Mae Bullock – »Pig«, Essie Maes Tochter

Ann Cain – Ikes Businessmanagerin und Geliebte

John Carter – Produzent bei Capitol Records in Los Angeles

Evelyn Currie – Tinas Halbschwester

Joe Melvin Currie/Margaret Currie – Tinas Cousin und Cousine

Josephus Currie/Georgianna Currie – Tinas Großeltern

Roger Davies – Tinas derzeitiger Manager

Carol Dryer – Wahrsagerin in Los Angeles

George Edick – Eigentümer des Club Imperial in St. Louis

Venetta Fields – eine der drei originalen Ikettes

Gloria Garcia – eine von Ikes ersten Geliebten in Los Angeles

Jack Good – Produzent der TV-Show Shindig und von Tinas erster Bühnenshow nach ihrer Scheidung

Rhonda Graam – Roadmanagerin der Revue

Bob Gruen – Fotograf, der kurz bei der Revue gearbeitet hat

Miss Connie Henderson – Tinas Arbeitgeberin und Mentorin in Ripley

Raymond Hill – Saxophonist der Revue; Vater von Tinas erstem Kind, Raymond Craig

Rupert Hine – Produzent der englischen Band The Fixx, einer der Produzenten des Private-Dancer-Albums

Mick Jagger – Leadsänger der Rolling Stones

Bobby John – Sänger bei der Ike-and-Tina-Turner-Revue

Miss Jonelle – Haushälterin

Eddie Jones – Saxophonist der Revue

Jessie Knight jr. – Bassist der Revue, Ikes Neffe

Lee Kramer – englischer Manager der Sängerin Olivia Newton-John und für kurze Zeit auch von Tina

Bob Krasnow – Chef von Loma und Blue Thumb Records
Art Lassiter – Sänger in St. Louis, sollte ursprünglich »A Fool in Love« singen
Arthur Leeds – Tinas Scheidungsanwalt und früherer Businessmanager
Clayton Love – Sänger bei den Kings of Rhythm
Darlene Love – Phil Spectors Lieblingssängerin; Star seiner größten »Girl-Group«-Erfolge
Larry Levine – Phil Spectors Techniker
Bob Mackie – Kostümdesigner
Ginny Matrone – eine von Tinas Kartenleserinnen
Booker Merritt – Eigentümer des Club Manhattan in East St. Louis
Robbie Montgomery – eine der drei originalen Ikettes
Henry »Juggy« Murray – Chef von Sue Records in New York
Carlson Oliver – Saxophonist bei den Kings of Rhythm
Richard Perry – Produzent in Los Angeles
Ruby and Vollye Poindexter – Eigentümer der Farm, auf der Tinas Vater arbeitete
Ken Russell – Regisseur des Films Tommy
Anna Maria Shorter – Tinas Gebetsfreundin, Schwester von Marie Booker
Jessie Smith – eine der drei originalen Ikettes
Phil Spector – der erste der Produzentenstars, Schöpfer des »Soundgebirges« und Produzent zahlreicher Hit-Singles in den sechziger Jahren
Mike Stewart – Chef von United Artists, Ike und Tinas letzter gemeinsamer Schallplattengesellschaft
Nate Tabor – Ikes Rechtsanwalt
Harry Taylor – Tinas erste große Liebe
Lorraine Taylor – eine von Ikes Frauen und Mutter seiner Söhne Ike Junior und Michael

Ann Thomas – Tinas Freundin und Ikes Frau
Jimmy Thomas – Sänger der Revue
Duke Thornton – Busfahrer der Revue
Craig Turner – Sohn von Tina Turner und Raymond Hill
Ike Turner jr., Michael Turner – Söhne von Ike Turner und Lorraine Taylor
Ronnie Turner – Sohn von Ike und Tina Turner
Sylvia Vanderpool – eine Hälfte von Mickey und Sylvia; Produzentin von »Think It's Gonna Work Out Fine«
Martyn Ware – Mitglied der englischen Band Heaven 17 und des Produktionsteams B. E. F.
Gene Washington – Schlagzeuger bei den Kings of Rhythm
Johnny Williams – Baritonsaxophonist bei der Revue
Annie Mae Wilson – eine von Ikes Ehefrauen, außerdem seine Business-Managerin in East St. Louis
Florence Wright – Kosmetikerin in Ripley
Bill Wyman – Bassist der Rolling Stones

Danksagung

Bedanken möchte ich mich bei:

Der ›*Liturgie von Nichiren Shoshu*‹ für eine Einführung in spirituelles Wissen;
Maria Booker Lucien und ihrer Schwester *Anna Maria* für ihre liebevolle Freundschaft, die finanzielle Unterstützung und dafür, daß sie mir und meiner Familie Zuflucht gewährt haben;
Mike Stewart für seine Freundschaft und seine finanzielle Hilfe beim Aufbau meiner Solo-Karriere;
Leonard Freedman, weil er mir endlich zu meiner eigenen Kreditkarte verholfen hat;
Rhonda Graam, weil sie immer für mich da war;
Dr. Chandra Sharma, weil er mir meine Gesundheit wiedergab und für mich stets erreichbar war;
Alline für ihre schwesterliche Hilfe für mich und meine Familie;
Henry Ann Williams für die großartige Unterstützung;

347

Jake Bonds für die Fotos aus meiner High-School-Zeit;
Terry Britten für meine erste Nummer Eins;
Meiner Band – *James Ralston, Jack Bruno, Bob Feit* und
Kenny Moore –, weil sie durch dick und dünn zu mir gehalten
haben;
All meinen Freunden... und allen Fans, die mir Glück ge-
wünscht haben;
Roger Davies schließlich, der mitgeholfen hat, daß all meine
Träume wahr wurden.

Tina Turner

Ich möchte gerne den folgenden Leuten danken, ohne deren freundliche Unterstützung und zahlreiche Erinnerungen diese Rekonstruktion von Tina Turners Lebensgeschichte niemals möglich gewesen wäre:

In Clarksdale: Mr. und Mrs. Early Wright, Wade Walton, Raymond Hill und Tom Reardon vom Radiosender WROX.
In Memphis: Sam Phillips und seinen Söhnen Knox und Jerry, Rufus Thomas und Willie Mitchell.
In Brownsville: Roy Bond, Rufus Flagg und speziell Carolyn Bond Flagg.
In Nut Bush: Mr. und Mrs. Joe Melvin Currie.
In St. Louis: Gene Washington, Stacy Johnson, Ike Turner jr., Clayton Love, George Edick, Marian Garrett und Robbie Montgomery.
In Chicago: Harry Taylor und Bruce Iglauer von Alligator Records.
In Los Angeles: Zelma Bullock, Alline Bullock, Bonnie Bramlett, Little Richard, Johnny Otis, Joe Bihari, Bones Howe, Maxine Smith, Larry Levine, Ann Cain, Rhonda Graam, Jessie Smith, Craig Turner, Waddy Wachtel, Nathan Schulsinger, Pete Johnson und Morey Alexander von Modern Records; den Blues-Archivaren Bob Merlis und Tom Vickers; und Roger und Lindsay von RDM – beide musikliebende Manager *sans pareil*; und Ike Turner selbst, der großzügig ein paar alte Kostbarkeiten herausrückte, ohne für sich einen Profit herauszuschlagen.
In New York City: David Bowie, Mac Rebennack, Mick Jagger, Seymour Stein, Bob Krasnow, Rhonda Markowitz, Joe McEwen, Bob Gruen, Susan Murcko, Maureen O'Connor, Marty Thau, Rob Patterson, Vic Garbarini, Doug Stumpf für seine grenzenlose Lektorengeduld, Deborah Feingold für ihre

zielsicheren Spontanurteile, und vor allem Jann Wenner vom *Rolling Stone*, ohne den dieses Buch usw...

In London: Bill Wyman und dem verstorbenen Ian Stewart. Irgendwo auf der Welt danke ich auch Ronnie Turner und Venetta Fields für ihre telefonisch übermittelten Erinnerungen.

Mein besonderer Dank gilt Bill Greensmith vom Magazine *Blues Unlimited*, ohne dessen umfangreiche Recherchen zu Ike Turner und den Kings of Rhythm – und damit auch zur Geschichte des Rhythm & Blues in St. Louis – eine Darstellung wie die vorliegende kaum Anspruch auf Vollständigkeit hätte erheben können.

Kurt Loder

Inhalt